U0678008

董天美 DONG TIANMEI 著

荒政嬗变研究

(1876—1879)

HUANGZHENG
SHANBIAN YANJIU

九州出版社
JIUZHOUPRESS

图书在版编目（CIP）数据

荒政嬗变研究：1876—1879 / 董天美著 . -- 北京：
九州出版社，2024. 9. -- ISBN 978-7-5225-3396-4

Ⅰ. D691. 22

中国国家版本馆 CIP 数据核字第 2024R0P292 号

荒政嬗变研究：1876—1879

作 者	董天美 著	
责任编辑	肖润楷	
出版发行	九州出版社	
地 址	北京市西城区阜外大街甲 35 号 （100037）	
发行电话	（010）68992190/3/5/6	
网 址	www. jiuzhoupress. com	
印 刷	唐山才智印刷有限公司	
开 本	710 毫米×1000 毫米　16 开	
印 张	14	
字 数	214 千字	
版 次	2025 年 1 月第 1 版	
印 次	2025 年 1 月第 1 次印刷	
书 号	ISBN 978-7-5225-3396-4	
定 价	89. 00 元	

★版权所有　侵权必究★

前　言

从古至今，自然灾害在中国历史的发展进程中从未缺位过。这也引起了很多史学家的研究兴趣，他们逐步将灾荒史发展成为一个重要的研究方向。发生于1876—1879年的丁戊奇荒从其持续时间、受灾范围、受灾人口等指标来看，虽称不上是中国灾荒史中之最，但也是中国近代不可忽视的一次重大灾害事件。此次灾荒导致华北五省在三年间共有千余县卷入旱灾中，直接死于饥荒和疫病的人数达到900—1300万，经济损失更是难以估量。论及丁戊奇荒发生的原因，可以从自然条件、制度条件、经济条件等多重维度加以考量，但这并不是此次灾荒的特殊之处。其最为特殊的一点在于灾害发生的时间点——清王朝正处于内外交困的衰落阶段，而且鸦片的输入为中国社会的堕落埋下了深层次隐患。丁戊奇荒期间，中国社会中最为显著的表现是粮价陡增、伦理尽失和社会失序。由此，内部连年战争和官僚体制腐败的消耗，加上外部世界的冲击，以中央政府为核心的一统体制开始发生动摇，原本中央政府对于民众各个领域所拥有的最高和最终决定权也开始受到层层阻碍，中国传统权力网络中的专制权力逐渐下降。这就导致国家治理中被隐藏的一个矛盾，即一统体制和有效治理之间的矛盾，在非常态事件发生时被集中暴露出来。

如果将中国传统社会分解来看，其内部是由上、中、下三个层次整合而成的。社会上层是以王权为核心的大一统官僚机构，中层是士族缙绅对地方和农村事务的管理，下层是宗法家族组织。那么值得思考的是，上、中、下三层之间是通过什么串联起来？各层次内部是否也会产生矛盾？如果有其他力量的介入，它们会以怎样的方式进入中国传统社会？具体到丁戊奇荒这一非常态事件，对一个已经陷入内部动乱、外来侵略和财政困境的帝国而言，此次饥荒的确属于严重危机。虽然清朝统治者与官员未放弃"国家有养育人民的责任"的理念，但实际上，在19世纪70年代后期，官员们对于如何将匮乏的资源在饥荒救济和军费支出之间进行分配，有着很大的分歧。总的来看，皇权的统治能力下降以及社会资源总量供给不足是丁戊奇荒蔓延的直接原因。

此外，在同属于上层的皇权与官僚体制之间也存在着自己的相处和运行逻辑，二者也有各自的利益，存在着不同程度的冲突。在灾荒面前，机构复杂、层级重叠、拖延迟缓等封建官僚系统的弊端随着灾荒的加剧逐一显现，最直接的表现是信息不透明与不对称。在正常状态下，朝廷通过官僚体系如链条般将信息层层传达或下达指令，信息在传达过程中产生不对称和损耗已经在所难免。随着清末朝廷对地方的控制力下降，信息或资源更有可能在传递过程中被歪曲或截留，给上层的监督带来了很大难度。官僚权力来自自上而下的"授权"，这套官僚体制在垂直链条上的向下延伸有一定的探底限度。此时中层和下层的作用在饥荒中就显得十分重要，从而在救灾系统中出现了除"皇权—官僚体系"之外的第二层"委托—代理"关系。但是，这种"委托—代理"关系是否能够充分发挥作用，则取决于基层的自组织能力以及权力和资源的下沉，显然，在一统体制的长期作用下，权力和资源的下沉十分有限，这就要求基层具备较强的自组织能力，才能成功应对灾荒的发生。总之，卡里斯马权威、对官僚体制的依赖以及对基层社会治理无力之间长期存在的张力致使灾荒应对的失效，也直接威胁到了统治者的政治合法性。

正如前文所述，丁戊奇荒还有一个非常重要的时代背景：那就是发生在第二次鸦片战争和太平天国运动之后。两次鸦片战争打破了区域的权力平衡，传教士间接成为军事权力竞争的获利方，基督教获得其新的地位和发展契机，从而传教士也开始试图改变中国传统帝国的思想世界。在"条约+"方式的驱动下，鸦片战争后条约签订和口岸开放使得传教士无形中成为社会中的一个特殊利益集团，政治权力与日俱增，这也成为他们成功深入中国社会的最大资本。中西方力量对比的变化为基督教的嵌入带来了不可多得的良机，传教士也借此次灾荒完成了从观望者到参与者的角色转变。面对中国传统中的功利主义和实用主义文化，新教传教士发现如果将传教和饥荒救济相结合，他们传递的价值理念和信息更容易被接受。他们在语言和知识方面做好充足准备后，开始了他们的灾荒传教历程。以李提摩太为代表的新教传教士将工作重心放在山西和山东两省，他们吸取利玛窦的传教经验，既沿循一条"精英路线"，也吸取了利玛窦传教中的教训，尝试与底层民众直接接触，再辟一条"群众路线"。但是他们的传教之路也并非十分平坦，他们的嵌入也遭遇到了来自社会中各层力量的抵抗。他们运用自己的经济资本优势，最大限度地给予当地灾民帮助，同时也在和当地的士绅、宗族、地方官员打交道的过程中做出一定的妥协，因而逐渐得到了各方信任，社会资本不断增加。由此，传教士也成为救荒中的一股重要力量。

随着灾情日益严重，新教传教士与各个主体的互动也随之加深，为了避免各教会救荒工作的交叉重复，救灾的制度化就显得尤为重要，中国赈灾基金委员会应势而生。这个组织通过募捐、解赈、放赈等方式发放赈灾款，组织内部设有相对独立的机构，各有专人负责，分工协作，形成了一种全新的救灾机制，在当时取得了很好的效果，救灾中总共发放了约20万两白银。在赈灾款发放过程中，新教传教士也时刻不忘为民众传播福音，实现他们来到中国的最初目标。新教传教士们将随机布道、集市布道、巡回布道和设立传教站作为主要的传播福音方式，同时还为身处困苦又渴望改变的人们开设学校和医院、翻译新书籍，向中国人介绍西方的思想和知识。伴随着教徒的增加，他们慢慢嵌入到华北乡村社会网络中，形成了自己的教会网络。在灾荒救济中，一方面他们可以利用依托于本国母会形成的强大的制度性力量提供较为充足的财力保障，另一方面灾荒对于社会秩序和伦理的冲击破坏了华北乡村稳定的社会结构，传教士的出现恰好可以成为其中的补足性力量。虽然，灾荒中的新教传教士基本完成了对于乡村社会网络的嵌入，但是他们并没有从根本上改变中国的传统社会网络和民众的思想观念，只是形成了一种嵌套在以地缘和血缘关系为纽带的社会大网络中的小网络。整体上来看，新教传教士是怀着传播西方理念的目标来到中国，但是在实践中他们在赈灾、教育等世俗领域对中国的影响却更大。可见，他们的行为结果不是摧毁中国的传统秩序，而是对近乎崩溃的中国传统社会网络的一种补偿。

　　总体来看，新教传教士的嵌入是在卡里斯马权威、对官僚体系的依赖以及权力和资源下沉受限这三者之间长期存在的张力中实现的。非常态场域中，各权力主体在灾荒中的表现本质上就是特定场域中的一场权力竞争，他们在赈灾过程中对于资本的掌控程度决定了他们各自的地位，也决定了他们与其他行为体的互动方式。各权力主体所掌控的资本重要程度也随着场域的变化而发生改变，当时的西方势力依靠军事权力和政治权力的激增为传教士在中国的嵌入打开了大门，而灾荒中传教士进入中国传统社会网络主要凭借的是经济资本，社会资本和文化资本在嵌入过程中逐步积累，整个嵌入过程则是一直处于新教传教士与"中华帝国"的意识形态权力竞争中，但客观上他们的嵌入弥补了王朝衰落中的社会供给不足。如果将本研究置于现代化乃至全球化的维度来看待，传教士与中国形成的一系列行为互动实则既是中国现代化进程中的一股外推力，也是全球化的众多表现形式之一。

目　录
CONTENTS

引　言

　　放眼人类历史的各个发展阶段，自然灾害总是与人类社会相生相伴。它一方面对人类生产生活资料的积累造成强烈的冲击，另一方面也为既存社会分配和社会网络的改变带来诸多可能。这是因为如果将自然灾害置于社会变迁和国家治理的视野中来看待，灾害应对的连锁反应是国家和社会资源对于民众基本生活需求地再调适和再整合，以及对于统治权威的巩固或削减。因此，任何一个有组织的政府和社会都会积极应对自然灾害的发生，并且试图阻止自然灾害演化为饥荒，以期通过各种组织和制度形式来预防其负面影响，保证社会生产和社会秩序不被破坏。总的来看，救荒活动是否有效受到多种因素干预，如：人口、资源、剩余产品和储备的绝对值和平衡值；国家的财政状况；政府的效率和组织程度；政府对于财富资源和社会资源的实际控制程度；社会中各主体之间的关系；社会韧性和自我修护能力；发生灾荒时有产者对于社会需求的满足能力，等等。饥荒的发生是因为一个群体无法应对饥饿并渡过难关；饥荒对于整个群体而言，意味着食物的完全中断而无任何行动能终止这一进程。① 而阿玛蒂亚·森在解释饥荒问题时，并没有如布吕内尔一样将其看作是供给和需求之间的绝对差，他认为食物生产能力低下不是饥荒发生的决定性因素，而是强调一部分群体在灾害发生时的食物获取能力降低，将饥荒的研究维度引入到分配领域。

　　另一位研究饥荒问题的专家苏艾·德·卡斯特罗（Josué de Castro）在著作《饥饿之地缘政治》（*Géopolitique de la faim*）中的观点与阿玛蒂亚·森大

---

① 西尔维·布吕内尔. 饥荒与政治 [M]. 王吉会，译. 北京：社会科学文献出版社，2010：4.

致相同，认为遏制饥荒的发生不仅要关注食物的生产领域，还要关注人们对于食物的购买和消费能力。① 一个民族的食物安全一方面依赖食物的拥有性，另一方面取决于食物的获取途径。一个人或一个社会群体获取食物的途径可以有以下四种：迁徙、出让资本、食物援助、夺取。食物的可拥有性取决于粮食的收成和储备量，不论是交换取得，还是自己生产取得。获取食物的途径取决于个人获得食物的能力，也就是说取决于他的购买能力，他的食物储存能力，他的劳动能力，他拥有获取食物、生产食物和交换食物的生产资料（个人财产和生产工具）的能力。② 在特定的历史时刻和社会环境中，当一个群体直接或间接被剥夺了获得食物的信息和通道时，饥荒便会发生，社会平衡也因此会被打破，甚至有时恰恰是在组织最完善、规则最严谨、秩序最森严的社会中发生了最为惨烈和严重的饥荒。长时间强大的制度约束力和社会控制力导致社会个体失去应有的判断能力，将个体固化为国家机器中的各个零件。一旦机器受到外界影响运转不畅时，各个零件很难自我运行，甚至会产生互相排斥。

自然灾害在中国历史的发展进程中从来就没有缺席。从公元前 18 世纪至今，几乎无年不发生灾荒。在我国古代文献中，对于饥荒的定义也有多种解释，如《穀梁传》和《墨子》中的"五谷"③ 不收（不升），"大饥""大侵""饥馑"都是指大灾荒。近代以来，学者对灾荒的定义着眼于粮食的供给，如华洋义赈会的马罗利（Walter H. Mallory）就认为灾荒是由自然原因而导致粮食供给的失败。④ 邓云特则将灾荒置于社会研究范畴，认为灾荒是自然界对人类生活的破坏超过了人类的抵御能力，导致的人与人之间社会关系失调和物质生活的损害。⑤ 与灾荒形成相对概念的救荒也就是人类为抵御或挽救灾害所致的社会物质生活损害的一系列活动，可见灾荒问题早已跳出自然科

---

① JOSUE DE CASTRO. *Géopolitique De La Faim*［M］. Paris：Editions Ouvrières，1952：23.

② 西尔维·布吕内尔. 饥荒与政治［M］. 王吉会，译. 北京：社会科学文献出版社，2010：15.

③ 《周礼》说"其谷宜五种"，郑玄注："五种，黍、稷、菽、麦、稻也。"但也有说"五谷"是黍、稷、麻、麦、豆的。一般来说，五谷泛指人类主要食物中的谷类。

④ 参见 MALLORY，WALTER H. *China：land of famine*［M］. New York ：American Geographical Society，1926.

⑤ 邓云特. 中国救荒史［M］. 北京：商务印书馆，2011：5.

学研究的范畴，是一个引起人类社会生活发生诸多变化的非常态①社会事件。因此，灾荒研究的目的不仅是梳理出每个灾荒发生的自然原因和社会原因，更需要揭示出历史上各灾荒发生前后的一般性和特殊性，从而探究避免灾荒上升为威胁政治社会稳定的防治之策。

20 世纪 80 年代，灾荒问题逐渐步入中国史学家们的视野，成为史学研究中快速成长的一个领域，弥补了中国史学研究的一片空白。发生于 1876—1879 年的丁戊奇荒从其持续时间、受灾范围、受灾人口等指标来看，虽称不上是中国灾荒史中之最，但也是中国近代不可忽视的一次重大灾害事件，当时清朝官员称其为"清朝二百三十余年来未见之惨凄、未闻之悲痛"。学界的普遍观点是，丁戊奇荒发生在光绪二年至光绪五年，是覆盖中国华北五省（山东、山西、河南、陕西、直隶，其中山东和山西灾情最为严重）的一次大旱灾，并伴有蝗虫、冰雹、疫病等灾害。由于这次旱灾中，1877 和 1878 年的灾情最为严重（直隶等一部分地区持续到 1879 年），按照干支纪年这两年分别为"丁丑"和"戊寅"，因此习惯称之为"丁戊奇荒"。据不完全统计，华北五省在三年间共有千余县卷入旱灾中，受灾人数一亿六千万到两亿，波及大约全国一半人口，直接死于饥荒和疫病的人数至少在 1000 万左右，从灾区迁徙或流亡到外地的人口超过 2000 万。② 关于丁戊奇荒发生的原因，从表面上可将其视作是封建社会的贪污腐败、不体恤人民疾苦的典型案例。但是近年来，很多学者对此次事件的研究焦点开始发生转移，将其视为清政府衰败以及西方对中国冲击的缩影，探讨发生在 1876—1879 年的饥荒以及其他的清末灾难是否是中国在 19 世纪时落后西方的可能关键，是否是晚清现代化的努力成为空谈的原因。例如，历史学家夏明方主张，1861—1895 年的自强运动旨在促进工业化以强化中国，却因为一连串代价昂贵的破坏性旱灾和水灾而严重受阻。根据夏明方的论点，这些灾难耗尽清朝国库，转移了官员们对现

---

① "非常态"（abnormal）是与"常态"（normal）相对的概念，是指"与通常（usual）发生的或平均（average）的现象有所不同，经常以不受欢迎（unwelcome）或有问题的（problematic）方式出现异常。"参见 https：//dictionary. cambridge. org/dictionary/english/abnormal；https：//www. merriam-webster. com/dictionary/abnormal.

② 李文海. 近代中国十大灾荒［M］. 上海：上海人民出版社，1994：97—98.

代化建设的注意力，阻碍了原始资本的累积，阻碍了 19 世纪末期中国的商品和劳动市场的发展。① 这种观点强调了自然灾害对于政治和社会的冲击作用，却忽视了自然灾害发生时的社会环境，这种因果逻辑略显避重就轻。

有关这场饥荒的影响，社会学家麦克·戴维斯（Mike Davis）将讨论推向全球性。他认为在 19 世纪，和旱灾有关的毁灭性饥荒袭击中国、印度、巴西、非洲南部和埃及，既是征兆也是原因，说明了 18 世纪次大陆强国体系的前核心区域转变为以伦敦为中心的世界经济中的饥饿圈。② 戴维斯指责帝国主义对殖民地和半殖民地实行自由市场经济，造成惊人的饥荒死亡人数。戴维斯认为，就中国的情况而言，国家能力与普及福利急遽衰退，尤其随着清朝政府被英国及其他强国强迫"开放"现代化，饥荒救灾也跟着同步衰退。戴维斯认为，"我们今天所说的'第三世界'是收入和财富不平等的产物，在 19 世纪最后 15 年非欧洲农民最初融入世界经济时，产生的决定性改变。"③ 另外，受文化历史的影响，安德烈·扬库克（Andrea Janku）和凯瑟琳·埃德顿塔普利（Edgerton-Tarpley）的著作，重点考察中国对 1876—1979 年华北饥荒的回应与解读。例如，在扬库克的一篇文章中，他表明，西方传教士与江南慈善家在饥荒期间，进行筹款活动的竞争，是一种"精神层面上的对抗"，与 19 世纪末延续至 20 世纪初中国的"佛教复兴"相关。④ 埃德顿塔普利关于丁戊奇荒的专著《铁泪图》，分析了灾难中不同文化和不同政治地位的人对于饥荒的反应。比如，书中的一个章节研究闹饥荒的山西省村民、负责救济工作的省政府和中央政府官员、通商港口的慈善家、英美传教士与记者等人如何解释饥荒的因果关系，如何定义大规模饥饿下的道德与不道德的反应；最后一章探讨中国观察家挑选重要影像与故事来显示饥荒的可怕。作者在书中运用大量材料从多个侧面呈现出中国社会在饥荒中的不同图景。

---

① 夏明方. 从清末灾害群发期看中国早期现代化的历史条件：灾荒与洋务运动研究之一 [J]. 清史研究，1998（1）：70—82；夏明方. 中国早期工业化阶段原始积累过程的灾害史分析——灾荒与洋务运动研究之二 [J]. 清史研究，1999（1）：62—81.

② MIKE DAVIS. *Late Victorian Holocausts* [M]. London：Verso，2001：291.

③ MIKE DAVIS. *Late Victorian Holocausts* [M]. London：Verso，2001：9；15-16.

④ ANDREA JANKU. Sowing Happiness：Spiritual Competition in Famine Relief Activities in Late Nineteenth-Century China [J]. *Minsu Quyi*，2004（143）：89-118.

从上述文献中可以看出，丁戊奇荒的发生和处置牵涉多个行为主体，各行为主体在灾荒中或合作，或竞争，或对抗，或妥协，灾荒成为一面"棱镜"折射出人间百态。由此，灾荒作为社会中的非常态情景之一，每一个特定主体在其中都有独特的运作规则、习惯和资本。① 同时，灾荒的过程场景又如"物理场"一般，各个参与主体之间存在引力和斥力的作用，形成"关系的系统"，亦即布迪厄所定义的"场域"。② 灾荒场域的内涵是各参与主体的互动行为和互动网络，其外延是在国家这一"权力场域"（field of power）中的资本再分配和社会结构变迁过程。因此，这一特定场域的行为主体是"因权力而生"（by the power），也是"为权力而动"（for the power）。而且，由于灾荒中的社会和经济结构较之平常变化更为剧烈，并且通常产生的是负面影响，因此本书将丁戊奇荒定义为"非常态场域"。

传教士作为其中最为特殊的行为主体经历了从排斥到功利性接纳的过程，嵌入到所处的社会系统中。"嵌入"（embedment）一词最早由卡尔·波兰尼在《大转型》一书中进行系统论述，主要强调"市场经济嵌入到社会体系中"③，通过"实体嵌入"④ 和"形式嵌入"⑤ 两种方式呈现出来。格兰诺维特在其代表性论著⑥中借用了波兰尼的"嵌入"概念，并对其观点进行深化，认为市场中的经济行动嵌入到社会结构中，这里的社会结构指的是持续运转的人际社会关系网络。无论是波兰尼还是格兰诺维特的观点，都强调"嵌入"概念背后蕴含的是嵌入主体和被嵌入主体是互构的关系。本书运用"嵌入"

---

① BOURDIEU, P. *The Field of Cultural Production*：*Essays on Art and Literature*［C］. Cambridge：Polity Press，1993：162.

② BOURDIEU, P. & L. J. D. WACQUANT . *An Invitation to Reflexive Sociology*［M］. Chicago：University of Chicago Press，1992：106—107.

③ 卡尔·波兰尼. 大转型：我们时代的政治、经济起源［M］. 冯钢，等译. 杭州：浙江人民出版社，2007：50；53；60；111；232.

④ 实体嵌入指的是市场本身是现代社会的一个有机组成部分，是作为一种特定的社会构件（social component）而存在。

⑤ 形式嵌入指的是市场看作是经济生活的一种特定组织形式或纯粹的经济关系和制度。

⑥ 参见 GRANOVETTER, M. Economic Action and Social Structure：The Problem of Embeddedness［J］. *American Journal of Sociology*，1985，91（3）：481—510；GRANOVETTER, M. The Strength of Weak Ties［J］. *American Journal of Sociology*，1973，78（6）：1360—1380；etc.

一词阐释传教士与灾荒中其他行为主体间的关系，就是将社会看作一个网络，传教士作为一种外来力量是借助中国的本土力量生根发芽，在互动中嵌入到人际、权力、文化等多个网络，而非强加植入，体现出区别于"手段—目的"自利逻辑的一种相互依赖关系。

因此，本书需要重点探讨三个核心问题：其一，丁戊奇荒发生在第二次鸦片战争和太平天国运动之后，清政府正处于内外交困时期，资源储备的绝对供给不足是否制约了制度能力的发挥，抑或是制度的衰败消耗了既存的生产生活资本，荒政制度何以失灵；其二，中国传统社会结构正在悄然发生变化，华北地区相对江南地区而言，社会自组织能力和社会资本积累都较为薄弱，灾荒的自我应对和修复能力较差，传教士力量作为一种权力主体是如何嵌入其中的；其三，伴随两次鸦片战争而来的是清政府控制力的下降和"被现代化"步伐在加快，传教士作为西方力量的特殊代表在灾荒中兼具经济和文化功能，与清政府相互角力，与乡村社会网络相互交织，逐步嵌入到中国政治和社会中的方方面面，因此，需要探讨的是传教士是如何实现资本积累的，他们的嵌入是中国荒政制度的补足还是瓦解，是社会结构和价值的重塑还是颠覆。

第一章

导论

第一节　问题的提出

清代是中国历史上灾荒次数最多的朝代①，"久病成医"造就了荒政在18世纪中叶几十年的高度发展，灾害勘查与赈灾物资分配的规章制度都比以往更加制度化和标准化，已经形成一整套近乎自动化的饥荒救灾程序，保障了官僚制度的稳定和权威，这时的荒政是建立在中央政府雄厚的财富和粮食积累之上的，可以通过大量的无偿赈济、免息借贷来实施政策。但是，随着清王朝的自身衰败，加上内乱频发和外敌入侵，内耗过度后的清政府面对光绪二年到光绪五年（1876—1879）华北的大旱灾，这套制度化的饥荒救灾程序难以正常运行，此次灾害覆盖范围之广、伤亡人数之多，以及救灾方式和行为的特殊性在中国灾荒史上具有重要意义。中外学者对于此次灾荒的时空分布、形成原因、破坏程度、救灾行为等诸多方面都有专门的著述。中国的学者多以清廷及其官员的救灾措施为视角，而国外学者则较为关注传教士在其中发挥的作用和影响。如果将此次事件置于晚清至民国的历史跨度中来看待，上述两种视角都不够全面，灾荒的发生恰是反映制度和文明的绞合，而非绝对的此消彼长。

列文森（Joseph R. Levenson）在《儒教中国及其现代命运》中曾提出过

---

① Yao Shan-yu. The Geographical Distribution of Floods and Droughts in Chinese History [J]. *The Far Eastern Quarterly*. 1943, 2 (4): 368—370.

这样的问题，在 17 和 18 世纪的中国涌现出一批"唯物主义思想家"，那么工业化进程中的西方力量的侵入是否对中国的改变起到决定性作用，还是中国社会内部已经生发出以科学理性为基础的近代化萌芽？这个问题实质上是区分出中国传统社会内部和传统与近代之间两种变化。衡量外来思想的传播效果及其对传播客体的影响程度并不是完全取决于其作为一种抽象思想具有多大价值，而是取决于其传播客体在多大程度上脱离了母体社会的轨道，其中的变量就在于外来的思想是否能够被传播客体所处的母体社会所接纳和利用，当这一变量达到相当程度时，就有可能对母体社会带来冲击甚至颠覆，进而排挤本土思想，发生质变。① 历史上看，佛教的传入是对中国文化传统的丰富，但西方思想对于近代中国的影响则是从接受"词汇"到改变"语言"的过程。墨子刻（Thomas A. Metzger）在其代表作《摆脱困境——新儒学与中国政治文化的演进》一书中，列举出新韦伯主义、人本主义、人类学、行为主义以及思想史，五种西方研究中国的方法。他认为文化传播是一条双轨线，不仅取决于输入的观念是否有效，也取决于其输入对象内部是否具备突破意愿的广泛基础。正是中国人从政治、经济和心理上具有摆脱桎梏的强烈愿望，输入的观念才能引导中国人一腔热血地推翻他们所一直尊崇的理念和制度，反而接受外来的方式和思想。② 马克思在 1853 年的预言和前者有相似之处，认为与外界保持完全隔绝是保持旧中国的首要条件，当英国通过暴力方式打破了这种隔绝状态时，解体是接踵而来的必然结果，这就好像木乃伊必须要与空气隔绝才能保持其自身状态，否则必然解体。③ 上述学者都强调外来思想是否有效传入是内部和外部双重作用而成的。毫无疑问，思想和制度的变化并非一朝一夕之事，既需要长期积累，又需要诸多契机。灾荒作为非常态事件，是不同社会主体在资源长期积累后的集中释放和互相角力，而且特别要关注非常态事件中的新行为主体所发挥的作用及发展态势，本书选择将丁戊奇荒作为考察近代中国变革的研究对象就是希望借此事件集中阐释新旧社会

---

① 列文森. 儒教中国及其现代命运 [M]. 郑大华，等译. 桂林：广西师范大学出版社，2009：9.

② 墨子刻. 摆脱困境——新儒学与中国政治文化的演进 [M]. 颜世安，等译. 南京：江苏人民出版社，1995：16—17.

③ 马克思恩格斯全集：第 12 卷 [M]. 北京：人民出版社，1998：116.

力量和新旧思想观念的互动，特别将传教士作为此次事件中的讨论重点，探讨新力量的介入是如何嵌入其他行为主体中。

美国学者博尔（Paul Richard Bohr）根据当时的教会档案记录，以传教士李提摩太（Timothy Richard）的活动为研究对象①，对光绪初年山东、山西的大旱灾，做了深入详细的研究，该书可以被称作是对这一历史事件的一本研究力作。不过如果将其放在中国近代史的发展历程中，该书所讨论的还存在一些值得补充之处。（一）就研究范围来看，该书将重点放在了山东和山西，其他省份，如河南、直隶、陕西等较少被提及。（二）博尔的论著所引材料主要是李提摩太通讯以及其他教会档案，毋庸置疑，这些都是十分有价值的研究文献，但其对于中文材料的引用仍有许多值得补充之处。

本书在研究材料使用方面，综合运用中文和外文史料，如：官书、实录、政书、方志、奏议、报刊、时人记载和近代中外学者的研究成果，来补充以往研究的不足；在研究视角上，则选取了传教士在救灾全过程中所扮演的角色和作用，重点在于剖析基督教与中国传统政治秩序和传统政治文化的碰撞与交融，将丁戊奇荒放在中国历史发展的进程中，认为本次灾荒无论是产生原因还是后果既是偶然的也是必然的，旱灾的产生既受到当时自然条件的影响，同时也是鸦片战争以后中国政治经济发展进程的必然结果，其最终的后果更是当时清朝政治危机的潜在表象，因此跳出地理环境决定论和"冲击—回应"模式的解释框架，从清朝统治秩序内部寻找灾荒发生的动因及其影响才是本研究的目的所在。

值得思考的是，义和团运动同样发生在自然灾害肆虐之际。1898年开始，鲁西北有数处河堤决口，造成洪水灾害，当时有传教士称这是"世人记忆中最可怕、造成损失最惨重的"洪灾。到1898年底1899年初，鲁西北到处都是无家可归的难民，而邻省的直隶也一直深受洪灾之苦。然而，1898年冬季过后，这种局面突然逆转，山东、直隶、山西和河南等北方地区很少降雨，甚至滴雨不下。很多证据表明，干旱、人们无所事事与义和团活动的加剧是

---

① Paul Richard Bohr. *Famine in China and the Missionary*：*Timothy Richard as Relief Administrator and Advocate of National Reform* 1876—1884 ［M］, Cambridge MA：East Asian Research Center, Harvard University, 1972.

有关的，甚至有人造言："扫平洋人，自然下雨消灾。"① 林敦奎也在研究后发现，自大刀会创立兴起直到义和团达到高潮，确实有不少灾民将天气的好坏作为参加运动的动机。② 当时，山西的其他传教士也把干旱、中国人的饥饿和洋人担忧联系在一起，因为民众认为天不下雨是传教士造成的，是洋人触犯了上天的报应。为什么这次旱灾使越来越多无所事事的人们成为拳民，开启了清除洋人的运动，而19世纪70年代末的旱灾没有呈现出此种景象？

正如柯文（Paul A. Cohen）在《历史三调》中的反思，义和团在西方人的认识中，一直是仇视基督教、抵制先进技术、野蛮残忍、仇外排外和迷信的典型象征，也成为20世纪西方人对非西方人的负面看法的典型象征。而太平军只有在中国历史上占有重要地位，没有在西方人的脑海中留下深刻印象，而反之，义和团却成为西方人对于"第三世界"的认知体系中的组成部分。这种现象为我们的研究提供了一个新的视角，无论是中国人还是西方人对于某个事件的看法可能是千差万别，如果只站在一边自然是"只见树木不见森林"。那么，"丁戊奇荒"中新教传教士的嵌入之于中国和之于西方的影响有何差异？清政府及其治下的民众对于以李提摩太为代表的新教传教士和明朝对于以利玛窦为代表的天主教传教士的认知和态度有何差别？

目前，学界对于饥荒因果关系的讨论和对饥荒中社会伦理道德的讨论缺乏共识，本书也没有着重讨论饥荒产生的原因，而是更加关注饥荒对于中国官僚体系和社会价值理念的影响，通过这一典型事件透视出晚清中国衰落中社会力量的竞争和妥协以及传教士的嵌入过程。饥荒这种事件在很多老百姓看来是上天对人类的怨怒，但是处于中国社会各个层次中的人对于饥荒的看法是截然不同的，他们也在灾荒发生的整个过程中有不同的表现。也就是说，饥荒看似是由自然原因引发的偶发事件，但其实，它更像是一个多面体透视出社会百态，也更容易从中剥离出社会运行中的危机与矛盾。

① 柯文. 历史三调 [M]. 杜继东，译. 南京：江苏人民出版社，2000：64.
② 柯文. 历史三调 [M]. 杜继东，译. 南京：江苏人民出版社，2000：66.

第二节 理论价值与现实价值

光绪初年，一场特大灾荒洗劫中国北方，其延续时间之长、波及范围之广、造成后果之重，为中外历史所罕见。由于这次灾荒主要发生在 1877 年和 1878 年，而此二年的阴历干支纪年为丁丑、戊寅，所以人们称之为"丁戊奇荒"。这是一场被清廷官员称之为"此千古奇灾，是铁石心肠亦当泪下"的大饥荒：从 1876 年到 1879 年，整整持续四年，最主要受灾地区是山西、山东、直隶、河南、陕西五省，还波及苏北、皖北、陇东、川北等地，导致上亿人受灾。有人称"光绪三、四两年，晋中迭遭奇荒，赤地千里，而三年为尤甚。通省八十余州县，几无完区，而被灾最烈惟河东道属，冀宁道属稍次，雁平道属又次之"。① 按照光绪二年至五年地方奏报的数目，山西、山东、直隶、河南、陕西的受灾州县最高分别达到 84 个、82 个、63 个、88 个、87 个。② 在这些数字反映出的是小农经济对于天时的高度依赖，使农民的命运与自然及其密切地联系在一起，也表现出中国传统经济结构的不合理。

诚然，19 世纪中后期是中国自然灾害的频发期，特别是洋务运动时期的三十余年，水、旱、蝗等灾害发生频次急剧增加，持续时间显著拉长，"丁戊奇荒"在其中本是诸多重大自然灾害事件之一，并无其特殊性。但是，从自然灾害的发生过程及其结果来看，灾害强度与破坏程度并不是完全呈正相关，并且破坏程度也分为自然环境破坏、人口伤亡、社会结构破坏等多重维度，这就与其社会"韧性"息息相关。其中，农业生产受到自然因素的影响较大，自然灾害会对粮食产量、耕地质量、作物选择等造成很大影响，有可能会导致农产品收成的大幅下降，但是是否会演变为饥荒，乃至政治和社会秩序混乱则更依赖制度因素和统治者的治理能力。由此可见，"丁戊奇荒"之所以会

---

① 姚启瑞编撰. 永宁州志，卷三十一，灾祥，1881.
② 转引自李文海，等. 近代中国灾荒纪年 [M]. 长沙：湖南教育出版社，1990：374—375；李文治. 中国近代农业史资料（第一辑）[M]. 上海：生活·读书·新知三联书店，1957：734.

造成重大人员伤亡肯定不只是因为灾之重所造成的，更多的是社会应急和自我修复能力严重羸弱所导致。正是基于这样的考虑，很多学者会将"丁戊奇荒"看作是这一时期中国社会内部危机的一种特殊外在表现，或是半殖民地半封建社会中的经济凋敝和政治腐败的必然结果。① 但笔者认为这两种说法都过于粗线条化，忽视了当时社会中多种思想和行为体的竞合过程。

其中，鸦片战争后外国传教士②是社会变革中的一个重要行为体，对中国后来的发展走向产生了深刻影响。据《中国赈灾基金委员会报告》的记载，在灾害涉及的省份中大约共有 10 万户受到了外国传教士的救助，其中最为突出的莫过于在山西活动的李提摩太、德治安与李修善三位传教士。③ 从表面上看，在赈灾过程中，基督教传教士到中国来更多的是为中国的老百姓尽其所能提供帮助，直接分发救济金，开设诊所、学校、孤儿院等等，这些都是无偿的给予行为不是为了获得利益，而是要给予利益。但如果让这一事件中的各个行为主体评价传教士在"丁戊奇荒"中发挥的作用肯定是众说纷纭，其评价标准必定与其政治立场和社会资源占有程度息息相关，很难达成一致结果，故本研究不侧重于对传教士的社会效用进行价值判断，更加侧重于分析传教士在其中与其他利益主体的互动行为过程，理清传教士作为灾荒中的特殊行为主体如何利用各方面经济、社会和文化资源在其中发挥作用。

按照费正清的说法，传教士引起社会和民众恐惧的最大原因就是传教士始终坚信"从根本上改组中国文化是使中国人民获得更大利益，过上更好生活的唯一出路"。④ 这种说法无疑是对中国几千年封建制度的革命性批判和挑战，是统治者所不能接受的，从 1860 年到 1900 年这 40 年间，清政府和传教

① 参见李文海，等. 中国近代十大灾荒 ［M］. 上海：上海人民出版社，1994：106—113.

② 本书所指传教士既包括天主教传教士也包括新教传教士。现在学术界公认基督教有广狭两义。广义的基督教包括天主教、东正教和新教，又称为基督宗教。狭义的基督教仅指新教。

③ Paul Richard Bohr. *Famine in China and the Missionary：Timothy Richard as Relief Administrator and Advocate of National Reform*（1876—1884）［M］. Cambridge, MA：Harvard University Press，1972：112.

④ 费正清. 剑桥中国晚清史（1800—1911）上卷 ［M］. 刘广京，编. 北京：中国社会科学出版社，2016：528.

士发生的数次教案就是例证。① 可见，传教士在清政府时期是被排斥的对象，其传教的行为更被看作是威胁着清政府的统治根基，但是迫于条约的约束，他们又无法将其驱赶出去，这就致使双方的恶感都在叠加。

但是，在"丁戊奇荒"中，这种现象发生了变化。清政府、传教士、普通民众都开始为应对饥荒这一个共同目标而被迫做出反应，他们之间出现的冲突也从信仰层面转化为权力层面，而他们之间也出现了各种形式的合作。清政府的行动滞后与推三阻四给传教士的"入场"带来了机会，且不去判断在这次大灾荒中传教士是否达到其原初的目的（或者说传教士来到中国前设定的目标和参与救荒后的行为本就不完全一致），本书的核心意在从传教士的视角讨论丁戊奇荒前他们进入中国时的政治和社会环境，可称为"外部机遇"；以及传教士在丁戊奇荒中的资本和组织积累，可称为"内部优势"。而且，以往的研究总是将焦点放在饥荒中数个行为体所做具体事实层面，而本书研究则重点关注他们的行为背后的深层次原因，也就是为什么会这样做。这其中有嵌入、有妥协、有竞争、有对抗、有合作。因此，本书重点探讨三个核心问题：第一，丁戊奇荒前后中国的内外形势，传教士的嵌入何以可能？第二，在丁戊奇荒中，传教士是如何实现资本、组织、价值嵌入的？第三，传教士在嵌入过程中是如何处理价值和利益冲突的？

这一组话题的讨论可以简化为处理非常态事件时某个行为主体（如国家、政府、组织等）所具备的三个要素——即外部环境、内部资本、处置能力，这三个要素共同构成了应急管理的链条，三者环环相扣，任何一个要素的缺失或不足都有可能导致事件处置的失败，从而酿成巨大损失。一个重大公共事件，如自然灾害、瘟疫等的发生都是上述三个要素经过社会长期积累后的集中体现，也是对于制度完善程度和社会韧性的重大考验，甚至改变既有的政治和经济格局。因此，如果将本研究置于现实之中，依旧对自然灾害频发、外部环境多变的高风险社会具有较为深远的借鉴价值。

---

① 费正清. 剑桥中国晚清史（1800—1911）上卷［M］. 刘广京，编. 北京：中国社会科学出版社，2016：553.

第三节　文献回顾

一、历史学研究中的丁戊奇荒

中国关于灾荒史的系统研究肇始于 20 世纪二三十年代，这是由于自然灾害频发、现代科学的发展、西方思想对于中国传统天命观的挑战等多重原因造成的。其中，比较有代表性的研究者是竺可桢先生。他在民国时期的研究成果主要是运用现代科学解释灾荒成因和后果，可谓是自然灾害科学研究的先行者之一。[①] 其中，1928 年竺可桢先生就发表《清直隶地理环境与水灾》[②]一文，这是国内第一次直接运用气象学来说明清代直隶地区水灾发生的原因，成为中国用现代科学研究自然灾害的开拓者。1931 年江淮大洪水暴发，吸引了更多学者关注灾荒史这一领域，其中最有代表性也是至今影响最大的莫过于邓拓在 1937 年出版的《中国救荒史》，该书详细论述了从中国远古传说及商周时代到民国的灾荒史实、成因、影响等，并且详细讨论了历代救荒思想的发展和历代救荒政策措施，富有创新性的总结了历朝历代的救荒思想及救荒政策形成演变过程，运用马克思主义唯物史观进行分析，奠定了后来灾荒史研究的框架和路径。李文海先生曾评价这一本书为，"以其详实的史料、缜密的分析、科学的历史观和现实主义的批判精神，成为灾荒史的扛鼎之作，并将中国救荒史的研究推进到一个全新的阶段"。[③] 这一阶段的其他代表性著作还有：冯柳堂《中国历代民食政策史》[④] 叙述了中国从上古到清代的民食政策以及灾荒救济措施的兴废，王龙章《中国历代灾况与赈济政策》[⑤] 记录

---

① 朱浒 . 20 世纪清代灾荒史研究述评 [J]. 清史研究，2003（2）.

② 竺可桢发表的有关灾害的代表性著作有：气象与农业之关系 [J]. 科学，1922，7（7）；中国历史上气候之变迁 [J]. 东方杂志，1925，22（3）；中国历史上之旱灾 [J]. 史地学报，1925，3（6），等。

③ 李文海，夏明方 . 邓拓与《中国救荒史》[J]. 中国社会工作，1998（4）.

④ 冯柳堂 . 中国历代民食政策史 [M]. 上海：商务印书馆，1934.

⑤ 王龙章 . 中国历代灾况与赈济政策 [M]. 重庆：重庆独立出版社，1942.

了历代中央赈济机构演变以及社会救济事业的开展，陈高佣的《中国历代天灾人祸年表》①将秦王朝以降直至秦代的灾祸进行分类统计，是一部资料十分翔实的灾荒史论著。随着抗日战争的爆发，灾害问题慢慢淡出了研究者的视野，战争与民族兴亡成为时代的主题，与灾荒相关的研究成果寥寥无几。

中华人民共和国成立后至 20 世纪 80 年代，受到经济条件限制，再加上极左思想的影响，人们更多侧重于政治、军事领域的研究，对于灾荒史的研究鲜有关注，只在历史地理资料的收集整理方面有所突破。②从 20 世纪 80 年代至今，灾荒史进入了蓬勃发展的新阶段，这是由于全球气候变化引发了对于我国自身的自然灾害应对问题的关注，以及 1998 年特大洪水、2008 年汶川大地震的迫切需求。具体来看，这一阶段灾荒问题的研究主要分为两条进路：

第一，以自然科学为基础的灾荒问题研究。灾害的发生多是因自然原因引起的，宋正海作为自然科学史研究领域的专家，领衔团队查阅了数千种史料，包括古籍、奏折、甲骨文等等，收集了上万条史料条目，编写了重大自然灾害和异常年表，将年表分为气象、地震、海洋、天文等九大类灾害现象，是一部非常重要全面的灾害史工具书，填补了许多以往关于灾害和异常现象记录的空白。③在该书的基础上，这个研究团队又编写了《中国古代自然灾异相关性年表总汇》④《中国古代自然灾异群发期》⑤等书目，对古代灾异现象进行了细致考察，自然科学史的研究成为灾荒史研究的基础，为这一领域的研究提供了众多宝贵的参考资料。

第二，以历史学为基础的灾荒问题研究。历史学对于某一特点地域或某一特定时间的考查对于灾荒史的研究具有重大意义，学者通常收集相关的文书、地方志等材料对灾害的发生原因、防灾救灾措施、荒政制度、官民救助方式及力量对比进行分析归纳，使灾荒成为透视某一朝代或某一地域政治和

---

① 陈高佣. 中国历代天灾人祸年表［M］. 上海：上海国立盟南大学出版社，1939.
② 其中，代表性著作有：李善邦. 中国地震目录［M］. 北京：科学出版社，1960；中央气象局中央气象研究所编. 华北、东北近五百年来旱涝史料［M］. 1975；上海等地气象局和中央气象局合编. 近五百年来气候历史资料［M］，1978；中央气象局编. 中国近五百年来旱涝分布图集［M］. 1981.
③ 宋正海. 中国古代重大自然灾害和异常年表总集［M］. 广州：广东教育出版社，1992.
④ 宋正海，等. 中国古代自然灾异相关性年表总汇［M］. 合肥：安徽教育出版社，2002.
⑤ 宋正海，等. 中国古代自然灾异群发期［M］. 合肥：安徽教育出版社，2002.

经济发展的有效路径，近年来产出了颇为丰硕的研究成果。孟昭华、彭传荣编写的《中国灾荒史》① 同先前出版的《中国灾荒辞典》《中国灾荒年表》是对新中国成立以来灾荒工作的一次系统总结，从灾荒释义、成因、灾情、救灾政策、防灾建设、抗灾斗争多个方面归纳在中国政府的防灾救灾成效。李文海主编的《近代中国灾荒纪年》② 和前面的年表类书籍的侧重点有所不同，课题组使用了大量的历史文献，如官方档案和文书、记录和报告、地方史志以及各种私人收藏和记录，如文集、笔记、书信、日记、碑文等按照编年体形式编写了此书。在前书的基础上，李文海等学者又撰写了《灾荒与饥馑：1840—1919》③ 一书，考察晚清到五四运动期间，中国历次大的自然灾害的发生程度、影响、危害以及清政府赈灾中的不力和制度弊端，该书资料丰富，可读性强，是一本很好的史学读物。这个课题组的另外一本书，《天有凶年——清代灾荒与中国社会》④ 将研究重点转向灾荒与社会这条主线，不再泛泛而言灾荒的概貌，而是对灾荒中社会和民间的救灾机制进行了深描，探讨了政府和社会在救荒中的互动关系，其研究特色在于运用地方档案和个人的文集日记里的灾荒史料进行个案研究。李向军撰写的《清代荒政史研究》⑤ 是荒政研究的一部拓荒之作，灾荒从发生之前到全部结束主要会面临如何预防灾荒发生、如何及时处置灾荒、如何安置灾民生活、如何恢复灾后生产等内容，作者就是针对上述问题进行详细论述，认为清代救荒程序分为报灾、勘灾、审勘、发赈四个步骤，赈济的钱粮来源主要有国家调拨、地方自筹和个人捐赠三部分，但是这种说法只是一个笼统分类，并没有对每一项进行细分。作者还认为清代康乾年间是中国荒政的鼎盛阶段，形成了一整套严密的救灾体系，但是随着国势日渐衰落，到了嘉道年间，这套制度几近失效。张艳丽正是选择了研究较为空白的嘉道时期作为研究对象，探讨当时的致灾成

---

① 孟昭华、彭传荣. 中国灾荒史 [M]. 北京：中国电力出版社，1989.

② 李文海，等. 近代中国灾荒纪年 [M]. 长沙：湖南教育出版社，1990.

③ 李文海、周源. 灾荒与饥馑：1840—1919 [M]. 北京：高等教育出版社，1991.

④ 李文海. 天有凶年——清代灾荒与中国社会 [M]. 北京：生活·读书·新知三联书店，2007.

⑤ 李向军. 清代荒政史研究 [M]. 北京：中国农业出版社，1995.

因、影响、特点，以及清政府的救灾举措。① 刘仰东、夏明方《灾荒史话》②
运用较为轻松的笔法回顾了1840—1949年间的几次重大自然灾害，特别是在
讨论丁戊奇荒的时候，不仅介绍了当时的社会民生状况，还重点指出了义赈
这种社会救灾模式在其中的作用空前重要。夏明方、唐沛竹主编的《20世纪
中国灾变图史》③，运用图文并茂的写作方法，更加直观得呈现出晚清以降自
然灾害发生时的可怕景象，并与严谨的史料文献相互印证，这种方式更让读
者有代入感，有利于以更加全面的视角来观察灾荒中的人和事。赫治清主编
的《中国古代灾害史研究》④ 可以称其为一本对策史研究，作者对于先秦到
明清的水、旱、火、疫等灾害的基本趋势和历代赈灾防灾对策进行了宏观论
述，指出灾荒对于政治和社会制度的影响，以及其中存在的官僚腐败问题，
又选取了常平仓、义仓这些中国荒政中的特殊形式进行个案研究。

在前述研究的基础上，灾荒史学家又对中国历史上发生的重大自然灾害
进行个案研究，"丁戊奇荒"就是其中的一个研究重点。中国自古以来就是多
灾的国家，清朝更是"十年九荒"，灾荒的频繁发生直接威胁着当权者的统治
地位，其所谓的君权神授的合法性受到质疑，也极大影响了国家的经济和人
民的生活。这场发生在光绪朝初期的特大旱灾，其持续时间之长、影响范围
之广、受灾人数之多、破坏力之大使其堪称"奇荒"，对于岌岌可危的清朝统
治是一次重大考验和冲击。关于这次灾害的研究，历史学界已取得了丰硕的
成果，主要涉及清政府的赈济措施、地方官员的表现、民间赈济主体的活跃
等等，对于民间赈济主体的研究主要集中在传教士和地方士绅领域。

第一类是丁戊奇荒的原因及特点的阐释性研究。从20世纪80年代，学
者们开始关注发生于光绪初年的这一次重大灾荒——丁戊奇荒。赵矢元的
《丁戊奇荒述略》⑤ 是最早对这次灾荒进行全景概述的文章，他通过梳理山
西、陕西、直隶、河南四个省份的饥荒发生情况来分析饥荒的成因，认为封

---

① 张艳丽. 嘉道时期的灾荒与社会 [M]. 北京：人民出版社，2008.
② 刘仰东、夏明方. 灾荒史话 [M]. 北京：社会科学文献出版社，2000.
③ 夏明方、唐沛竹. 20世纪中国灾变图史 [M]. 福州：福建教育出版社，2001.
④ 赫治清. 中国古代灾害史研究 [M]. 北京：中国社会科学出版社，2007.
⑤ 赵矢元. 丁戊奇荒述略 [J]. 学术月刊，1981（2）.

建统治阶级和外国侵略势力不但没有减轻灾情，反而加重了灾情，造成了灾民的大灾难。外国侵略势力还借着赈灾的机会加速洋物对中国的倾销，利用清政府的国库枯竭对它借贷，进一步控制清王朝的财政。夏明方的观点与其相似，认为丁戊奇荒发生的根本原因是封建统治的日益衰落以及西方资本主义对中国的经济侵略。① 这种观点对于灾害发生的社会政治环境进行了准确的把握，但是完全否认了地方官员、士绅、传教士为赈灾作出的努力。还有一些有自然科学研究背景的学者考察了近代中国华北旱灾波及的范围广、持续时间长的社会和自然原因，提出当时全球的厄尔尼诺现象影响了大气环流，导致亚洲的季风减弱，降水减少造成我国华北地区的严重干旱。② 可见，学界对于灾害原因的认识各有侧重，自然原因和社会原因均在考察范围之内。除此之外，学界对于此次灾荒的史料呈现还有数篇论文可资参考。③ 这些文章运用了大量史料对丁戊奇荒造成的人口和社会影响进行考据，以期对灾情得出较为准确的评估。

第二类是丁戊奇荒的分省区研究。在整体把握灾荒的成因和影响之后，随着史料的不断发掘，学者们开始缩小研究范围，以某一省区为分析视角，更为详尽地研究此次灾害在省区范围内的原因、赈灾措施、效果。其中，以光绪初年山西大灾荒的研究较为突出，考察分析了此次大旱在山西的时限和地域、受灾人口、并发灾害、受灾强度、民众心态等④，还有一些研究的考察

---

① 夏明方．也谈"丁戊奇荒"[J]．清史研究，1992 (4)．
② 王金香．近代北中国旱灾的特点 [J]．黄河科技大学学报，2000 (1)；近代北中国旱灾成因探析 [J]．晋阳学刊，2000 (6)；满志敏．光绪三年北方大旱的气候背景 [J]．复旦学报（社会科学版），2000 (6)．
③ 如王金香．光绪初年北方奇灾 [J]．山西师范大学学报，1991 (4)；林敦奎．中国近代史上的"丁戊奇荒"[J]．百科知识，1990 (12)；董大中．光绪三年，那不堪回首的一页 [J]．文史月刊，2002 (10)；杨国强．"丁戊奇荒"：19 世纪后期中国的天灾与赈济 [J]．社会科学，2010 (3)，等。
④ 如刘仁团．"丁戊奇荒"对山西人口的影响 [M] //复旦大学历史地理研究中心．自然灾害与中国社会历史结构．上海：复旦大学出版社，2001；郝平．山西"丁戊奇荒"的人口亡失情况 [J]．山西大学学报（哲社版），2001 (6)；郝平．山西"丁戊奇荒"的受灾强度 [M] //多学科视野中的山西区域社会史研究 [C]．北京：商务印书馆，2005；张俊峰、郝平．旱灾与民众心态——从"丁戊奇荒"中山西民众的行为看其心态 [M] //陕西师范大学西北历史环境与经济社会发展研究中心．历史环境与文明演进．北京：商务印书馆，2005．

对象更为细微，以山西省内的官员为切入点，分析地方官员在山西赈灾中的措施和作用。① 相比较而言，丁戊奇荒的其他受灾省份，如陕西、山东、河南、直隶的研究则较少，比较有代表性的有张九洲的《光绪初年的河南大旱及影响》②，充分运用了当地的史料说明人吃人悲剧发生的根本原因不在于灾害造成的绝对损失，而是清政府的救灾不力，对河南的经济造成沉重打击。王卫平、黄鸿山认为江南绅商在山东省组织的大规模民间义赈，对于赈灾发挥了重大的作用。③

第三类是丁戊奇荒中的社会和文化研究。这方面的研究是基于史料，同时运用其他社会科学理论的综合性研究，探究灾荒对于社会的深层次影响。灾荒对于社会的影响主要体现为灾害对于社会的直接冲击以及赈灾中社会力量对于社会的重构。对于前者而言，有的学者就以地方志为重要史料对丁戊奇荒进行考察，认为荒政功能的衰退导致救灾不力，饥民的抗争威胁到社会秩序，又反作用于封建统治，形成恶性循环。④ 基于中国传统的天人感应灾异观虽然在促使皇帝重视救灾、安抚民心等方面还起到一定的正面效应，但是却无法调动起民众救灾的主动性，更会使民众对封建权威产生怀疑。⑤ 后者对于赈灾中多种赈灾力量的介入研究成果更为显著，夏明方将此次灾荒中出现的官赈、义赈、西方传教士赈济的内容和形式分别进行了较为仔细的论述，并指出具有近代文明特征的救灾形式和意识在此次灾荒中萌发。⑥ 杨剑利则将灾荒中的官赈和义赈分别加以分析，认为当时官赈的作用持续下降，而义赈的作用逐步上升，官赈和义赈的实力对比实则是当时社会结构的变化。⑦ 李文

① 如张艳丽. "丁戊奇荒"之际晋南地方官员的善后措施——以解州知州马丕瑶为例 [J]. 晋阳学刊，2005（6）.
② 张九洲. 光绪初年的河南大旱及影响 [J]. 史学月刊，1990（5）.
③ 王卫平、黄鸿山. 江南绅商与光绪初年山东义赈 [J]. 江海学刊，2006（5）.
④ 赵晓华. "丁戊奇荒"中的社会秩序——以地方志为中心的考查 [J]. 华南师范大学学报（社会科学版），2008（2）.
⑤ 袁滢滢. 天人感应灾异观与近代灾荒救治——以"丁戊奇荒"为中心 [J]. 聊城大学学报（社会科学版），2009（4）.
⑥ 夏明方. 清季"丁戊奇荒"的赈济及善后问题初探 [J]. 近代史研究，1993（2）.
⑦ 杨剑利. 晚清社会灾荒救治功能的演变——以"丁戊奇荒"的两种赈济方式为例 [J]. 清史研究，2000（4）.

海、朱浒的研究更为有力，着力阐述了义赈对于地方社会结构和社会流动的影响，以小见大可以更加深入了解晚清社会的变化。① 张继莹在其文章中探讨财政、鸦片和救灾三者之间的关系，文章运用碑文、墓志铭、传记等史料以时任山西巡抚曾国荃为中心讨论他在旱灾中如何处理中央和地方之间的关系，特别是对于鸦片问题的处理态度和方式。② 此外，国外学者对于这一层面的研究也颇具代表性。美国学者艾志瑞（Kathryn Edgerton-Tarpley）的《铁泪图》一书提出"饥饿的符号学"，从符号学的角度把"丁戊奇荒"同爱尔兰的"马铃薯饥荒"（failure of the potato crop）③ 进行比较，运用丰富的史料，如地方志、碑文、民谣、口述史等对当时的场景进行全面呈现，在比较中探讨中西之间的治灾差别和文化差异。④ 该书的主体部分讨论中国置身于当时场景中的各个集团的人对于这场灾难的不同观点和解释。自强运动派和清流派呈现出明显的观点分歧，有的人将搞科学、修铁路等看作是典型的"意识形态殖民"，也有人认为这是发出了改革的前奏。江南的文人和社团在此次灾害中的行动是中国历史上第一次因灾害引发的全国性的私人大规模慈善。而西方传教士认为这次灾害是上帝对中国人不信教的惩罚，要通过慈善尽快传教拯救其灵魂；同时，她还从英国《北华捷报》对丁戊奇荒的报道和晚清洋务派、顽固派观点的两种对立性阐述出发，探讨灾荒与晚清意识形态问题。⑤

　　第四类是丁戊奇荒中的传教士研究，夏明方的《论 1876—1879 年西方新教传教士对华赈济事业》具有代表性，此文探讨了华北五省在大饥荒期间，

① 李文海. 晚清义赈的兴起与发展 [J]. 清史研究，1993（3）；朱浒. 地方性流动及其超越——晚清义赈与近代中国的新陈代谢 [M]. 北京：中国人民大学出版社，2006；朱浒. 江南人在华北——从晚清义赈的兴起看地方史路径的空间局限 [J]. 近代史研究，2005（5）；朱浒. "丁戊奇荒"对江南的冲击及地方社会之反应——兼论光绪二年江南士绅苏北赈灾行动的性质 [J]. 社会科学研究，2008（1）.
② 张继莹. 财政、鸦片与救灾——以清末"丁戊奇荒"为中心 [M]. 社会史研究（第五辑）. 北京：商务印书馆，2015.
③ 爱尔兰大饥荒，俗称"马铃薯饥荒"，是一场发生于 1845—1850 年间的饥荒，在五年间，英国统治下的爱尔兰人口锐减将近四分之一。
④ Kathryn Edgerton-Tarpley. The Semiotics of Starvation in Late-qing China: Cutural Responses to the 'Incredible Famine' of 1876—1879 [D], Indiana University, 2002.
⑤ 艾志瑞. 铁泪图：19 世纪中国对于饥馑的文化反应 [M]. 曹曦，译. 南京：凤凰出版传媒集团、江苏人民出版社，2011.

新教传教士主要组织的饥荒救济运动的原因和社会影响。作为现代中国历史上第一个有组织的、有计划的社会救济行动，它不仅给了西方传教士在中国传播福音的前所未有的机会，也为中国的改革提供了动力，开创了中国自主赈灾机制形成的先河，推动中国的近代化事业，甚至对后来康梁的维新变法思想产生了一些不可忽视的影响。以李提摩太为代表的传教士借此机会和中国上层官员建言引进西方科学技术以及建设铁路桥梁等基础设施，推进中国的改革步伐。① 高鹏程、池子华的《李提摩太在丁戊奇荒时期的赈灾活动》开宗明义表明他们的观点，认为传播西方文明才是传教士赈灾的根本目的，赈灾只是实现其目标的手段，李提摩太提出的修建铁路、开矿等观点就是为了让更多的人认同西方文明，赢得更高的社会声望。② 还有一些学者对丁戊奇荒中传教士的赈灾方式和赈灾款的使用进行深入剖析，呈现出传教士活动的不同侧面，从权力和文化视角重点讨论传教士与清政府、士绅等不同赈灾主体在其中的博弈过程。③ 郭俊红的研究视角较为独特，作者以碑刻为研究资料，借鉴"身体叙事学"相关理论叙述丁戊奇荒中碑刻书写者对于灾民的身体的不同观察角度。④ 张大海把着眼点放在《万国公报》对山东青州赈灾的记录情况，提供了一个新的研究视角。⑤ 赵英霞在她的文章中认为李提摩太、李修善等西方传教士在山西的赈灾活动是一种具有近代色彩的救灾机制，比清政府传统的救灾方式具备极大的优越性，官赈的不力烘托了传教士救灾的有效。⑥ 李楠的《丁戊奇荒前后华北乡村社会网络的重塑》⑦ 以美国公理会在鲁西北的活动为中心讨论传教士如何借助传统的乡村社会网络关系开展赈灾

---

① 夏明方. 论 1876—1879 年西方新教传教对华赈济事业 [J]. 清史研究，1997 (2).

② 高鹏程、池子华. 李提摩太在丁戊奇荒时期的赈灾活动 [J]. 社会科学，2006 (11).

③ 王德硕. 山东丁戊奇荒中的博弈 [J]. 齐鲁学刊，2012 (6)；李晓晨. 近代直隶天主教传教对自然灾害的救济 [J]. 河北学刊，2009 (1)；袁滢滢. 丁戊奇荒中传教士在山东的赈灾活动考察 [J]. 聊城大学学报（社会科学版），2006 (11).

④ 郭俊红. 身体叙事视野中的"丁戊奇荒"——以山西省阳城县为考察中心 [J]. 民俗研究，2016 (2).

⑤ 张大海. 互动与博弈—李提摩太"丁戊奇荒"青州赈灾分析——以万国公报为中心的考察 [J]. 宗教学研究，2010 (1).

⑥ 赵英霞. 丁戊奇荒与教会救灾——以山西为中心 [J]. 历史档案，2005 (8).

⑦ 李楠. 丁戊奇荒前后华北乡村社会网络的重塑 [J]. 清史研究，2019 (4).

活动并建立布道点。上述文章都从不同角度论述了传教士进入丁戊奇荒赈灾场域的主被动原因，以及传教士在其中的活动方式和影响。

另外，国内学界还有一些著作对于传教士的赈灾性质和行为进行了探索。顾长声的《传教士与近代中国》一书首先对传教士进入中国到此后与中国政府和民众的种种纠葛进行了较为详细的阐述，在书中的第十章还单独将教会的慈善事业作为专题研究，分为医疗、教育和救济三方面内容，丁戊奇荒也被作为救济事业中的典型案例加以阐述。① 顾长声的《从马礼逊到司徒雷登——来华新教传教士评传》是专门以新教传教士为研究对象的工具类著作，作者在书中选择了 29 名新教传教士进行考察，运用他们的传记作为基本研究史料，内容涉及教育、出版、赈灾等多方面内容。② 顾卫民的《基督教与近代中国社会》一书首先叙述了基督教入华从起始到发展所经历的一连串过程，作者在第七章重点讨论了传教士通过社会赈济、反对鸦片、兴办教育等行为对于维新派社会改良事业的影响。③ 朱浒的《地方性及其超越——晚清义赈与近代中国的新陈代谢》④ 是研究传教士与士绅之间关系的一本很好的著作，作者提出应该将传教士纳入义赈的研究范围，这种说法具有一定的开拓性，二者在赈灾中既有对抗又有合作，士绅的义赈开始时是迫于传教士对其地位的威胁而参与的。丁戊奇荒中受灾最重的两个省份是山西和山东，在王林主编的《山东近代灾荒史》⑤ 和安作璋、王志民主编的《齐鲁文化通史·近代卷》⑥ 中都有专门的章节论述传教士在山东的赈灾活动，将传教士的赈济也归为义赈的范畴，还认为李提摩太、明恩溥、山嘉利等人的行为是用文化入侵的方式在推动中国近代慈善事业的发展。与中国学者相比，西方学者在论述这段历史时没有过度强调意识形态色彩，更加注重运用教会的史料来客观回顾传教士在当时的行为活动。

---

① 顾长声．传教士与近代中国 [M]．上海：上海人民出版社，1981：289—295．
② 顾长声．从马礼逊到司徒雷登——来华新教传教士评传 [M]．上海：上海人民出版社，1985：172、306、319—324．
③ 顾卫民．基督教与近代中国社会 [M]．上海：上海人民出版社，1996：307—312．
④ 朱浒．地方性及其超越：晚清义赈与近代中国的新陈代谢 [M]．北京：中国人民大学出版社，2006．
⑤ 王林．山东近代灾荒史 [M]．济南：齐鲁书社，2004：176．
⑥ 安作璋、王志民．齐鲁文化通史·近代卷 [M]．北京：中华书局，2005：85—87．

二、政治学视域中的宗教研究

（一）政治学理论中的宗教问题

长期以来，宗教作为一种社会价值载体是社会科学研究中的重要对象，在与社会的互动过程中，宗教对于现实的表达和价值的关怀具有自身的独特性，潜移默化地渗透在政治学的重大理论和现实问题中，成为政治学的价值基础或价值导向，与社会学、哲学等人文社会科学互动尤为深刻。自 1898 年法国社会学家涂尔干（Emile Durkheim）明确将宗教学和社会学整合起来，"宗教社会学"成为一个理论分支，经过一个多世纪的发展，宗教社会学这一分支学科形成了以马克斯·韦伯（Max Weber）和涂尔干为代表的功能主义宗教社会学和比较宗教社会学。如果说涂尔干的宗教社会学思想是建立在人类学家对原始部落所做的田野调查的基础上的理论化总结，强调的是其社会整合作用。那么，韦伯的宗教社会学则是建立在西方政治体制上对于宗教与资本主义、教会与权威等资本主义发展的反思。韦伯的宗教研究，对于思考宗教与政治问题提出了一个有效的分析框架，同时提出了一些棘手的东方主义问题①。但可以达成共识的是，在各种文明传统中，宗教与政治一直存在着张力，这种张力构成了一种通向理性经济行为的杠杆作用，也同样构成了一种通向现代政治的杠杆。

从涂尔干和韦伯开始就一直把宗教的功能作为最重要的研究方法和研究内容，乔尔·查农（Joel Charon）总结出宗教的七种社会功能，即增进社会团结、保护群体认同、控制个体行动、捍卫民主制度、发挥世界意义、保护社会模式以及批判社会模式。② 这是从社会的维度来看待宗教的功能，另一位宗教社会学家托马斯·奥戴（Thomas O'Dea）则是将宗教对个体和社会的功能综合进行了表述，归纳成支撑功能、牧师功能、控制功能、先知功能、认同

---

① Turner, Bryan S. *Max Weber：From History to Modernity*［M］. London：Routledge. 1993；Religion and Social Theory［M］. London：SAGE. 1994.

② 乔尔·查农. 社会学与十个大问题［M］. 汪丽华，译. 北京：北京大学出版社，2009：206—215.

功能和成熟功能，① 这六种作用。可见，宗教对于社会个体有明显的控制作用，当受控制的个体形成组织后就会对于国家产生诉求，进而形成两条平行或交错的权力进路。韦伯将国家定义为一种垄断着特定区域之内的暴力的体制，而教会是一种不受压迫的共同体。教会作为一个平行的社会，提供了一套原则上可以用来评价政府的规范性标准。它提供了一种文化空间，正义、平等和社会等概念，演变为一种关于政治体制的神学的组成部分，同时教会与尘世的结合，也使宗教共同体直接面对着腐败和选举的压力，从而使神圣与凡俗力量产生辩证关系。② 这种辩证关系并非西方文化独有的现象，在佛教和社会之间的关系上，尤其是在僧侣秩序与世俗国家之间的关系上，也可以得出类似的观点。

总的来说，在特定的社会传统和共同体中，宗教和文化担负着灌输、塑造和决定价值观的作用。价值观作为政治和社会的核心，价值观的冲突会动摇特定社会秩序的基本原则，有可能随之而来的是深远的社会变革，这就决定了价值冲突通常比利益冲突更诉诸暴力。③ 其实，宗教团体本身应该秉持严格的神圣和世俗之界限，不应该与政治权力发生关系。但是，宗教在世俗化的过程中往往就会超越界限，与政治权力发生微妙的联结。最直接的表现就如，基督教的动员能力在扩张中与其文化影响和军事力量呈正相关关系。④ 如果行为者将宗教用于政治目的，其实从根本上就是否定了神圣召唤的超验性，人们对宗教的恐惧不再来源于对罪的承认，而是成为政治目的的正确性的源泉，这也就意味着人仿佛成为上帝，成为世俗世界的裁决者，与超验世界相连，在其驱使下执行每一个政治行为。

韦伯在《经济与社会》中明确了政治的实质在于"争取分享权力或者争

---

① 托马斯·奥戴、珍妮特·奥戴·阿维德. 宗教社会学 [M]. 刘润忠，等译. 北京：中国社会科学出版社，1990：26—29.

② 杰拉德·德兰迪、恩斯·伊辛. 历史社会学手册 [M]. 李霞，等译. 北京：中国人民大学出版社，2009：624.

③ F. Petito，P. *Hatzopoulos. Religion in international relations* [M]. New York：Palgrave Macmillan，2003.

④ 戴维·赫尔德，等. 全球大变革：全球化时代的政治、经济与文化 [M]. 杨雪冬，等译. 北京：社会科学文献出版社，2001：464.

取对权力分配施加影响"①，因此，宗教对政治权力而言，就具有了目标价值和工具价值。行为者利用宗教从事政治活动，并不意味着一定要直接控制政治权力，更多的是与社会中不同层次的政治权力实现整合，在政治运作中形成利益集团。可见，现实中的宗教与政治之间必然存在着千丝万缕的联系，甚至还会在其中加入亲缘性、地缘性因素使其关系更为纠缠复杂，但是要注意的是宗教和政治仍有根本差别，不能将二者等同，只是会表现出宗教政治化和政治宗教化两种形式，前者是指从宗教内生出政治特性并得到强化，后者是指政治的外部被蒙上了一层宗教的面纱，并通过宗教的形式实现政治目标，二者的最终目的均为政治而非宗教。

事实上，宗教因素长期与政治产生互动，正向或反向运动均有发生过。宗教曾经在政治学的研究领域中占据过重要的基础性地位，以马克斯·韦伯、涂尔干等思想家为代表，但是之后，随着政治学的学科更加细化，研究对象日益丰富，宗教开始被逐渐忽视或刻意排除出主流的政治学研究视野。② 在现代政治科学研究中，只有比较政治和国际关系研究中才会将宗教因素引入到研究视野中，关注宗教因素在种族问题和区域政治中的作用。

事实上，宗教与政治的关系包括多重维度，既有宗教精神与意识形态、政治权力的关系，也有宗教团体与意识形态、政府之间的关系。萨布林纳·雷默特（Sabrina P. Ramet）认为宗教与政治间的互动关系主要体现在五个方面：一是合法性，某个宗教成为国家合法性的来源或者利用宗教对统治的合法性进行强化；二是价值体系，宗教教义和意识形态同属价值体系的重要内容，二者在互相影响、吸收借鉴或竞争中建构价值体系；三是宗教团体或宗教派别在政治权力的推动中不断壮大和凝聚；四是功能性，政府为巩固其政治统治而介入宗教团体的内部事务，而宗教依靠强大的凝聚力和组织力可以对政府运作施加压力；五是法律规范，宗教团体的成立、管理、运作等都受

---

① 马克斯·韦伯. 经济与社会（下）[M]. 林荣远，译. 北京：商务印书馆，1997：731.

② Kenneth D. Wald and Clyde Wilcox. Getting Religion：Has Political Science Rediscovered the Faith Factor？[J]. *American Political Science Review*，2006：100.

到政府颁布的相关法律法规所约束。① 可见，宗教与政治的互动绝不仅限于比较政治和国际关系领域，其实关涉政治合法性、政治稳定、意识形态、价值观等方方面面，具有丰富的研究价值。

马克·里拉（Mark Lilla）的《夭折的上帝：宗教、政治、与现代西方》② 通过剖析西方持续了四百年的政教论战来研究政治神学的逻辑，提醒我们理解当今社会可以跳出过去与现在的二分维度，以及西方中心主义的思想框架，尝试用政治话语和神学话语的二分来看待人类社会思想行为和解释方式的差异。克提斯蒂娜·拉娜（Christina Larner）的《巫术与宗教：公众信仰的政治学》③ 是从宗教和政治意识形态关系的维度去把握中世纪欧洲的信仰问题，她认为巫术不仅仅是一种通俗信仰，还是一种政治现象，人们对巫术的态度也随着宗教改革、政教分离发生变化。其实，这一点与中国的宗教政治关系有极大的相似之处，只是在二者的传递通道和内部结构上有所不同。罗伯特·伍斯诺（Robert Wuthnow）在《理解宗教与政治》一文中认为，分析政教关系的理论分为现代化理论、世界体系理论，他对现有的分析政教关系的理论进行补充，认为现代化理论和世界体系理论过于强调事件的因果和理性选择，忽视了历史发展的趋势，而传统的国际政治理论过度强调国际政治经济对于世界体系形成的决定作用，把宗教只当成"受操纵的提线木偶"，忽视了宗教对政治经济的形塑能力。因此，他认为要提高政治理论的解释力，更好地预判国际形势，就必须要将宗教纳入国际政治理论的研究维度。④

哈佛大学教授塞缪尔·亨廷顿（Samuel P. Huntington）在《文明的冲突和世界秩序的重建》一书中认为，宗教是文明的重要内容，以宗教为核心对世界上不同文明加以比较，可以看出国际格局的变化表面上是围绕权力和利

---

① Sabrina P. Ramet. *Concerning the Subject of Religion and Politics* ［M］//Sabrina P. Ramet and Donald W. Treadogold. Render Unto Caesar：The Religious Sphere in World Politics. Washington D. C. ：American University Press，1995：428-429.

② Mark Lilla. *The stillborn God：religion，politics，and the modern West* ［M］. NY：Knopf，2007.

③ Christina Larner. Witchcraft and Religion. The Politics of Popular Belief ［M］. New York：Basil Blackwell，1984.

④ Robert Wuthnow. Understanding Religion and Politics ［J］. *Daedalus*，1991（120）．

益展开的争夺，实则是以宗教为核心要素的不同文明间的冲突，文明之间的矛盾与分歧已经上升为国际和地区冲突的主要动因。这一观点的提出在政治学界乃至整个理论界都引起了强烈反响，宗教学也慢慢回归到政治学的研究范畴中，不过宗教还是被很多学者看作是影响政治的边缘要素。直到"9·11"事件的发生，美国付出了沉重的代价，学术界和政界又不得不重新审视宗教之于政治的影响，之于国家稳定和世界和平的重要意义。正如查尔斯·泰勒（Charles Taylor）所言，宗教成为团体的标志，若这一团体使用暴力与对手对抗来实现其政治目的，那么就会产生由宗教而生成的"类别性暴力"，这种暴力承载着神圣社会和世俗社会的双重含义。① 类别型暴力的特征是这一团体经常把对手描绘成罪恶者或低等者，用以证明他们存在的优越性和消灭对手的正当性，将自己塑造为正义和美德的化身。在实践中，他们还经常以附着群体记忆和价值的建筑或器物为摧毁目标，以达到羞辱对手的目的。美国和平研究学者大卫·斯马克（David Smock）则在《世界事务中的宗教：冲突与调节中的角色》一书中强调国际关系研究中存在将宗教问题过分简单化的弊端，世界上的几种宗教都未能从国际事务的纷纷扰扰中脱离出来，虽然它不一定是决定性因素，但也不能将其完全忽略，而且宗教还有可能成为冲突的调和剂。②

另外，伴随着冷战后世界多极化的步伐，身份多元化现象日益突出。宗教也具有建构身份认同的作用，逐步发展出"己者"和"异端"，成为社会认同的塑造方式之一，挑战着既有的社会认同形式，也对民族认同和国家认同起着一定的分离作用，威胁着国家安全。史蒂文·布鲁斯（Steve Bruce）认为，宗教和政治的互动在现代民族国家兴起后表现得日趋复杂。在18—19世纪，民族主义者认为宣传共同的宗教理念有利于强化民众的民族认同，但进入到20世纪后，在现代化和世俗化的潮流中，传统和宗教的作用越来越遭到民族主义者的摒弃，这也直接造成了社会的信仰缺失和认同危机。直到20世纪下半叶，信仰的缺失直接导致社会的分殊化现象严重，难以形成共同的

① 范丽珠，等. 宗教社会学：宗教与中国［M］. 北京：时事出版社，2010：145.
② David Smock. *Religion in World Affairs：Its Role in Conflict and Peace*［M］. Washington：United States Institute of Peace，2002：4.

理想信念，直接威胁到统治者的政治合法性，很多民族国家不得不回归传统，在宗教中寻找共性，重塑社会的价值认同，但又走向了另一个阶段，导致原教旨主义和宗教极端主义的兴起。① 当今世界，宗教认同的触角逐渐超出了国家的界限，成为国家间关系的重要影响因素，有些地区因为圣地的归属问题冲突连年不断，因此，宗教也有可能成为暴力叛乱、分裂运动甚至是战争的起因之一。在这些分离主义运动中，宗教承载着多个功能，一个是依据其排外性，宗教可以成为群体的身份标志；二是依据其封闭性，宗教限制群体的流动和群体间交流；三是依据其神圣性，宗教领袖被赋予绝对权威，掌握着合法性，具有对群体成员的绝对控制权。这些特性决定了由于宗教信仰引发的国家间和地区冲突比其他政治和经济争端处理起来更加复杂，外界也很难从中调停化解。

斯科特·埃普比（Scott Appleby）将宗教在上述活动中的功能归纳为"宗教将世俗活动神圣化"，这种功能最直接的影响就是种族主义和极端主义会具有神圣化特质，加剧了种族和民族间的紧张状态，还有可能成为恐怖主义活动的行动基础。② 这正如菲利普·詹金斯（Philip Jenkins）所说，宗教观念中或多或少存在的"殉道"或"末世论"思想都会为恐怖主义提供思想源泉。③厄尔斯丹（Bethke Elshtain）也提出，一些群体打着宗教的幌子对其他处于弱势群体的成员肆意压制和破坏，打着正义的旗号行不正义之事，宗教的异化会成为威胁社会稳定和国家安全的力量。④

还有一些学者认为宗教可以看作是政治的另一种形式的延续，还可以成

---

① Steve Bruce. *Politics and Religion*［M］. Oxford：Blackwell，2003.

② R. Scott Appleby. *The Ambivalence of the Sacred：Religion，Violence，and Reconciliation*［M］. Lanham：Rowman&Littlefield，2000.

③ Philip Jenkins. *The Politics of Persecuted Religious Minorities*［M］// Robert Sciple and Dennis Hoover，eds. Religion and Security：The New Nexus in International Relations. Lanham：Rowman&Littlefield，2004.

④ Bethke Elshtain. *Military Intervention and Justice as Equal Regard*［M］//Robert Sciple and Dennis Hoover，eds. Religion and Security：The New Nexus in International Relations. Lanham：Rowman&Littlefield，2004.

为国际关系中利益群体争夺资源的"共识基础"。① 所以，学者们认为"宗教全球复兴对国际关系理论的挑战堪比冷战结束和全球化出现所引起的理论挑战"②，以至于如果不能深入了解以信仰为基础引发的思潮和运动，就根本无法理解当今的世界。宗教的全球复兴是宗教影响国际关系、并且取代意识形态而成为民众大规模政治动员以及"改变关于外交、国家安全、民主推进和发展援助的外交政策辩论"③ 的社会学基础。宗教和宗教理念参与社会中各行为体的身份建构过程，可以重塑人与人之间的认识和认同，重构新的安全观念，这有可能会成为传统国际安全的一股解构力量。④ 因此，为了避免意识形态化的暴力冲突，当务之急在于"非安全化"，也就意味着要把宗教当作"宗教"来看待和尊重，回归其本意，让宗教真正成为"宗教"，才是解决问题的根本出路。"强调冲突的直接来源是物质本身，冲突上升为暴力是由于在物质冲突中加入了价值因素，使冲突的双方将彼此看作是价值矛盾的双方，这实际是将冲突复杂化了。"⑤ 也就是说宗教不必然成为暴力，但确实蕴含着暴力的形成因素，其出路就在于切断宗教上升为意识形态权力的通道。

回溯民族国家的建构过程，宗教原本是国家整合和合法性的来源，在现实语境中却对国家主权提出了严峻挑战。在国际关系中，宗教的复兴本来是作为对国家主体的补充力量，填补了国际中的公共场域，成为国家间的沟通桥梁，但现实中却一次次对既存国际秩序和国际规则形成威胁。冷战后形成的"一超多强"国际政治格局仍是表现为西方文明和非西方文明的分野，但

---

① 参见 Conn Hallinan. Religion and Foreign Policy: Politics by Other Means [J]. *The Berkeley Daily Planet*, November 9, 2007; Ted Gerard Jelen and Clyde Wilcox. *Religion: The One, the Few, and the Many* [M] // Ted Gerard Jelen and Clyde Wilcox, eds. Religion and Politics in Comparative Perspective: The One, the Few, and the Many, New York: Cambridge University Press, 2002: 1—3.

② Elizabeth Shakman Hurd. Theorizing Religious Resurgence [J], *International Politics*, 2007, (44) 6.

③ Scott M. Thomas. Outwitting the Developed Countries? Existential Insecurity and Global Resurgence of Religion [J]. *Journal of International Affairs*, 2007, (61) 1: 21—45.

④ Robert Sciple and Dennis Hoover, eds. *Religion and Security: The New Nexus in International Relations* [M], Lanham: Rowman&Littlefield, 2004: 5—6.

⑤ 星野昭吉. 全球政治学: 全球化进程中的变动、冲突、治理与和平 [M]. 刘小林、张胜军，译. 北京: 新华出版社，2000: 249.

近年来随着宗教的跨国性特征日益明显，冲击着固有的世界价值秩序，它不仅削弱着国家内部主权，更是挑战着守成国家多年来建构的价值霸权。① 不过也有学者认为，虽然全球化进程推动着宗教突破国家界限，形成了基于宗教形成的跨国行为体，形塑国际政治新格局，但是学界的普遍观点仍是认为这些宗教跨国行为体没有改变民族国家的主体建构地位。② 宗教多在其中发挥宣传和动员作用，而且必须在民族国家的规则和环境中运行。

（二）宗教与中国政治研究

在人类历史的发展长河中，宗教和政治都是人类活动的表现与聚合，二者从来都不是孤立存在的，也不是抽象的概念，而是通过人或者社会群体的行为呈现出互动关系，在不同的社会事件中表现出不同的互动形态，宗教和政治的互动过程会随着社会形态或者社会事件的变化而发生改变。无论是"政教分离"还是"政教合一"的体制，都是社会在寻求政治和宗教的平衡过程，其目标都不在于消灭宗教，而是要维护社会稳定和发展，一旦二者之间的关系出现了失衡，就很有可能爆发起义、革命等事件，因此，并不是宗教被政治压制才是统治者所希望的，而是要在宗教和政治之间建立和谐关系，二者相容和共存。

近年来，关于宗教与政治的研究虽然一直没有成为学界的前沿研究方向，但是在探讨政治学的重大理论问题时依旧离不开对于宗教因素的考察，也产出了一些具有代表性的研究成果，主要通过中国政治传统中的宗教问题以及当代政治发展与宗教关系两条进路开展研究。

第一条进路是探讨中国政治传统中的宗教，其中比较有代表性的著作有：牟钟鉴和张践的《中国宗教通史》，他们认为早期宗教（秦汉以前）国家政治体制与政治生活紧密相连，宗教既是全民信仰又是国家统治的工具，宗教和政治浑然一体，通常称其为"政教一体"。秦汉到民国以前，只有宗法性宗教（儒）直接纳入国家政治制度与政治生活。佛、道等，都不再是政治形态

---

① Pavlos Hatzopoulos and Fabio Petito, eds. *Religion in International Relations*: *The Return from Exile* [M]. New York: Palgrave MacMillian, 2003: 181—205; Jeff Haynes. Transnational Religious Actors and International Politics [J]. *Third World Quarterly*, 2001, (22) 2: 157.

② Jack Snyder, ed. *Religion and International Relations Theory* [M]. New York: Columbia University Press, Introduction, 2011: 5.

的宗教而是社会形态的宗教，具有相对的独立性和比政治更高的稳定性，但接受政治的支配和控制与政治保持基本方向上的一致，却有自己的运作程序。这一时期国家政权不仅承认这些宗教的合法性，而且经常推崇它们，运用政权的力量支持它们，并经常干预宗教的内部事务。民国以后，"政教分离"才作为政治现代化的基本原则得以提出和实施，其特征是政治不再直接干预或支配宗教，政治合法性也不再诉诸宗教，将宗教信仰划归个人生活领域。

从历史的发展趋势来看，伴随着政治体系与社会体系的逐渐分离，宗教和政治的关系也从密切开始走向疏离，宗教对政治的影响日渐微弱。① 张荣明的《权力的谎言：中国传统的政治宗教》② 认为政治宗教普遍存在，中国也不例外，体现为政治信仰、政治信仰的传输机制、权力神圣、一定的礼仪形式四个特征，建立政治宗教对于维护政治的稳定十分必要，他将"中国传统"的古和"政治宗教"的新有机结合，从政治宗教的信念、经义、权力、制度、信徒组织几个方面对中国古代传统的政治宗教作出轮廓性的描述。张鸣的《乡土心路八十年》和《拳民与教民》是在学术界对于义和团运动既有的研究成果基础上，拓宽文化考察的视野，理清和分析了义和团思想意识、行为模式与其教育文化的关系，同时对教民的信仰、价值和政治意识作出概括分析，开辟出一条不同于以往研究政治史的道路。③ 李尚英的《清代政治与民间宗教》④ 是依据大量的档案材料对清代的九个民间宗教进行分门别类的介绍，廓清这些民间宗教和重大事件、重要人物、各自源流、定名由来等问题。

第二条研究进路是当代政治发展与宗教关系，这也是近年来政治学、社会学、宗教学学科交叉研究最多的领域，其中有代表性的有：顾肃的《宗教与政治》⑤ 认为宗教与政治之间从古至今虽然互相有冲突、有合作、有竞争，但二者从来就没有被割裂过，意识形态、政权、政治势力、国际关系四个维度是与宗教互动最为深刻的领域，包含着人类社会发展中的多个重大命题。

① 牟钟鉴、张践．中国宗教通史 [M]．北京：中国社会科学出版社，2007．
② 张荣明．权力的谎言：中国传统的政治宗教 [M]．杭州：浙江人民出版社，2000．
③ 张鸣．乡土心路八十年：中国近代化过程中农民意识的变迁 [M]．西安：陕西人民出版社，2013；拳民与教民 [M]．北京：九洲图书出版社，1998．
④ 李尚英．清代政治与民间宗教 [M]．北京：中国工人出版社，2002．
⑤ 顾肃．宗教与政治 [M]．北京：译林出版社，2010．

而李向平则在杨庆堃的"制度性宗教"和"弥散性宗教"的概念基础上提出了"公共宗教"与"私人信仰"两个维度，并将其作为分析工具，重新讨论中国宗教信仰中的各个流派与中国社会结构的互构关系，他认为中国的"关系—信仰"这一概念一直是在权力秩序中生成的，最终形成了"信仰—道德—权力"之间的因果链条。① 他在另一本著作《中国当代宗教的社会学诠释》中继续对上述重要的概念进行了延伸，阐述了宗教社会性的呈现形式及其社会控制，以及宗教社会性的多种表达，认为当代中国的宗教研究正在沿着一条"文化—伦理—结构"的方向进行。② 程世平在《文明的选择：论政体选择和宗教的关系》③ 一书中将英国、法国、德国进行了比较研究，探讨同样根植于基督教传统的三个国家为什么在现代政体的建构中走上了不同的道路，他们分别是如何处理宗教和政体之间的关系的。何其敏在文章中也对宗教和政治的关系进行了讨论，以宗教的两重性为基础探讨宗教和政治的结合模式，以及多元宗教并存的社会中，政府如何处理与宗教的关系。④ 陈来在近年出版的一本专著，《古代思想文化的世界——春秋时代的宗教、伦理与社会思想》中将宗教问题回溯到了春秋时代，在他之前的一本著作《古代宗教与伦理》的基础上继续对古代宗教进行考据，探讨中国的宗教与伦理的传承性。⑤《宗教信仰与民族信仰的政治价值研究》⑥ 一书首先将宗教信仰和民族信仰做一区分，探讨的是不同民族的宗教信仰和民族文化之间的关系，宗教在民族团结和整合中也能发挥重要的作用，进而巩固政治稳定，推动社会发展。

---

① 李向平. 信仰、革命与权力秩序——中国宗教社会学研究［M］. 上海：上海人民出版社，2006.

② 李向平. 中国当代宗教的社会学诠释［M］. 上海：上海人民出版社，2006.

③ 程世平. 文明的选择：论政体选择和宗教的关系［M］. 北京：中国社会科学出版社，2001.

④ 何其敏. 论宗教与政治的互动关系［J］. 世界宗教研究，2001（4）.

⑤ 陈来. 古代思想文化的世界——春秋时代的宗教、伦理与社会思想［M］. 北京：北京大学出版社，2017.

⑥ 彭时代. 宗教信仰与民族信仰的政治价值研究［M］. 北京：民族出版社，2007.

三、近代中国的基督教与政治

在现代化和全球化的驱动下，从 19 世纪至今，宗教之于中国的作用一直发生着转变。换句话说，以世界的视角来看待有关中国宗教的问题不仅仅是中国内部的变化，也是中西文明不断对话的过程。近年来关于基督教对于佛教的影响、基督教传教士的作用、西方知识的输入等研究已经取得了实质性进展，但这些研究很大程度上都是各自独立进行的，因此需要系统探索这些研究之间的相互联系。有关近代中国的研究中，中国政府和一些学者将基督教传教士作为对立面来看待，而基督教传教士自身更倾向于坚信他们被耶稣召唤，他们可以与任何统治政权共存，然而，中国政府官员对其意识形态自治的恐惧使得教会不情愿地反对当权者。

宗教领域的全球化分析是一个多维、多向的过程，其中涉及各种各样的主体及其特定的利益。在文本层面观察基督教传教士与中国各主体间的互动，有助于我们客观看待各主体在全球化进程中的形象和作用，而且我们可以在基督教文本生产中认识他们如何在晚清进行"文本中国化"。

基督教传教士作为一支全球化力量的代表，他们是居住在中国农村地区的人们最有可能接触到的人群，二者之间必然形成相互作用。一些研究中国基督教历史的学者，如丹尼尔·贝克斯（Daniel Bays）、罗尔夫·蒂德曼（Rolf Tiedemann）、拉尔斯·劳曼（Lars Laamann）等，都强调了基督教与中国其他主体之间的密切联系。

国内外关于近代基督教在华传教史的研究主要分为四种范式：

第一种可以称为革命史取向下的"文化侵略"范式，其核心是把中国近代史概括为"两个过程"：一是中国封建帝制对外来入侵的妥协，中国沦落为半殖民地半封建社会的过程；二是中国人民反对帝国主义侵略和封建主义压迫，实现独立与民主的过程。在这种取向下，鸦片战争以后的中国近代史的几乎所有现象都被拿到革命的天平上去衡量。在革命史取向的框架下，学者们关注的是传教士在上述两个过程中扮演什么角色，显然在第一个过程中传教士是参与者和帮凶，在第二个过程中是阻碍者和人民革命的对象。这一模式一度成为 1949 年以来大陆史学界评价近代基督教在华传教运动的唯一路径。

第二种可以称为"文化交流"范式，它是认为传教士进入中国的目的虽是文化侵略，但事实上也促进了中西文化的交流，肯定了传教士在其中的推动作用，是对文化侵略模式的一种补充，比如顾长声的《传教士与近代中国》中就有"传教士与近代中西文化交流"一章，认为传教士主观上是从事文化侵略，客观上则传播了西方文化。① 还有一些学者在讨论传教士与中西文化交流这一主题的时候还常常带有一种现代化的观照，把西方文化的输入视为近代中国现代化过程的一个环节。② 所以，文化交流模式在一定意义上可以看作是一种过渡性范式，逐渐被全新的阐述传教史的现代化范式所取代。

第三种是"现代化理论"范式，基督教在华传教史研究中的现代化范式的提出是整个中国近代史研究中现代化范式兴起的直接结果。早在 20 世纪 50 至 60 年代，美国学者费正清、列文森等人就运用西方社会科学中的现代化理论来研究中国历史，柯文则认为"冲击—回应""传统—现代"都过于狭隘，无法展示出近代中国现代化的全貌，他主张从中国的视角看待中国和世界，传统和现代也不是一组对立的概念，传统不代表落后，传统也同样可以为历史发展和现代化提供动力。③ 国内对于这一范式的最主要阐述者是北京大学的罗荣渠教授，他认为鸦片战争以来，无论是外部入侵还是内部变革，他们都有同样的指向性，就是推动中国从传统向现代转变，现代化是中国近现代史研究的中心。④ 那么，在现代化理论范式中，可以将传教士在华活动看作是现代化进程中的一个侧面，不应过度强调传教士的宣教活动对中国民间信仰的作用，也不应用传教士的活动是否推动了中国的革命进程加以衡量，而是要综合评判传教士在华活动对于中国迈向现代化的价值。因此这一范式考察传教活动的视角是宗教与社会的关系，研究的重点是传教士从事的教育和文化活动，但同时现代化范式也认为，传教士在中国封建王朝的衰败和半殖民地半封建社会的形成中也起到了一定的助推作用。除了关于传教士对中国现代

---

① 邹明德．鸦片战争前基督教传教士在华文化活动［J］．近代史研究，1986（5）．
② 顾长声．传教士与近代中西文化交流［J］．历史研究，1989（3）．
③ 参见：柯文．在中国发现历史——中国中心观在美国的兴起［M］．林同奇，译．北京：中华书局，2002.
④ 罗荣渠．现代化新论［M］．北京：北京大学出版社，1995：238.

化的宏观阐述之外，一些学者还选择了其中几个表现突出的领域进行研究，比如何晓夏、史静寰的《教会学校与中国教育近代化》一书详细阐释了教会学校作为科举制之外的一种新的教育形式，对科学知识和新思想的传入起到的重要作用①、王立新的《美国传教士与晚清中国现代化》则把研究领域专注于美国的传教士，论述其对于中国社会方方面面的影响。② 这些著作的重点是考察传教士与近代中国现代化进程的关系，对传教士的正面影响给予了充分的肯定。

第四种可以被称作是后殖民反思理论，上述范式都是从不同角度切入近代基督教在华传教史，但是几乎都没有触及或很少触及基督教传教运动对西方自身的影响。美国著名历史学家阿瑟·施莱格（Arthur Schlesinger）曾言："传教运动对西方思想的影响可能比对非西方世界的影响还要大。"③ 这是因为，在19世纪的大部分时间里，传教士成为中西文化的传输桥梁，美国人乃至西方人是通过传教士的研究来观察和了解中国的。④ 他们通过通史、传记、回忆录等多种形式加以展现，通史类如卫三畏（Samuel W. Williams）⑤ 所著的《中国总论》⑥ 第2卷、李卫楼（D. Willard Lyon）的《新教在华传教史纲》⑦、理雅各（Legge James）的《在华的基督教》⑧、赖德烈（Kenneth Scott

---

① 何晓夏、史静寰. 教会学校与中国教育近代化 ［M］. 广州：广东教育出版社，1996.

② 王立新. 美国传教士与晚清中国现代化 ［M］. 天津：天津人民出版社，1997.

③ Arthur Schlesinger, Jr. *Missionary Enterprise and Theories of Imperialism* ［M］//John K. Fairbank ed., The Missionary Enterprise in China and America, Cambridge, Mass.：Harvard University Press，1974.

④ 丹涅特. 美国人在东亚 ［M］. 北京：商务印书馆，1959：474.

⑤ 卫三畏（1812—1884），美部会传教士，1833年入华传教，创办广州印刷所，参与编辑《中国丛报》，1856年起任美驻华外交官，1876年去职回国后任教于耶鲁大学。他根据在华的亲身经历，撰成《中国总论》。

⑥ Kenneth S. Latourette. *A History of Christian Mission in China* ［M］. New York：Macmillan，1929.；S. Wells Williams. *The Middle Kingdom*：*A Survey of the Geography，Government，Literature，Social Life，Arts，and History of the Chinese Empire* ［M］，N. Y.：J. Wiley，1848.

⑦ Lyon，D. Willard. *Sketch of the History of Protestant Missions in China* ［M］. New York，1895.

⑧ Legge，James. *Christianity in China. Nestorianism，Roman Catholicism，Protestantism* ［M］. London，1888.

Latourette）的《基督教在华传教史》① 等。《中国总论》是西方较早全面介绍中国的权威著作之一，卫三畏对中国进行了百科全书式的阐述，介绍了中国的政治、社会、文化、宗教、艺术、历史、地理、生活等多个方面，深刻影响了当时的美国人对于中国的认识和看法。而另外一本《新教在华传教史纲》则是李卫楼通过详细记录新教在华差会的传教活动、组织结构、经费来源等信息反映出新教传教士在华的活动全貌，理雅各的《在华的基督教》更加注重对于基督教的其中三个派别，聂斯托利教、罗马公教、新教的历史发展和教理进行梳理和阐释，具有非常高的史料价值。还有一些具有很高史料价值的是来自各差会的会议记录、工作手册、年鉴等，比较有代表性的有伦敦会的《华夏传教手册》②《华夏与福音（内地会报告）》③ 《中国传教年鉴》④等等。回忆录方面，最系统和最有特色的有丁韪良（W. A. P. Martin）的《花甲忆记》⑤、李提摩太的《亲历晚清四十五年》和狄考文（Daniel W. Fisher）的《在山东传教四十五年》⑥ 等。这些书都是传教士以回忆录的笔法记载了他们在华40多年的传教生涯，从个人的视角透视中西文化交流，以及他们自身与中国社会各个方面产生的互动。传教士在华传教的历程中，他们还非常热衷于创办期刊和报纸在东西方之间传递信息，为西方民众介绍全面而真实的中国，比如《传教士期刊》《世界传教期刊》《教务杂志》等都是其中的优秀代表。除此之外，还有一类的专著非常值得关注，有的传教士专门撰写文章论述基督教的中国化和本土化问题，如《基督教在华的本土化》⑦《西方与

---

① Kenneth S. Latourette. *A History of Christian Mission in China*［M］. N. Y.：Macmillan，1929.

② *The China Mission Hand-book*. Shanghai，1896.

③ China Inland Mission. China and the Gospel "*China Inland Mission Reports*，1913—1916"［M］. London，1913—1916.

④ D. MacGillivray. *The China Mission Year Book*［M］. Shanghai，1910—1915.

⑤ W. A. P. Martin. *A Cycle of Cathay*，*or China*，*South and North*，*with Personal Reminiscences*［M］. N. Y.：Fleming H. Revell Co，1896.

⑥ Daniel W. Fisher，Calvin Mateer. *Forty-five Years a Missionary in Shantung*［M］. China，London，preface 1911.

⑦ Rawlinson，Frank. *Naturalization of Christianity in China*［M］. Shanghai，1927.

东方：基督教 19 世纪的扩展和基督教在东方的本土化》①，传教士在华活动中不断反思东西方文化的差异，以西方人的视角看到中国，探索基督教在中国的本土化路径，这些著作对于研究中西方文明的对话具有重要的价值。上述这些著作中，传教亲历者从各个视角呈现出传教士在中国的行为活动、组织形式、传教方式等内容，为后人提供了丰富的研究史料，提出了很多关于中西方文明对比、中国政治社会变革的洞见，值得人们反复研读和思考。这些资料就成为西方认识中国的窗口，传教士扮演的是在西方塑造中国形象、影响西方人的中国观的作用。传教士在他们的著作中塑造的中国形象更多反映的是 19 世纪西方福音派教会的文化心理、动机和抱负，而不是中国的现实。后殖民取向并不否认传教士对中国社会的积极贡献，而是在承认这些贡献的同时，看到传教运动产生的另一后果，即对中国形象的歪曲。可以通过对传教士著作进行文本分析，通过对一套西方话语的解构，透视传教士眼中的中国，分析传教士与中国之间的双向作用，以及他们在本国是如何塑造西方对中国的认知，这将是未来传教士在华传教研究的一种可能范式，与中国的文化殖民范式形成对冲，运用萨义德（Edward Wadie Said）提出的"自我"与"他者"的分析框架可能成为未来一种新的研究范式。

本书在研究范式中更加倾向于运用现代化理论范式，客观看待传教士在中国现代化过程中所起的作用，但不仅仅限于将传教活动看作是导致清王朝衰败以及中国走向半殖民化、提供革命思想的外来因素，更加倾向于将丁戊奇荒中的传教活动回归其作为施善行为的本质，他们的首要目的也不在于推翻中国的信仰体系，反而在某些事件中是与中国的信仰共存，成为灾民的社会支持系统之一，传教士对于政治权力网络的嵌入也是主观因素和客观因素综合而成的。在政治层面，是中国晚清政治的衰败给传教活动带来了契机，而非传教活动撕裂了晚清政治权力网络。在价值层面，灾荒给传教士的布道带来了难得的机遇，但传教在其中并非唯一目的，而是救灾的衍化成果。

---

① Moore, Edward Caldwell. *West and East. The Expansion of Christendom and Naturalization of Christianity in the Orient in the Nineteenth Century* [M]. Being the Dale lectures, Oxford, 1913; New York, 1920.

第四节   理论视角及研究方法

如前所述，本书既非一般意义上的政治史、社会史、思想史研究论著，亦非严格的宗教社会学论著，而是尝试以丁戊奇荒为切入点把握清朝末期的政治发展状况，并且选择重点探讨传教士这一看似游离在政治权力主体之外、实则处于交织和争夺政治权力的重要行为体，剖析中国传统权力网络的裂变，以及基督教在政治权力网络的嵌入和重构过程。因此，在综合运用历史学史料与政治学理论的基础上，还从宗教学的角度引入社会学和哲学的理论与方法，即在搜集、整理和引用大量相关的历史文献后，将历史文献作为研究的"丰沃田野"，由此进入到历史的情境中，兼顾研究的"历时性"和"共时性"。

本书在论述过程中采用跨学科研究法。本书的研究对象为丁戊奇荒中的传教士，以其为枢纽探讨非常态社会中各社会主体与其发生的互动行为。因此，历史学的史料收集和考证是必不可少的研究基础，本书将力求收集整理国内外关于丁戊奇荒、传教士的史料（如书信集、报告、报刊、传记、县志等）加以分析，综合国内和国外的史料并进行去伪存真，注意区分不同史料对同一事件的论述存在差异的原因，力求考证后的史实接近历史原貌；而传教士在事件中对于政治权力分配和中国传统政治合法性的影响是本书的重点讨论范畴，应综合运用政治学相关理论加以深入剖析，形成本研究的纵切面；历史事件的发生从来都不是孤立存在的，必须放在当时所处的社会和历史环境中加以审视，本书将运用政治学和社会学理论和方法，在历史中思考和勾勒社会全貌，基于时空来思考社会结构和过程，着重分析社会行为与其所处的社会结构的交互作用，通过呈现传教士的个人生活和组织行为探讨他们对于社会转型起到的有意和无意的结果，这种研究方法特别适合分析不同行为体在特殊事件中的变化过程及其独特性和多样性，具有很强的指导意义，从而形成本研究的横切面。

在论据的收集和分析中主要运用定性的研究方法，辅以数据统计和趋势分析的简单量化方法。目前，关于灾荒与晚清政治的研究多以定性分析为主，运用其论述灾荒带来的重大危害。虽然，近年来史学界在这一领域开始尝试引入定量分析①，但是基本还停留在对于灾害次数、时间、伤亡人数的简单列举，并未进行深入分析。而发生在中国历史上的另外一次大饥荒，即1958—1961年的大饥荒则有学者深入定量分析方法开展研究，伊丽莎白·古奇（Elizabeth Gooch）通过定量分析方法探讨了饥荒程度和经济发展的关系，强化了三年大饥荒是由不适当的实物分配引起，而非由简单的食物短缺造成的观点。② 在本书中，可以借鉴国内外对于三年困难时期的研究成果和研究方法，收集丁戊奇荒中的饥荒程度与地区分布、传教士的赈济款项、基督教徒数量增减等要素引入简单的定量研究方法探讨非常态社会中外来宗教对于中国传统政治权力网络的冲击程度。同时，综合运用相关史料和政治学、社会学理论全景描绘出在丁戊奇荒这一重要历史事件中的中国传统社会结构变化和政治权力变迁。

第五节　主要创新点及难点

尽管丁戊奇荒在19世纪70年代受到了广泛关注，但进入到20世纪以后，除了研究灾荒史的学者对该事件还在继续研究，中国和国外的中国史教科书中已经鲜有提及。20世纪比较有代表性的只有博尔（Paul Richard Bohr）在1972年出版著作描述了传教士在其中的赈灾活动，以及80年代何汉威的《光绪初年（1876—1879）华北的大旱灾》。作为一篇以中国历史上的一个突发事件的个案研究，既要做到对历史真相的深描，又要有理论和现实关照。检视国内外史学界在这一领域的研究成果，在理论和现实关怀上缺少关注，因此本书力图在这一方面有所突破。以丁戊奇荒为着眼点，运用政治学、社会学

① 例如：夏明方. 从清末灾害群发期看中国早期现代化的历史条件——灾荒与洋务运动研究之一［J］. 清史研究. 1998（1）；康沛竹. 灾荒与晚清政治［M］. 北京：北京大学出版社，2002，等等。

② Elizabeth Gooch. Estimating the long-tern impact of the Great Chinese Famine（1959—1961）on Modern China［J］. *World Development*（89）：140—151，2017.

新的理论成果以传教士为主体来透视晚清时期政治变迁的微观机制，并尝试在此基础上提出能够作为知识学意义上的一般命题。

本书的创新点主要有三点：

1. 本书将传教士置于文化和权力的双重视角中加以分析，以行为目标为向度，传教士的出发点是在文化上发挥更大的影响；而以行为效果为向度，其实际上作为权力主体发挥的作用明显大于作为文化主体的作用。在灾荒这一非常态场域中，清王朝以"天命"为核心的政治合法性将丧失"集聚效应"，传教士依靠经济资本争取社会资本重构政治权力网络，文明的冲突在短期会产生形式上的"和解"，但能否持续或深化还依赖于社会恢复到常态后是否出现压制或对抗力量。

2. 本书从微观角度对外来宗教的进入方式和组织形式，及其在灾荒中与其他行为体的利益博弈进行全面分析，试图在以往基督教在华传教史研究中找到新的理论突破点。无论是"文化殖民"范式还是"文化交流"范式，都认为基督教的行为是一种文化效用。如果将基督教和儒教仅仅放在文化层面分析，就会陷在"文明的冲突"中不能自拔，针对不同的场域还需要分阶段、分层次来看待。而"现代化理论"范式虽然将传教士放在历史进程中来分析，但是并没有从微观角度分析其对于社会结构和政治变迁的作用，本书试图从历史、文化、权力的复合视角加以尝试研究，以期打破对于历史问题研究的固有观点和路径依赖。

3. 本书在研究方法的使用上综合了政治学、社会学、宗教学、历史学的多种理论，并积极运用图表对文献内容进行可视化分析和呈现，突破丁戊奇荒在历史学研究中的固有研究范式，将其引入到历史政治学的研究范畴中。

本书的难点：一是对资料的甄别选取和详略把握。海登·怀特（Hayden White）在《元史学》（Metahistory）中提出，所有的史料，包括第一手材料和档案，都是具体的个人记录下来的，一牵涉到具体的人，就有主观的思想感情倾向，就不可避免有"人"的历史局限，就不可能完全科学客观，做到巨细靡遗地记录牵涉到人与事的复杂情况，而不掺入运用修辞逻辑的历史想象。① 因此，本书在撰写中的最大难点在于国内和国外史料的甄别，由于各自在记录史料时已经附着价值判断，因此在运用史料时会出现一定的分歧，甚至是矛盾，这就需要笔者要对史料进行取舍，尽量保持中立，描述客观事实，力求达到见微知著的效果，这对于笔者的史料选取和文字运用具有极大的挑战。

二是研究对象和事件的选取。本书最主要的研究对象是传教士，但是清末来华传教士所属派别复杂，本书很难将所有的派别或差会囊括其中，因此，本书重点以新教传教士为研究对象，以其他派别为辅助材料。针对每个议题，通过深度剖析典型个案来说明一个问题，这种写法的好处是可以以小见大，避免论述中的枯燥无味，但是缺点在于难免会被认为是以偏概全。

第六节　结构及内容

本书以历史事件为案例，运用政治学和社会学理论分析进行跨学科研究，基于过去的案例，探求事件发生普遍之规律，目标在于讨论国家和社会中的多个行为体在事件中的互动和张力。历史社会学虽属于社会学的研究范畴，但普遍对于史实的具体把握较为缺乏，更加注重把握其中的变迁规律或进行历史事件比较研究，缺少对于某个案例的深耕。相应地，历史学家对于史实的考据可能又会走向过于教条化的极端，忽视了历史事件与所处历史进程和结构之间的关系，缺乏对普遍规律的总结归纳。而历史政治学则更是近两年才出来的一个概念，还未建构起系统的研究方法。政治学家更加乐于用宏观的视角分析事件，以权力为研究核心，以制度为重要分析维度，但会忽视社会环境和结构的作用。而本书则以权力为主线，将本书主要置于迈克尔·曼的社会权力分析框架之中，致力于探寻过去与现在的共同价值、事件发生及运行机制、行动与结构之间的融合和冲突，力求把案例研究、比较归纳及经验总结紧密地结合起来。

---

① 史景迁. 中国纵横［M］. 钟倩，译. 成都：四川人民出版社，2019：6.

本书由引言、导论、正文四章和结语七个部分组成。

第一章为导论部分，主要介绍了选题原因、文献综述、本书的理论视角和研究方法，以及对于"丁戊奇荒""嵌入"等相关重要概念的界定，本书选择"灾荒"这一非常态事件作为研究对象，围绕这一特殊场域展开讨论，深入探讨其中不同社会主体在资源长期积累后的集中释放和互相角力的过程。在此基础上，本书的第二章和第三章将探讨的时间和空间进行前移和扩大。

第二章"丁戊奇荒概述——从源起到失控"主要是对灾荒发生的背景和过程作一详细交代，运用大量史料从社会学和政治学的分析视角介绍了丁戊奇荒的起源、蔓延和失控的发生全过程，对于历史事件进行客观阐述，这是对事件的发生进行历时性分析。

第三章为"离散与失序：荒政中传统权力网络的嬗变"则是将视角放在历史的共时性上，在灾荒发生之前是国内外众多事件叠加的时刻。本书认为对于中国的传统权力网络基本可以分为处理中央与地方的官僚制度、处理国家与社会关系的规训准则以及保证政治合法性的天命观三大部分，三者共同构成一整套中国封建政治体系。但是到了晚清时期，中央政府内部逐渐衰败，一系列政治制度开始失灵。此时，当大灾荒到来时，对于政治制度和政治合法性均构成了不同程度的挑战，社会分层虽然表面上看起来并没有大的变化，但是大灾荒所引发的社会流动和社会结构变化仍然不可忽视，基于其社会环境和结构的复杂性，社会分殊化开始形成，而此时的外部力量迅速上升，这就给传教士的进入带来了契机，这也是丁戊奇荒与此前历史上发生的其他大灾荒最大的不同。

第四章"嵌入何以发生？——新教传教士的'入场'"就此展开。社会分殊化的外在表现就是处在不同社会阶层中的群体对于基督教介入的反应均不相同，这不仅仅是由价值分歧所决定的，更是由于基督教对于各个社会群体所拥有的权力和利益会产生不同程度的影响。在本章中着重分析了地方大员、县级政府、乡村精英的不同行为特征。在其中，基督教的嵌入对于价值秩序和社会秩序均有影响，渗透到社会、经济、政治、思想观念中的方方面面。

第五章"嵌入何以深化？——传教士力量的扩张"是对前一章传教士嵌

入的深层次解析，论述传教士赈灾工作的制度化方式，通过成立组织、建立流程化的赈灾款发放方式得以实现。随着赈灾工作的持续推进，传教士开始嵌入传统乡村社会网络，并建立起自身的教会网络，社会资本和文化资本在不断增加，逐渐成为重构华北乡村社会网络的权力主体之一。

最后是结语部分，回顾总结全书，并提出三个主要结论：第一，丁戊奇荒是特定场域中的一场权力竞争。资本与权力是构成场域的基本组成要素，资本的拥有和争夺决定了各主体在其中的合法性地位，而资本的重要性次序也是根据场域的不同而发生改变；第二，传教士是利用中国乡村社会网络实现的渐进式嵌入，他们的目标与清政府相同，都是为了推动社会的秩序化，只是在秩序化的进程中社会需要经历打破平衡和建构再平衡的过程；第三，如果将本研究置于现代化乃至全球化的维度来看待，传教士与中国形成的一系列行为互动实则既是中国现代化进程中的一股外推力，也是全球化的众多表现形式之一。

第二章

丁戊奇荒概述——从源起到失控

首先要明确的是，自然灾害并非灾荒发生的充分条件，灾荒的终极表现也并非粮食供给的绝对不足，而是人与人之间以及人与社会之间的关系失调乃至失控。因此，本章在介绍丁戊奇荒这一典型事件的过程时，不仅关注灾害发生的自然因素、损失情况等表象，还关注从灾害演变到灾荒的转折点和催化剂，重点讨论其中的人为和社会因素。在叙述方法上，以往对于丁戊奇荒的研究多集中在历史学领域，注重对于时间、事件、地点的细致考察，本章则希望延展丁戊奇荒单一事件发生的时间和空间，串联灾荒发生前后的关键事件和要素，呈现出更为饱满的事件全貌。

第一节　灾荒的起源

虽然水灾和旱灾都会造成大量灾民受灾，但二者在其成因、影响等许多方面大不相同。首先，水灾发生于一些特殊地区，尤其是江河两岸地区，与其周围地形和季节密切相关，而干旱虽然也受到气候影响，但它并不是由地理环境绝对作用而造成，而是为"地形＋人的活动"长期作用所影响。相应地，旱灾的受灾人数也远多于水灾。除地理空间外，二者的另一个不同之处就是时间。水灾往往发生在特定时间段，其持续的时间有一定的限度，具有鲜明的时限性特点，进而成为时间的标记。而干旱往往持续时间较长，因此，威廉·丹多认为："量化与界定旱灾的主要困难在于它的不确定性，与一目了然的水灾截然不同。"① 一般来说，确定旱灾结束的日期并不困难，但旱灾何时开始，却不太好确定，这与水灾大为不同。就人们的感受而言，水灾很大程度上是由于官员的玩忽职守、贪污腐败，致使河堤修建和维护、河道疏浚等防洪措施没有预防到位。因此，一旦采取措施将风险疏解开来，不会威胁到民众的安全和生存，他们的愤怒情绪就会随之消退或发泄出去。相反，干旱往往不是人力所能左右的，人们通常会将旱灾归因于超自然的力量，进而通过向神明祈求等宗教化方式加以疏解，但显然这并不是根本解决之道，只是人们的绝望情绪的排解方式，其中蕴含着极大的不确定性风险。

一、"两条封闭的通道"：自然区隔和人为闭塞

迈克·戴维斯（Mike Davis）在书中证明，19 世纪 70 年代后期袭击中国华北、印度、南非和巴西东北部严重干旱的成因是作用很强的"厄尔尼诺现象"，是由于东部热带太平洋的快速升温，导致了提供雨水的季风作用滞后或减退，无法使受影响地区得到充足的雨水。② 从 1876 年开始，黄河盆地的干旱形势加剧，一直持续到第二年几乎未下雨，直到 1878 年底雨水才逐渐恢复。此次发生旱灾的晋、陕、鲁、冀华北四省多处于干旱或半干旱地区，平均每年的降雨量只有 400—500 毫米，这主要是该地区的地形所致：第一，秦岭山脉阻碍了带有水分的东南季风吹进内地；第二，长江口以北的海岸线过于偏远，湿润的海风无法抵达，雨量较小；第三，气旋的数目远少于华南；第四，华北在西伯利亚反气旋的作用下，从蒙古吹来的多是干燥的西北风。③华北地区每年降雨量的波动性很大，其波动幅度可达 20 倍之多④，如天津冬小麦生长期的平均降雨量虽为 138 厘米，实际上，常可降低到此数目的

---

① 柯文. 历史三调［M］. 杜继东，译. 南京：江苏人民出版社，2000：59.

② Mike Davis. *Late Victorian Holocausts：El Niño Famines and the Making of the Third World*［M］. New York：Verso，2001：6、13—14；61—62；213—217；230—238；256—259.

③ Co-ching Chu. The Aridity of North China［J］. *Pacific Affairs*，1935，8（2）.

④ George B. Cressey. *Land of the 500 Million, A Geography of China*［M］. New York，Toronto&London：McGraw-Hill Book Company，1955：75.

37%。① 一年的雨量，又多半集中于7、8两个月。② 在每年雨量少于100毫米的地方，作物很少能正常生存下去。对于每种作物而言，如果雨量比平常作物所需量减少四分之一，作物便会面临枯死的风险，如果减少到40%，灾荒就会发生。③ 华北地区的主要农作物是冬小麦，通常在9月收割，其次是小米和高粱，在九月收获。如果夏天不降雨，则全年就会歉收。④ 再加上山西、陕西地处黄土高原，当地居民为了短期获取经济利益，经常砍伐树木，导致树木稀少，泥土侵蚀严重，大片茂盛树林在短期内变为荒漠，使自然环境变得更为恶劣。⑤ 华北的河流输沙量较多，河渠易于淤塞，河床又随着沙泥的注入而增高，河水难以贯入，灌溉困难，增加了旱灾发生的风险。⑥

可见，灾荒发生前的华北雨量不足，且降雨量波动很大，如下表所示：

表1　华北五省主要作物统计表⑦

省别	主要作物	生长期	生长期应需雨量（毫米）	生长期实际雨量（毫米）	备注（数据主要测量地）
河北	冬小麦	9月至4月	483	106	保定、天津、北京
山东	冬小麦	9月至4月	483	143	济南
山西	小米	5月至8月	310	277	太原
河南	冬小麦	9月至4月	483	151	开封
陕西	冬小麦	9月至4月	483	174	西安

① 梁庆椿. 中国旱灾之分析［J］. 社会科学杂志，1935，6（1）：23.

② George B. Cressey. *Land of the 500 Million, A Geography of China*［M］. New York，Toronto&London：McGraw-Hill Book Company，1955：272.

③ Co-ching Chu. The Aridity of North China［J］. *Pacific Affairs*，1935，8（2）：215；217.

④ Walter H. Mallory. *China：Land of Famine, Special Publication*［M］. New York：American Geographical Society，1926（6）：43.

⑤ George B. Cressey. *Land of the 500 Million*［M］. New York，Toronto&London：McGraw-Hill Book Company，1955：266—267.

⑥ 梁庆椿. 中国旱灾之分析［J］. 社会科学杂志，1935，（6）1：32—35.

⑦ 何汉威. 光绪初年（1876—1879）华北的旱灾［M］. 香港：香港中文大学出版社，1980：6.

受灾最严重的山西、山东境内多山区。山西境内丘陵起伏、沟壑纵横，山东省境内中部山地突起，西南、西北低洼平坦，起伏的地势不利于湿润空气的进入。山西在清朝时只有 20% 的地是可以耕种的①，所以山西的大部分人口也主要不是靠农业生存，更多的是依靠丰富的天然矿产资源与外界进行贸易往来。清政府在 1728 年签署了中俄《恰克图条约》后，蒙古边境恰克图镇的中俄贸易也由山西商人来掌控。晚清山西的财富和战略重要性在中外赈济工作者的信件和报告中体现得非常明显。这也与饥荒发生后山西的悲惨景象形成鲜明对比。富礼赐（R. J. Forrest）描述了妇女如何挣扎着埋葬死去的孩子，狗和乌鸦享用着死亡的人，在每一处房子的废墟中都能发现"死去的、正在死亡的、活着挤在一张石床上的人们"。《申报》在 1878 年刊登了一篇报道，来自体面家庭的一位孝子打死了从他母亲那里偷了食物的饥饿的养兄弟们，然后向官府坦白了罪行，为了让他和母亲都能入狱而获得食物。② 这一方面如博尔所强调的，"乡村闭塞、风大，道路曲折狭窄"的特点将山西和其他海岸线分割开来，同时由于山西严重的乱砍滥伐和水土流失，使得山西成为一个贫穷的、被陆地所包围的省份。

除了山西的自身原因之外，清政府也难辞其咎，他们将更多的注意力放在东南沿海，而非华北内地，将山西"从一个主要的贸易走廊，变为一个孤立的、难以到达的省份"。③ 山西境内"半为高山，可耕之田无多，统观之似地广人稀，分计之则人稠地窄，地之所出，不足以供本地生计之食用。必须有出外贸易者，既可得外来之财，且籍食地方之粟"。④ 粮食一般要通过故关将千担的谷物从天津港运到山西，来避免大规模的饥饿。设于天津的中国赈灾委员会主席富礼赐写的一份报告，描述了那条道路的情况：

---

① 李辅斌. 清代中后期直隶山西传统农业区垦殖述论 ［J］. 中国历史地理论丛，1994（2）：153.

② 《申报》，1878 年 1 月 1 日、1 月 12 日。

③ Henrietta Harrison. *The Man Awakened from Dreams*：*One Man's Life in a North China Village* (1857—1942) ［M］. Stanford，California：Stanford University Press，2005：6—7、95—96. 另参见彭慕兰. 腹地的构建：华北内地的国家、社会和经济（1853—1937）［M］. 伯克利：加州大学出版社，1993：1—4.

④ 萧荣爵编. 曾忠襄公全集·抚晋批牍 ［M］. 清末民初史料丛书. 台北：台北成文出版社，1969（4）：43.

怀仁县，作为起点，有很多官员和商人等待通过关口。逃亡者、乞丐和小偷也大量混入其中。官员在山脉间无权创造任何秩序。道路经常损坏，直到另一条建好前，都处于阻塞的局面。骆驼、牛、骡和驴都处于极度混乱之中，其中有很多牲畜被山上饥饿绝望的人们杀死吃肉，因此只有一些谷物商为了利益进行运输，再加上一些民兵组织协助……损坏的马车、破损的谷物袋、垂死挣扎的人和动物，是这条路上经常会出现的场景；由于道路狭窄，道路一侧的运输队要整整等上几天，等到另一侧的运输队过来才能继续前行。①

这是 19 世纪 70 年代末富礼赐在故关看到的混乱场景，这在山西中南部时常能见到。这与饥荒之前，一些传教士所记录的兴旺繁荣场景大相径庭。李燧在《晋游日记》中写道，太原居民每年在庆祝元宵佳节的时候，都在家门口堆起几尺高的"火宝塔"（像塔一样的煤堆），晚上将煤堆点燃，街道仿佛白昼。② 韦廉臣则是用了大量篇幅来赞美山西丰富多样的矿产资源，"我们能看到道路上一个个的坑、采矿的村落、采矿的工具……都堆在坑口"。③

灾荒时期的山西已经今非昔比，当一批批粮食从外面运到山西时，便出现了运输工具不足的问题，途经的直隶、河南等省份都属于受灾地区。比如，从天津运赈米到山西，路程有 700 余里，以牛车驮载，需要十天到达，以每辆车载米 20 石计算，除去牲口及人夫的消耗外，每车可以得到三十千文，但是各车户仍观望不前。后来由招商局函请天津县招徕，每石加价二百文，车户才愿意运输。④ 如果以运量较大的骆驼运输粮食，则时间就会受到限制。在冬春之间，可以雇骆驼出山转运，但到夏天，骆驼就需归厂休息，粮食运输

---

① 富礼赐. 富礼赐报告：致天津领事阁下和天津赈灾委员会［M］. 中国近代史资料丛刊. 1954：135—136.

② （清）李燧. 晋游日记［M］. 1833：61.

③ Williamson Alexander. *Journeys in North China，Manchuria and Eastern Mongolia，with Some Account of Corea*［M］. 1870：152—155.

④ 《申报》，1877 年 12 月 31 日，第 1746 号，第 2 页，《车辆稀少》；1878 年 1 月 17 日，第 1761 号，《加给车价》；1878 年 2 月 19 日，第 1783 号，第 2 页，《运米繁多》。

不得不依赖能力较小的骡、驴等。① 再加上山西境内路政腐败，道路年久失修，造成转运迟滞，粮运不畅。

本来，对于像山西这样依靠贸易运输的内陆省份而言，保证运输网络的畅通是至关重要的。清政府从河南沿黄河向上游运城输送谷物，或从直隶穿过太行山运到太原，但是逆流而上或者通过狭窄的故关运送谷物都很困难，它们只能在严重紧急的情况下才能使用。平常官员和商人是从西部和北部将谷物运到山西，因此，这个省份长期依赖邻省陕西渭河流域和长城以北新开垦耕地的谷物盈余。② 当地的商人和官员试图利用黄河，从内蒙古肥沃的河套地区运送谷物到山西南部。然而，遥远的路程和湍急的水流让他们花费了更大的成本，相较于长城以北，仍是从陕西的渭河流域进口谷物比较多。③

而且赈济极少是完全以实物形式发放的。发放制钱、特别是银，对于政府来说更为有利，这样可以避免粮食采买和运输当中的许多问题。如果发放货币是弥补地方政府粮食储备不足的一个便利方式，那么必须在当地或附近地区能够以合理的价格得到粮食，也就是说，必须有民间商业的介入才能维持当地的粮食供给。一般情况下，在粮食剩余省份，或灾荒范围有限而邻近地区粮食充裕时，情况正是如此。④ 但是，一旦灾害的地域和持续情况使民间商业不再能够保证灾区的供应——即使是借助于免税和其他补贴措施——那么，政府就必须担负起粮食调运的责任。

但从 19 世纪 60 年代开始，清政府对陕西、甘肃两省西北边民叛乱的镇压大大降低了渭河流域的谷物生产能力，迫使山西不得不从谷物剩余较少的内蒙古地区进口粮食。在丁戊奇荒发生之前的 18 世纪和 19 世纪中期以前，山西依靠政府谷仓的储备与其灵活的贸易网络相结合能够应对谷物短缺。在盛清时期，政府保持了一个有效的谷仓系统，财政储备平常能够保持在 2000 万两。但此后，国家花费了约 1 亿两白银镇压 1796—1804 年的白莲教起义，

---

① 曾忠襄公全集·奏议 [M]. 清末民初史料丛书. 台北：台北成文出版社，1969（12）：1；请将东漕尾数拨充赈需疏，光绪五年一月二十日.

② 曹新宇. 清代山西的粮食贩运路线 [J]. 中国历史地理论丛，1998（2）：161—164.

③ 曹新宇. 清代山西的粮食贩运路线 [J]. 中国历史地理论丛，1998（2）：162—164.

④ （清）李義文. 荒政摘要 [M]. 1834：28a.

财政储备从 18 世纪晚期开始衰退，到了 19 世纪早期，征税变得越来越困难，而皇族则从清前期的 2000 人增加到 30000 人，他们每年的开销慢慢侵蚀着内忧外患的清政府。① 再加上当地生态环境的破坏，洪灾日益频繁，维持黄河堤坝的成本越来越高，给原本已经不堪重负的晚清政府带来持续的冲击。所以，在丁戊奇荒中，由于晚清政府的财政困难，当地官员无力及时调配谷物运到山西，只能依靠东边的故关来运输。一省之内，也因交通隔绝，不能相互接济，东南西北不能相救，因此这条路注定是失败的。

二、"等式的失衡"：内外交困中的自顾不暇

如果可以把荒政直观地表示为一种等式，等式的左边是由自然灾害造成的短缺，右边是官僚政府可利用的经济措施。其中，如前文所述空间因素的重要性是显而易见的。而赈济所需的资源是否充足、是否能够迅速调配以及是否能够及时有效发放到灾民手里才是决定等式是否平衡的关键。因此，如果当地官方和商业的储备很充裕，或者远方的富余粮食很容易运来，则这个等式就是最为有利的。也就是说，每个地区都有自己的公式，每个公式都依时间、地点不同而不同。② 相对于丁戊奇荒而言，等式的左边资源缺口较大，等式右边是否能够与之相衡就要依靠灾区内外的合力，显然在此次灾害中，灾区内外的准备都严重不足，灾区内部因素包括华北的经济结构畸形、劳动力缺乏、种植品种单一等，外部因素主要指国家可调拨的粮食储备，如地方仓储的贮谷（主要是常平仓）、漕粮储备、从市场购买并在需要时随时发运的储备等。

自嘉庆朝以后，常平仓的衰废越来越成为一个不可逆转的事实，③ 到光绪年间已经基本失效。1799 年的一个上谕称，实贮在仓的米谷只有额贮数的十

① 魏丕信.18 世纪中国的官僚制度与荒政 [M].徐建青，译.南京：江苏人民出版社，2003：290—293.
② 魏丕信.18 世纪中国的官僚制度与荒政 [M].徐建青，译.南京：江苏人民出版社，2003：227.
③ 从众多关于常平仓的考察中可以看出，常平仓的储存量波动很大。其原因部分是由于每年定期出粜和秋季买补之间的数量变动（各省的出粜比例不同，原则上是十分之三到十分十五）。

之二三。① 到 1817 年，据称是"废弛日久，积弊相沿"。② 到了 1831 年，皇帝已经注意到了常平仓的毁坏状况，因而说道："是以各直省遇有偏灾，鲜有以拨放常平仓赈给为请者。大率动支藩库银两，易钱散给。"③ 另外，财政问题也是造成清末国家无力及时解除干旱的原因。18 世纪，由于国家财政充裕，中央政府官员能够维持有效的粮仓制度，粮食通常维持在二千万吨或以上。直至 19 世纪 70 年代，旱灾袭击华北，清朝的国库遭受重大的情势逆转。18 世纪末期，财政储备开始衰退，当时国家必须花费数十万两白银，来压制 1796—1804 年的四省白莲教起义。19 世纪初期，征税变得更加困难，皇朝官员自清初的 2000 名成员增加到 30000 名，一年要花费几百万两白银的俸禄。④ 随着世纪交替，生态破坏造成的水灾日益严重，维护黄河堤坝的成本大幅增加。⑤ 军事对立后赔偿获胜的西方强国，以及资助海岸防御工程以改善能力驱逐海上侵略者，都带来更多的财政压力。举例来说，光绪二年，山西在旱灾发生时，库银仅存三四万两。⑥ 河南的情形更为恶劣，光绪三年末，库存银两仅剩 2000 余两。⑦ 其后，两省分别在本省及外省设立捐局募款，清政府和直隶总督李鸿章先后拨款赈济，并饬令其他省份拨漕粮加以救济，所募赈款和赈粮已经相当可观，但由于两省灾民数量已经超过一千万人，加上运输费用和粮食在运输过程中的耗费，最终灾民手中所得少之又少。正如李慈铭所言"闻其赈例自年五十及十五以下，人给百钱，两月一发，则不及杯水车薪

---

① （清）刘锦藻. 清续文献通考［M］. 1921（60）：8161；（清）王庆云. 熙朝纪政［M］. 1898（4）：26a.

② （清）刘锦藻. 清续文献通考［M］. 1921（60）：8164.

③ （清）刘锦藻. 清续文献通考［M］. 1921（60）：8166.

④ Pierre-Etienne Will. *Bureaucracy and Famine in Eighteenth-Century China*［M］. trans. Elborg Forster. Stanford：Stanford University Press，1990：290—292.

⑤ Lillian M. Li. *Fighting Famine in North China：State，Market，and Environmental Decline，1690s—1990s*［M］. Stanford：Stanford University Press，2007，chapters 2 and 9；Pierre-Etienne Will. *Bureaucracy and Famine in Eighteenth-Century China*［M］，trans. Elborg Forster，Stanford：Stanford University Press，1990：292—293.

⑥ 东华录［M］. 北京：中华书局，2016：409.

⑦ （清）袁保恒. 文诚公集·奏议［M］. 卷6：44b.

矣"。① 因为财政的入不敷出，豫北各地的粥厂，相继出现了"经费已竭、停煮以待"② 的情况。

在1876—1879年大旱灾时期，清王朝还未从太平天国和捻军的战乱中恢复过来，面对大灾荒也缺乏有效的应对机制。而且，在灾荒的前一年还发生了光绪皇帝继承王位的合法性问题。19世纪70年代后期，失去强势的皇室领导的清朝政府，比过去更难以实施大规模支出的饥荒政策。③ 总而言之，内乱、外侵、财政问题、粮食系统的瓦解，以及权力高层的薄弱与分化，使得清政府无法给予灾情严重省份更多的援助。④ 中央政府面临内忧外患，地方政府同样捉襟见肘。山东和直隶虽然不时对晋、豫两省接济，但是前者"近日出款日多，库款支绌，情形迥非昔比，兼值上年抗旱，青、莱各府办理赈务，并有黄、运两河修防，尤属力不能支"。后者"以赈需紧急，先后拨借银至七十余万两，不为不多；分济晋、豫至四十余万两，不为不力。现仅存银一百四十余万两，虽不足以办防，而事关军国至计，备储缓急，实万不可少。且即以直境灾荒而论，自上年四月至今，迄无透雨，东作难施，流亡载道。前者尚可择人而抚，今则次贫亦成极贫；前者尚有司道库款可提，今则罗掘罄尽。去冬及本年上忙丁粮叠请缓，收数无几，以之供应陵工、俸饷、旗、绿各营兵饷及一切年例支款，不敷甚巨"。⑤ 进一步大规模援助，肯定力有不逮。

除了清政府的内耗过多外，外来的威胁也使得清政府不敢在救荒中投入

---

① 李慈铭撰，邱数文、胡珍编．桃花圣解盒日记［M］．庚集第二集，光绪三年十月二十日：65b．

② 复张汉仙观察．文诚公集·函牍（卷2）．1868：19．

③ Richard Horowitz. Central Power and State-Making：The Zongli Yamen and Self-Strengthening in China, 1860—1880［D］．Ph. D. diss., Harvard University, 1998：105—106．

④ Mike Davis demonstrates convincingly that the cause of the severe droughts that impacted places as diverse as northern China, India, southern Africa, and northeastern Brazil in the late 1870s was a particularly powerful "El Nino event," or a rapid warming of the eastern tropical Pacific that led to the prolonged and virtually complete failure of the monsoons that normally provide rainfall for the affected areas. The grand "El Nino event" of 1876—1878 disrupted the entire tropical monsoon belt, as well as the East Asian and Arabian Monsoons that provide rainfall for North China and North Africa.（Davis, Late Victorian Holocausts）．

⑤ 海防机局款难分拨折．李集·奏稿（卷31）．光绪四年三月十三日：41．

过多资源。西方以及日本的帝国主义者带来的威胁，迫使清朝统治者及高层官员针对如何妥善利用减少的资源，做出困难的抉择。1856—1860 年的第二次鸦片战争，清朝战败英国和法国的耻辱，加深西方对于中国的威胁。而1874 年，日本在台湾的"惩罚性考察"，则显示出日本有意挑战清朝政府在东亚的优势。大清帝国的西北边境也遭受攻击，当时富裕的伊犁谷，也就是现在的新疆境内，在 18 世纪中叶时清政府平定了准噶尔部，但在 1871 年被沙俄入侵和占领。为了收复新疆，政府采取昂贵的军事行动，与饥荒最严重的年头正好吻合，使得国家对于华北灾民的救灾工作更为艰辛。① 缺乏强有力的领导，是阻碍清末政府快速有效应对干旱的另一个因素。

此外，这场灾荒之所以死亡人口之多也与华北自身的经济和农业结构有关。虽然西方的农作物传入中国是在明朝晚期，但是真正产生革命性的影响却是在清朝。这些新传入的农作物的重要影响不在于它们丰富了穷人或富人的餐饮（尽管确实有这样的作用），而在于它们刺激了人口的增长，使得中国人口在传统资源的极限之外再创新高。清朝的人口爆炸——从 18 世纪早期的一亿五千万增长到 19 世纪中叶的四亿五千万——如此剧烈地增长，影响了当地生活的方方面面，即使到了今天，学者的研究也未能穷尽。在何炳棣的中国人口研究中，他发现新传入的农作物有几大重要影响。② 他论证了玉米、甘薯、马铃薯和花生如何在清朝成为中国人的主食，以及这些粮食作物的传播是如何与中国的土地开垦过程相契合的。谋生手段单一也是华北经济结构畸形的重要原因。晚清华北的许多村庄，大多数家庭都是依靠非农业劳动来谋生，比如山西省有多达 70% 的人口从事造纸业。由于干旱导致谷价上涨，造纸业市场萧条崩溃，造纸工人失业，他们的钱不足以购买饥荒时的食物，只能逃走或者忍受饥饿。其他省份也同样存在自生产能力较差，难以自给自足的处境。

①　Kathryn Edgerton-Tarpley. *Tears from Iron*：*Cultural Responses to Famine in Nineteenth-Century China* ［M］. Berkeley：University of California Press，2008：28—39，92—102. The Xinjiang campaign cost 52. 3 million taels between 1875 and 1881. Xinjiang became a full-fledged Chinese province only in 1884.

②　Ping-ti Ho. *Studies on the Population of China*，1368—1953 ［M］. Cambridge：Harvard University Press，1959：183—195.

三、"被腐蚀的中国"：鸦片作用下的浑浊社会

至少从 20 世纪下半叶开始，鸦片便在中国的经济活动中扮演着重要的角色，其主要经济功能表现在以下三大领域：一是作为现钱的替代物，二是帮助地方官员完成税额指标，三是地方自建项目的资金来源。特别是在太平天国运动以后，县官们的处境变得非常艰难。当时的农业生产暴跌，而税收配额却丝毫没有减免。山西省商民"迭次捐助兵饷，加以大江南北以汉口……诸大镇，生理资财，悉遭蹂躏，元气已亏，民力亦形疲敝"。① 镇压了陕西的边民起义后，左宗棠随即部署远征关外，进军新疆镇压当地边民反清的行动。为了支援左宗棠军队顺利完成任务，清廷下令有关省份每年要按限额承担一部分军饷，支援前线。同治八年（1869）2 月，户部议奏山西每月要交银 3 万两，作为左宗棠部军饷；另外每月协银 1 万两，米银 1 万两，专用于穆圆善部军饷，即每月共应协解西征饷银五万两。②

如果他们想要从传统农业领域榨取更多税收的话，县官们很有可能引发当地严重的骚乱，继而丢掉自己的乌纱帽。左宗棠曾上奏说，1874 年有三个县官和一个副手从当地的罂粟种植者手中收取钱财，而没有将其罂粟地锄毁；③ 又有一位御史发现山西的情况更糟，全省只有两个县在禁止鸦片种植上有所作为，而其他地方官商勾结，从鸦片中牟取暴利。④ 例如，有一位县官刚刚走马上任，当地农民和乡绅便拜访了他，并赠予他一大笔钱；几个月之后，他又收到了一千一百六十三两白银和价值三千两白银的鸦片。县官可以从鸦片的收入中获得一定比例，这似乎已经成了一种协议。⑤ 再如，某地方军官收受贿赂，对当地二千五百亩鸦片地瞒而不报。⑥

① 《申报》，1877 年 3 月 9 日，第 1492 号，第 5 页，录光绪二年十二月《京报》，张观准奏。
② 左宗棠. 参奏山西藩司紊乱饷章折［M］. 左文襄公全集，卷 50，光绪三年六月廿九日：82.
③ 《京报》，1874 年，第 86 期。
④ 《京报》，1874 年，第 87 期。
⑤ 《京报》，1875 年，第 147 期。
⑥ 《京报》，1878 年，第 225 期。

在旱灾发生之前，山西巡抚鲍源深即指出，该省"岁入之项仅三百万有奇，应解京饷、固本饷一百零六万，应拨各路军饷一百六、七十万。以出衡入，窘竭情形，岂堪言喻。……夫天时人事之变，常出于意外。……设猝有水旱刀兵之事，何以应之"？① 当时山西财政负担之沉重，可以张之洞的一段话来作说明：

> 自咸丰军兴以来，各省被扰而晋省骤贫。然而三十年来，征兵转饷，率以晋为大宗。官斯土者从井救人，悉索以应四方之求。甚至减成兵糈之停两季，藩司印卷借贷票商，以供协饷。加以客兵来往，人塞防河，民间困顿，所靡又无虑万数，课税所出罔非晋民，以晋民筋力，口食之所余，百方幸榷，尽济邻疆，而本身曾不得一锱一珠之用，于是盖藏尽空，公私俱竭，屡逢歉岁，追比如前，至丁戊之际，遂成奇灾。②

除山西较为典型外，陕西、河南等省份与山西的情形大致相同。河南"田赋额征三百余万两，岁收仅能至二百余万两，而京、协各饷拨解甚巨，库藏不敷"。③ 陕西则"民间元气未复，各属地丁钱粮，征解仍未敷额，每年收储银两，又因筹拨各军口粮及旗、绿各营官兵俸饷，文职廉费，并杂支、制造、赈抚各项，搜刮一空，现在库储万分短绌，即本省应发之款，亦已左支右绌"。④

除了军饷的筹措给当地财政和民众带来沉重的经济负担之外，差徭的频发对于民众生活的滋扰更为严重。"差徭累民实甚，北省皆然，山、陕尤重。前此军兴征调，不能不借民力。粮银一两，派差银数倍不等。……今年兵差

---

① 《东华录》，总第23页，光绪元年春正月癸丑。《曾忠襄公全集·奏议》卷18，第24页，《覆陈筹饷各条疏》（光绪六年五月十三日）："查晋省通年所入，钱粮税厘不过三百余万两，自军兴以来，岁拨京饷及各处协饷、本省军饷约银五百余万两，不敷在二百万两以外。"

② 《张文襄公全集·奏议》，台北文海出版社，卷5，1970：20b—21，《请暂缓协拨各饷折》（光绪八年七月廿九日）。

③ 《东华录》，总第557页，光绪四年二月丁未。

④ 谭钟麟．谭文勤公奏稿［M］//沈云龙．近代中国史料丛刊（325）．台北：文海出版社，1969：136—137.

已少，只有流差，不惟驿路差费未能大减，即僻区仍形繁重，现在粮银一两，率派差钱八、九百、一串余不等。"① 这是由于兵乱的困扰带来的人口减少和流动所致，沉重的差徭负担给本来劳动力严重不足的华北省份带来更大的压力。

为了应付军饷和差徭的需求，晋省农民不得不放弃粮食的种植，改种利润较高的罂粟，这才能达到税捐的要求来维持生计。② 罂粟种植在当时本来属于违法行为，但是民众为了生存不得已冒险，而且"地方官不肖者收费弛禁，藉以营私。其稍贤者亦以为民利所在，不忍拂违"。③ 结果是，罂粟的种植越发猖獗，难以控制。本来应该属于粮食产区的山西北部，也纷纷改种罂粟，以致出现"沃野千里，皆种此物"的现象。随着种植罂粟的土地越来越多，种植粮食的土地自然会随之减少。为了保证鸦片的收成，来应付沉重的税赋，农民不得不把大量的人力和物力用在种植罂粟上，从而荒废了其他作物的种植。时任山西巡抚曾国荃就曾说过：

> 伏查晋省地亩五十三万余倾，地利本属有限，多种一亩罂粟，即少收一亩五谷。小民因获利较重。往往以膏腴上田。种罂粟。而五谷反置诸硗瘠之区。此地利所以日穷也。未种之先。吃烟者不过游手无赖。及殷实有力家。至于力耕之农夫。绝无吸食洋烟之事。今则业已种之。因而吃之。家家效尤。乡村反多于城市。昔之上农夫。浸假变而为惰农矣。又浸假变而为乞丐。为盗贼矣。查罂粟收浆之际。正农功吃紧之时。人力尽驱于罂粟。良苗反荒芜而不治。此人力所以日弛也。地利既差。人力又减。因而时之在天者。上熟仅得中稔。中稔便若无麦无禾。一遇天灾流行。遂至疲苶而不可救药。④

---

① 《东华录》，总第 759 页，光绪五年六月癸卯朔，《阎敬铭奏》。
② 《申报》，1878 年 2 月 25 日，第 1888 号，第 1 页，《论筹卖漕米以裕西北赈粮而免东南缺食事》。又参见（清）左宗棠撰，《左文襄公咨札》，第 35b 页，《札陕、甘藩司通饬各属赈禁种植罂粟》。
③ 《东华录》，总第 272 页，光绪二年八月丁酉，《鲍源深奏》。
④ （清）盛康编《皇朝经世文续编》，卷 42，《户政十四农政下》。

曾国荃的这番话不仅道出了当时罂粟种植大面积侵蚀粮食用地的残酷现实，更是点明了罂粟大量种植蚕食的不仅是土地，更是人的健康和精神状态，一旦发生天灾，民众将没有能力进行自救和反抗。

吏治的废弛，除了加深民间的痛苦外，对其他的社会福利，如仓储、水利建设等，更有直接的不良影响。以山西为例，"……一切公用所需，遇有未能开销正欺及正欺不敷应用者，率系按缺摊派。现任州、县一年之中，大缺或摊银二、三千两，小缺或千两、数百两不等。……州、县岁领养廉，除去减成扣平，所剩无多，以之划抵摊欺，不但无分毫可领，欲出己资以补不足，虽有洁清自好之吏，亦几无以自全"。① "州、县历任牧令，因赋税之额有常，考成之典吃重，遂不复计及丁口之盛衰，但论额徵之多寡。"② 结果，"地方官无人能计久远，但使岁称中稔，钱粮可征，自谓已完吾事，更何暇他求"？③ 河南吏治亦是如此腐朽败坏："所办公事，率多粉饰欺蒙、毫无实际。其于民漠略不关心，地丁正赋，任意亏空。平时豫行控灾请缓，将已徵钱粮私饱囊，交代不结，拖延累月。"④ 水利的不修及仓储的废弛，是上述情况之下必然产生的现象。⑤

正如曾任山西巡抚的鲍源深所分析的那样，麻烦的是种植鸦片已经成为一项"惯例"。地方官员既需要财政收入，也不愿意因打击"这项当今最主要的税收来源"而惹怒百姓。⑥ 无独有偶，郭嵩焘曾嘲笑鲍源深无力镇压地方暴动，使得鲍源深成了京城官员的笑柄。根据郭嵩焘的说法，百姓一听说鲍源深派的监察来了，就只是拔掉路边的罂粟来做做样子而已，不仅如此，他们也完全不理会禁止种植鸦片的禁令。⑦ 在江南地区，总督沈葆桢对于鲍源深的说法深有同感：尽管沈葆桢一如既往地坚持罢免江南地区吸食鸦片的官

---

① 《曾国荃集·奏议》卷18，第3b页，《请免摊派铁斤银两疏》（光绪六年四月初四日）。

② 《曾国荃集·奏议》卷9，第30页，《缕陈要务疏》。

③ 《申报》，1879年7月31日，第2244号，第1页，《晋省宜及时修治水利论》。

④ 《东华录》，总第604页，光绪四年六月乙未。

⑤ 参见唐树楠.敕山西开井灌田疏（光绪三年）[M].载《道咸同光四朝奏议》（国立故宫博物院《清代史料严书》，台北：台湾商务印书馆，1970：3322.

⑥ 《京报》，1876年，第105期。

⑦ （清）郭嵩焘撰.《养知书屋文集》，12：18b.

吏，① 但这种曾经被视为致命毒药的鸦片，现在却被当成了日常的茶米。② 在有些地区，鸦片税的做法相当公开，宁夏的情况便是一例。1878 年，当地居民便把最好的土地用来种植鸦片，因为他们认为若不这么做就无法缴足税款，当地行政官员还拒绝向陕西运送救灾用的粮食，因为在宁夏有一半的土地都种植了鸦片，他们也没有余粮了。③

　　大约在 19 世纪 70 年代，中国农民开始大规模地吸食鸦片，这一时期本土鸦片的产量增长迅猛。很多学者也对当时的吸烟人口做了估计，张之洞认为，在山西，城市的吸大烟人口比例高达 80%，在农村地区的比例也高达60%，④ 而曾国荃认为农村的吸大烟人口比例高于城市。⑤ 根据 20 世纪的鸦片销量进行推算，云南昆明约有两万九千七百五十亩罂粟地⑥，山西约有一百万亩罂粟地⑦，陕西约有五十万亩罂粟地和一百五十万人口吸食鸦片⑧。鸦片的种植刺激了种植者自身吸食鸦片。美国学者卜凯（J. L. Buck）全面考察了 20世纪二三十年代的中国农村生活，他发现农民自己的鸦片消费量约占其种植量的四分之一。⑨ 尽管鸦片的产量受到气候条件的限制，但是作为一种经济作物，种植罂粟还是利润颇丰的。一亩罂粟至少可以生产出两倍于谷类植物的利润;⑩ 每年 10 月份种下去的罂粟，到了第二年 3 月即可收割，恰好在这段时间内其他农作物也没法生长;要是有足够的肥料，罂粟在贫瘠的土地上也能生产，还可以与豆类、土豆或烟草套种。⑪ 对于佃农来说，在租赁的土地上

① 《京报》，1877 年，第 184—186 期。

② 《京报》，1878 年，第 13 期。

③ 《京报》，1878 年，第 176 期。

④ 《京报》，《北华捷报》出版，上海，1892 年，第 125 页。

⑤ 《京报》，第 45 页。

⑥ *Agrarian China*, *Selected Source Materials from Chinese Authors* ［M］. Chicago：University of Chicago，1938：118.

⑦ Alexander Hosie. *On the trail of the opium poppy* ［M］. Boston：Small Maynard&Company Publishers，1914：237.

⑧ Alexander Hosie. *On the trail of the opium poppy* ［M］. Boston：Small Maynard&Company Publishers，1914：242-243.

⑨ 卜凯. 中国土地的利用 ［M］. 上海：商务印书馆，1937：234.

⑩ 史景迁. 中国纵横 ［M］. 成都：四川人民出版社，2019：277.

⑪ 皇家鸦片委员会，2：383，转引自史景迁. 中国纵横 ［M］. 成都：四川人民出版社，2019：277.

进行冬季种植更是利润丰厚——因为他们只需要按照夏季作物产量的某一固定比例上交地租。不仅如此，虽然采集罂粟汁需要大量劳动力，但是技术难度不大，所以，人们为了寻求更多的利益，开始在质地良好的土地上种植罂粟。根据李希霍芬在1872年和斯宾士在1882年的调查中发现，中国西南部罂粟的种植已经从山地转移到了河谷地带。① 到了1902年，人们可以看到整个村子因为所有人都吸食鸦片而衰落破败的景象。②

第二节　灾荒的蔓延

一、"谁不为五斗米折腰"：粮价陡增

从光绪二年开始，华北五省长期不降雨，山西"田中之土，亦尽干结如石，非用铁石锤捣，不能碎烂"。而山西最重要的河流之一汾河，"已尽见底而人可步行矣。……晋民供饮食之水，亦均难得"。③ 可见，华北潜伏已久的干旱危机，终于爆发，并且一发不可收拾。伴随着旱灾而来的第一个现象，就是农田收成锐减，以致粮食昂贵和粮食短缺。在旱灾刚刚开始时，直隶"惟附京三、四百里以内，秋收尚有数成，余则保定以西，河间以南，……即有田顷许者，尚且不能自存"。④ 在津、沽一带，除了大米全部歉收以外，其余杂粮的收成，仅仅是平常的十分之一、二。⑤ 陕西的收成，自西、南及北部的五、六分，以至东部的三分不等。⑥ 河南有些地方则连续两三季歉收，甚至

---

① 皇家鸦片委员会，2：384，转引自史景迁．中国纵横［M］．成都：四川人民出版社，2019：278．
② 弗朗西斯·亨利·尼克斯．穿越神秘的陕西［M］．史红帅，译．西安：三秦出版社，2009．
③ 《申报》，1877年11月23日，第1714号，第1页，《论晋省近年旱灾情形》。
④ 刘恩溥．请速筹畿辅荒政疏［M］．四朝奏议，光绪三年：3328．
⑤ 《申报》，1876年10月21日，第1379号，第2页，《津郡收获情形》。
⑥ 《谭奏稿》卷4，第1页，《陕省抗旱采买米粮请免厘金折》；常毓坤修，李开甲等撰《孝义庭志》（《方志·华北》，251，台北成文出版社据光绪九年抄本影印，1961年），卷17，第4b页，《灾异》。

有四、五季颗粒无收；报灾的地区多达八十七州、县。① 山东很多地方收成达不到十分之一。而山西受灾最严重，部分灾区已经到了"家中种地千亩而不得一餐"。② 粮食产量的骤然减少，自然导致粮价大幅上涨，民众食不果腹。

比如，山西的粮价在同治十三年（1874），每斗米的价格是银四分，而在咸丰六年（1856），每石麦的价格也不过是银一两。③ 灾害发生后，农田失收，粮价急剧上升，谷物的价格比平常上涨三至四倍，蔬菜价格也比市价高出五至六倍，再如鸡蛋等副食品上涨幅度竟高达十六七倍之多。④ 光绪四年，山西的大米每斗涨至 3000 至 4000 文，小米则为 2800 至 2900 文。⑤ 其后，粮价虽稍微短暂下降过，但大米的价格，每斗仍徘徊在 2000 多文上下，小米则在 1700、1800 文左右。⑥ "米麦每斗清钱一千六百二十文，高粱一千三百五，玉子一千四百五。"⑦ 在受灾最严重的河东（山西境内，黄河以东的地区），大、小米甚至上涨到每石 45—46 两不等。⑧

灾荒未发生前，山西、河南的粮食，大部分是依赖于陕西的供应。当山西和河南发生干旱，农田失收，就更加依赖于陕西的接济。粮食需求的增加，自然会刺激粮价上涨。《凶岁记》描述了河南济源的悲惨图景，"斗米千八，价同珠玉，斤菜七十，人食草木"。⑨ 陕西农民贪求目前的利益，纷纷把粮食

---

① 《文诚公集·奏议》卷 6，第 23b 页，《陈明河南赈务情形并请筹备巨款折》（光绪三年十一月）。

② 《申报》，1876 年 12 月 11 日，第 1422 号，第 4 页，光绪二年十月初九日《京报》，《丁宝桢奏》。

③ 卫天麟《周官荒政条注徵今》，载《公报》，第 11 册，第 118b 页。

④ Paul R. Bohr. Famine in China and the Missionary：Timothy Richard as Relief Administrator and Advocate of National Reform，1876—1884 ［M］. Cambridge：Harvard University Press，1972：19. 见阎敬铭《奏陈稽察山西东路灾赈并办理粮务疏》（光绪三年十一月），载沈青崖、吴廷锡等. 绩陕西通志稿 ［M］. 中国省志汇编（卷 15），台北：华文书局，民国 58 年（202）：15.

⑤ 《曾集·书札》卷 11，第 23 页，《致闫丹初》。

⑥ 《曾集·书札》卷 12，第 11 页，《致闫丹初》。

⑦ 西板桥村荒岁碑记 ［M］. 焦作文史资料（1943 年前后焦作地区大灾荒专辑）》第四辑 . 1994：122—123.

⑧ 《曾集·奏议》卷 9，第 25b 页，《绩得雨泽疏》（光绪四年五月二十日）。

⑨ 凶岁记碑文 ［M］. 焦作文史资料（1943 年前后焦作地区大灾荒专辑）》第四辑 . 1994：121.

售出，以致旱灾蔓延到该省时，他们也因粮食储备不足受到了威胁，粮价也跟着急剧上涨。① 灾前陕西每石米价只有纹银八钱，② 随着旱灾的蔓延，米价迅速上升至每石银五两，③ "……小米零卖，五个钱一两，高粱零粜，一百二十钱一升，如是价钱虽大，犹是正净口粮，且有不是粟米而亦贵者：蒺藜卖到一百二十钱一斗，麻饼卖到六个钱一两，榆面皮卖到三十钱一斤。……"④ 其他粮食的价格也随之上涨，比灾前高出 10 倍以上。

山东和直隶是最先发生旱灾两省。山东遭遇旱灾后，粮价较平常上涨了三至四倍。⑤ 随着灾荒的加剧，直隶地区的粮价也出现了持续上涨的趋势，粮价的增幅在五倍以上。直隶、山东各地粮价上涨情况如下表所示：

表 2　北京粮价在灾前、灾后的消长情形表⑥（单位：文/斤）

时期	白米	白面	杂货面
光绪二年春	280		100
光绪三年十月	500	461.5	400
光绪四年初	580		
光绪五年初	480	600	

注：表中空白为缺失数据，单位以京钱表示。

---

① 贺寿慈. 条陈时务疏［M］. 四朝奏议，光绪三年：3322.

② 《申报》，1877 年 10 月 3 日，第 1670 号，第 8 页，《秦饥》。

③ 《谭奏稿》卷 4，第 1b 页，《陕省抗旱采买米粮请免厘金折》。

④ 铁泪图碑文［M］. 焦作文史资料（1943 年前后焦作地区大灾荒专辑）第四辑. 1994：117—118.

⑤ Timothy Richard. *Forty Five Years in China*［M］，London：T. Fisher Unwin Ltd.，1916：109.

⑥ 资料来源：李慈铭. 桃花圣解盦日记［M］. 越缦堂日记，台北：台北文海出版社，1963：54.《申报》，1878 年 3 月 28 日，第 1815 号，第 1 页，《京师钱米市价》；1879 年 2 月 13 日，第 2086 号，第 3 页，《钱米市价》。

表 3　天津灾前、灾后粮价情况表①

时期	米（石）	高粱（石）	麦（石）	玉米（石）	面（斤）	小米（石）
光绪二年	3.8 元	3408	4364			5112
光绪三年	4.4—4.5 元	6800		6800		10000
光绪四年	4.5—5.6 元				90	

注：表中空白为缺失数据，单位以津钱表示。

　　饥饿的家庭将典当珠宝、家具和衣服的机会看作是救命稻草，因为它可以换取现金来购买食物。然而当灾难恶化，太多人试图典当财产，以至于当铺无法运转，最终不得不关门。② 商人在粮食分配中作用的增强，这就扩大了粮食价格失控的风险。外部市场机制的干预一般是可以改变地方供需的不平衡状态。但是，如果这种不平衡过于悬殊，而地方商人又无力克服这种状态，或者仅仅是因为他们不愿意放弃这种获利的"天赐良机"，粮价上扬就会很容易发展到难以控制的程度。例如，在直隶这样的省份，粮食生产能力相对较低，再加上同粮食剩余地区的交往不甚便利，价格很快会上涨到这种失控程度。③ 而对于人口与粮食生产的均衡不那么稳定、又受山地阻隔交通不便的"嵌入式"省份来说，对供给状况变化的敏感程度则更为强烈。

二、"天有绝人之路"：伦理尽失

　　当食物的供给极度短缺而且外地资源无法及时调配到灾荒地区时，饥荒

---

① 资料来源：《申报》，1876 年 12 月 2 日，第 1415 号，第 1 页，《津沽杂录》。《李集·奏稿》卷 27，第 6 页，《筹运奉省杂粮折》，光绪二年四月初七日。折内单位原为两（小米 1.8，小麦 1.6，高粱 1.2），换算比例按照光绪三年银 1 两＝津钱 2840 文折算。《申报》，1877 年 11 月 2 日，第 1969 号，第 2 页，《天津各市价》。《申报》1877 年 4 月 21 日，第 1529 号，第 2 页，《津沽米价》；1877 年 11 月 2 日，第 1696 号，《天津各市价》。
② 梁培才. 山西米粮文 [M]. 光绪三年年景录. 太原：山西省人民委员会办公厅，1961：78—79.
③ 魏丕信. 18 世纪中国的官僚制度荒政 [M]. 徐建青，译，南京：江苏人民出版社，2003：149.

的深度和广度都会呈现几何式加剧。当饥荒继续恶化的时候，还有的人开始自断后路，将自己饲养的牲畜宰了吃，或者捡来落叶、草根和树皮蒸成馍来吃。人们的饮食也简单到了极点，任何肉类、任何蔬菜都断了货源。这时，出现了一个非常好的替代食品，当地人叫它"果皮"（即橘子皮）。客人在中午或晚上到了一家客栈，他们能点的就是这个东西。点上之后，店老板便取出面粉，加上水，和成面团，再把它在一口平底锅里压扁。接着，他便把那薄面饼用拇指和食指捏住，一点一点地掐出来，再把掐出来的疙瘩倒进锅中滚开的水里。不大一会儿，这些小面片便都煮熟了，可以和着一些汤料，装进大碗里。最后，再往大碗里加点醋和一点点盐。这样，"橘皮面"便做好、上桌了。① 当这一切都即将消耗殆尽时，人们不得不寻求吃人肉，开始吃死人的，后来甚至杀死活人（最终包括自己的家人），以求续命。"即家产尽绝，卖妻鬻女，舍子弃孙，仍难逃生。故有吃荆子，吃楝子，且有吃死人肉者，因而饭极生变，更有甚者吃死人者，为其人道几绝，祗可隐伤，不忍明言。"② 除了经济的迅速崩溃外，该地区的宗教和宗族仪式也荡然无存。由于食物的缺乏，1878 年初的农历新年，祖先灵堂中没有祭品，家家户户也没有在门口张贴对联以求来年好运。人们更没有演唱传统民间歌曲或戏剧来庆祝新年到来，每个人都苦苦地挣扎在生死边缘。新年的第二个月，谷物价格再次疯涨，许多人想要卖掉房子和衣服来换取食物，可是找不到买家。"食物愈贵，则凡庄基田地，器具物件，一概不值钱。"③ 大村庄里有成千上万人挨饿，小村庄里每 10 个人里只有 3 个人存活下来。④ 更为糟糕的是，1878 年的7 月和 8 月，一场严重的瘟疫到来，又有大量人口死亡，只有木匠铺（大概是棺材制造商）最挣钱。在广阔的乡村中，只能看到空旷的长满野草的庭院和里面堆满死尸的倒塌房屋。⑤

---

① 李提摩太：李提摩太在华回忆录［M］. 陈义海，译，南京：江苏凤凰文艺出版社，2018：39.

② 铁泪图碑文［M］. 焦作文史资料（1943 年前后焦作地区大灾荒专辑）》第四辑 . 1994：117—118.

③ 铁泪图碑文［M］. 焦作文史资料（1943 年前后焦作地区大灾荒专辑）》第四辑 . 1994：117—118.

④ 运城灾异录［M］. 运城市地方志办公室档案局，1986：111.

⑤ 艾志端 . 铁泪图［M］. 曹曦，译，南京：江苏人民出版社，2011：58.

华北地区的很多灾民不得不抛弃家园，逃到粮产较为丰盛的地区谋生，出现了大规模的逃荒潮。《西板桥村荒岁碑记》上写道："或舍妻子而就食山东，或弃老幼而转丐河南；不知谁氏子沿街呼号，不知谁家妇随人逃走。"① 《申报》也曾报道，光绪二年秋后从山东乘船逃到奉天牛庄的，最多的时候一天有八千余名。② 还有记载云，离开山东境内投奔到他乡的高达三百万人。③ 同年，陕西、河南的人民逃到受灾较轻微的信阳一带的灾民有近百万名。④ 光绪四年，山西流民逃荒至口外，直隶、河南的流民到江苏、安徽、山东等地避荒，总共有十多万人。⑤ 还有一些河南和山西的灾民涌入灾情较轻的陕西，以致来自晋、豫的饥民在陕几乎无县不有，单在西安就有八千余人。⑥ 而陕西的饥民也有很多逃出潼关，在光绪三四年之交也达到二十万人，大部分逃往了四川境内求食。⑦ 那些不愿意外出逃灾的时时刻刻都被死亡笼罩着，还有一些无力逃荒的老弱妇女只能投河自杀，导致"洛河漂流死尸，联络不绝"。⑧ 对于灾情最重的山西来说，三百人中，饿死者近六、七成，村村的情况大致相同。太原每天因饥饿死亡的人也有四百余人。即使逃荒其他地方，也不一定能摆脱死亡的命运。如光绪四年，山西灾民逃到山东定陶县境内，死去的人也超过了半数之多。⑨ 河南北部的饥民约有超过半数人死亡，逃荒或被人贩贩卖的人口占20%，留存下来的不过30%左右。⑩

不过，值得思考的是，饥荒是不是对于每个社会阶层的人都带来同样的冲击？在关于饥荒的一般分析中，除了表现出绝对贫穷下的食物消费水平低

① 西板桥村荒岁碑记［M］. 焦作文史资料（1943年前后焦作地区大灾荒专辑）》第四辑，1994：122—123.
② 论上难民多经奉锦二府［N］. 申报，1876年11月11日，第1370号：1.
③ 赈务帐略［N］. 申报，1877年4月28日，第1535号：2.
④ 陈善同，等. 信阳县志［M］. 方志·华北. 台北：台北成文出版社，1968，（31）：121.
⑤ 《东华录》，总第651页，光绪四年冬十月甲辰，《梁俊奏》.
⑥ 《谭奏稿》，卷5，第13页，《沥陈陕库银窘不能拨满营欠饷折》.
⑦ 《文诚公集·函牍》，卷1，第24页，《致豫省当道诸公》.
⑧ 梁景先，等. 陕西旱灾请妥筹捐赈疏［M］. 四朝奏议，光绪三年：3333.
⑨ 冯麟淐等修，曹垣撰. 定陶县志［M］. 方志·华北. 台北：台北成文出版社，1968，（9）：30.
⑩ 《申报》，1878年12月14日，第2039号，第3页。

下、食物供给严重不足、食物消费量陡然减少这三种现象外①，还需要考虑的是一个国家是否存在内部各阶层之间的粮食分配差别巨大的问题，这会成为引发社会失序的主要诱因，这是一种从弱肉强食到两败俱伤的蔓延过程，从而导致普遍性饥荒，这一点在社会层次分明的帝制中尤其值得注意。

美国驻上海领事馆的官员沃尔特·希尔（Walter C. Hillier）在《北华捷报》和《亿万华民》上发表了一篇文章，记录下了他在视察饥荒地区途中与一群饥民的对话，那些饥民告诉他们村子里有90%的人都在饥荒中死了，希尔问道，"那为什么你们活着，其他人死去了呢？"村民回答道，"其实所有人经历的都一样，只不过身体强壮的人能够忍受得住，虚弱的人只有死亡"。②身体强壮和虚弱的差别取决于健康状况、年龄、性别等因素，也与一个人或家庭的财富占有能力有关。

众所周知，中国传统社会可以分为士、农、工、商四个阶层，其实本质上处于饥荒中的每个人都受到同样的影响，只是每个阶层的应对方式不同，食物和财富消耗殆尽的速度不同。这个时候不论道德和财富的差异，随着灾荒的加剧，人们为了购买食物都不得不变卖自己的财产，正所谓"天降劫此时候不分善恶，不管穷富家皆是一般"。③随着干旱日复一日地继续，所有社会集团都很焦虑，刚开始是"大鱼吃小鱼，小鱼吃虾米"，如果资源过分集聚或缺乏流动，后来就会变成同级别的互相残杀，哪个阶层都无法独善其身。一个住在解州北部河东县的人，名为梁培才，写了一篇"山西米粮文"说明了当时饥荒的影响范围之广：

> 饿死了许多的英雄好汉，饿死了许多的高才生员。
>
> 饿死了许多的积福行善，饿死了许多的少女幼男……
>
> 中年人饿死了成千上万，八旬翁三岁童更难保全。④

---

① 阿玛蒂亚·森. 贫困与饥荒［M］. 王宇、王文玉，译，北京：商务印书馆，2004：55.

② 沃尔特·希尔的报告，致领事部门先生阁下（呈交中国上海饥荒赈灾委员会）［N］，北华捷报、京报，1879.

③ 运城灾异录［M］. 运城市地方志办公室档案局，1986：113.

④ 梁培才. 山西米粮文［M］. 光绪三年年景录，太原：山西省人民委员会办公厅，1961：77、80、85.

传教士的记录也能反映这一情况。卫理公会的传教士李修善（David Hill）在平阳地区开展赈济工作时问村长，在他们村中有没有未受到影响的家庭，村长回答道，"一个没有"。随后，李修善开始走访村子，他发现村中的士绅和地主虽然有很好的房屋，但他们仍然要依靠果壳和草根来生存，这是因为无论你有多少财产都是没有用的，没有人会买它，因为没有人会吃砖和灰泥。① 这些细节都揭示出，在这场灾荒面前，人们是没有阶级性的，虽然少数人完好无损的逃过了灾难，但对每个人都带来了沉重的影响。这个结论似乎与一些学者的"饥荒等级制度"大不相同。欧葛拉达在对爱尔兰饥荒研究后认为，痛苦不是平均分配的。② 阿玛蒂亚·森在分析 20 世纪南亚和非洲的饥荒后得出结论，饥荒通常源于食物的分配失误，而不是食物的绝对缺乏。③ 其实，在笔者看来，丁戊奇荒中的现象与上述学者的结论并不矛盾。我们在研究饥荒问题时，根本上就是要阐明"谁受灾，在哪里，为什么"这三个问题。虽然，在丁戊奇荒中呈现出了无论贫富、无论阶层，大家皆受苦受难的景象，但其本质上仍然是晚清政府的资源无法支撑整个帝国，只能顾此失彼，这依旧是资源分配不平等的问题，只不过其分配标准非等级阶层，而是统治者会根据当时发生的多个事件对自身统治的威胁程度而分配资源。

除了坐以待毙或逃往他处之外，山西、山东、河南三省灾区的饥民还把自己的子女变卖，一则换钱购买粮食或者作为逃荒旅费，再则减轻自身的负担。河南"自归德（今商丘）至怀庆（今沁阳），路见贩子驱逐妇女南下者，百十成群"。④ "卫、获各属年轻妇女，死亡者半，贩卖者半，所存不及十之二。"⑤ 许昌县还出现"各镇立卖人市"⑥ 的现象。光绪三年，山东泰安卖出的子女数目就已达万人。⑦ 一般来说，男孩的售价比女孩低，是无人愿意出资

---

① 亿万华民，1878：116.

② Cormac Ó Gráda. Famine, Trauma and Memory [J]. *Bealoideas*. 2001, (69)：121—143.

③ 阿玛蒂亚·森. 贫困与饥荒 [M]. 王宇、王文玉，译，北京：商务印书馆，2004：1.

④ 凌、熊、李三君五月十五日济源来函 [N]. 申报，1878（1901）：2.

⑤ 济源来函 [M]. 万国公报（第8册），上海：上海书店出版社，2014：647b.

⑥ 王秀文等修、张庭馥等撰. 许昌县志 [M]. 方志·华北，台北：台北成文出版社，1968（19）：130.

⑦ 大清国事·山东济荒七册 [M]. 万国公报（第7册），上海：上海书店出版社，2014：21b.

购买。而被贩卖的女子，也依据年龄的不同，有价格高低之分。

表4 各妇女年龄对应价格表①

妇女年龄	价值（文）
28	6000
24	7000
20	8000
18	9000

随着旱灾的日趋严重，灾区的一切经济活动几乎完全停滞下来，山西沁、潞（潞安府，今长治）、泽（泽州，今晋城），民间多靠炼铁维持生计，可是，那时已经是"荒年处处停炉，贫民更难糊口"。

三、"小之劫夺，大之啸聚"：社会失序

在饥荒状态下，饥饿人口的流窜是不可避免的趋势，而遭受灾荒的流民不可能到新的地方坐以待毙或等待别人的施舍，他们会力图寻找生的出路，这种生存危机下的本能行为如果不加以控制就转变为普遍的社会动荡，也就是说灾荒所影响的社会秩序绝非限于受荒地区，而是伴随着灾民的流动而扩大的。

早在康熙年间，清朝的荒政制度还处兴盛之时，饥民有可能引起的社会动乱已经是各级官员重点防范的问题。俞森曾提醒他的上级官员，饥民如果不格外用心安抚，他们将"小之劫夺，大之啸聚"。②作为地方政府，防止饥荒带来的聚众闹事是他们的重要职责。俞森曾制订过一套全面的计划来遣散流离失所者。当灾难发生时，政府总是担心当地人民受到游荡无依的流民鼓动聚集起来，其中最难解决的问题是无法在人群中分辨出哪些是因灾荒逃难的饥民，哪些是社会中本就存在的游民，正如《荒政琐言》中所说，饥荒中

---

① 贩户狠心 [N]. 申报，1878（1912）2. 又见，鬻女惨闻 [N]. 申报，1878（1775）：2.
② （清）俞森撰. 郧襄赈济事宜 [M]，5a.

的社会应该有一半都是以"乞丐"为生的职业游民。① 随着 18 世纪中国人口的大量增加，职业游民的数量也在持续增加，特别值得注意的是在 19 世纪前半叶经济在衰退，但人口仍在继续增加，这些人不一定会像杀人犯、走私者、传邪教者那样对地方稳定造成直接的严重威胁，但他们在饥荒特殊时期是最容易成为被煽动起来对抗政府的群体之一。② 地方政府不得不采取一整套措施加以预防和控制。为此，在 1743 年，直隶布政使在一份处理灾区煽动者的建议中，明确将聚众闹事行为分为了三类：第一种是最为恶劣的——入室抢劫者，有可能会伤害或杀害事主；第二种是用暴力手段威胁或逼迫当地富户捐出钱粮，这可称之为"强借"；第三种是带有威胁恐吓性质的乞讨。③ 这三种方式在饥荒时期都有可能遇到，将其分类管理更有利于地方官快速判断和处理事件。

一般来说，城镇都有一定规模的权力机构或离权力机构较近，可以用来维持社会秩序，发生危害事件也能迅速消解，然而农村的社会结构较为分散，一般是靠当地富户或者宗族来制约，但一旦遇到外来的流民群体，富户最多只能自保，很难帮助当地恢复社会秩序。这些饥民白天乞讨，晚上策划谋反。在农村，一群"歹人"带着枪、绳子、鞭子成群结队地在天黑之后进入村庄，偷走有价值的物品和粮食，并扯下女人身上的衣服，而自身性命不保的男人也无法保护女人。政府避免事态恶化张贴出告示并严惩罪犯，这些罪犯不再被送到县一级审判，而是当场处死。但是，这也并没有缓解人们的戾气，而是白天互相畏惧，夜晚继续加入偷抢队伍。刘姓在《荒年歌》里记录到，一个人买了个蒸馍，咬了一口，然后恐惧地环视四周，马上藏起来怕别人看到抢走。还有一群人在市场上聚集，因为争抢生豆子吃而打起来。④

还有部分受灾的民众，因为穷途末路，自然铤而走险，到处掠抢。比如，在山东鹿皋一带，有一个姓丘的人因为曾经抵抗过太平军，别人认为他有能

---

① 魏丕信. 18 世纪中国的官僚制度与荒政 [M]. 徐建青，译，南京：江苏人民出版社，2003：42.

② 魏丕信. 18 世纪中国的官僚制度与荒政 [M]. 徐建青，译，南京：江苏人民出版社，2003：42.

③ 见（清）方观承编. 赈纪 [M]，卷 7/12a-b.

④ 运城灾异录 [M]. 运城市地方志办公室档案局，1986：107—108.

力带头造反，就把他推选为当地四十个村的首领，希望他带领大家到别的地方抢夺食物。但是，他拒绝了这个要求就逃进了青州城。哪知乡民被他的行动所激怒，冲进他的家，杀死了他的六名家属。在这个时候，饥民似乎将造反看作是争取活路的最后希望，他们无法得到来自朝廷的救助，就只能采取弱肉强食的手段来释放自己的愤怒。

　　野无青草，户绝炊烟。或捕鼠，或罗雀，或麦柴磨粉、枯草作饼。呜呼！此何等食品乎！

　　人死，人食。人食人死。人死成疫。人疫，死人。食疫人，人复死。死丧接踵。①

地方官员对于这类事件，大多抱着乱世用重典的态度来处理，甚至有些会就地正法。"时值大祲，尤不可不明其政刑，严其防范，使一时之嗷嗷待哺者，虽饿毙沟壑而不敢萌异志，方可徐为之图。"② 此足以说明灾区的官员对于镇压不法灾民的坚决。在部分程度上，严刑酷法可以遏制犯罪的蔓延，但是这绝不是长久之计，抢劫的案件仍层出不穷。陕西同州府大荔、朝邑、郃阳等地，民众之间相互争抢粮食，甚至拦路抢粮，"王法难犯，饥饿难当"。③ "其丁壮则百十为群，勒食大户，攫金攘饼，颠过客而夺财物者，比比皆是。"④ 山西南部解州等地，监枭勾结饥民四出抢掠；山东益都地方，一日抢劫案即有十九宗之多。河南的饥民扶老携幼，逃荒至安徽的英山、潜山等地，他们在沿途所到之处以求赈为名，肆行抄掠，导致人心惶惶，地方官设法镇压，饥民反而群起而攻之，官员左右为难，差点酿成事变。⑤ 由于山西、河南两省死亡人数众多，给当地的疾病防疫工作带来很大压力，除饥民在灾荒中饿死之外，很多人是由于瘟疫而亡，造成死亡率进一步升高。

---

① 四省告灾图启（首卷）[M]. 齐豫晋直赈捐征信录，苏州桃花坞协赈公所 . 1881：4b，26b.

② 岚县李令禀遵奏据实覆陈札同各条由 [M]. 曾集·抚晋批牍（卷4）：26b.

③ 秦饥 [N]. 申报，1877（1670）：3.

④ 梁景先 . 陕西旱灾请妥筹捐赈疏 [M]. 四朝奏议：3333—3334.

⑤ 鄂省调防 [N]. 申报，1876（1357）：2.

对于当地富户而言，他们最容易成为饥荒时期饥民攻击的对象，他们保护自己最有效的方法其实是自己主动拿出部分钱粮救济饥民，来平息那些抱怨不公的人的愤怒情绪。郁方董就曾经讲过这样一个道理：一些地方的富人就会通过低价出售自己储存的粮食来换取他人的保护，这样既能换得自己平安，也能在当地落下一个"仁"的好名声。① 当然，富人的这种行为也并不是只在饥年才去做，他们在丰年参与"社仓"的建立也是为了上述目的。但是，值得思考的是，这种善行背后隐藏着一种不成文契约关系，正是这种隐形的契约关系维持着社会的和谐。一旦社会陷入动荡状态，任何契约关系都已失效，那么富人的这种行为是否还能达到他们预想的效果呢？也就是说社会秩序是否会因为富人的行为而回到正常轨道上来呢？这就受到正式官僚的控制能力、社会失控程度、富人的号召力等多重因素影响，但暂时无法准确判断其中的关联度。如果将考察的视角拉回到正常的社会秩序，一个地方的社会秩序主要有以下几个影响因素构成：地方官僚统治水平、地方的社会结构、土地所有权状况、财产的分配状况、地方的封闭或开放程度、穷人和富人之间的关系、地方乡绅的威望、非法组织的军事化程度。② 而这些因素都是深植于一个地方的历史文化、政治经济发展程度以及社会的总体趋势中，需要综合研判。

第三节　灾荒的后果

美国社会学家詹姆斯·毛勒（James Maurer）在 1912 年断言"1876 年从河南到山西两省开始的干旱被认为是人类的巨大灾难，无法超越"。③ 正如艾志瑞表明的那样，华北饥荒正好发生在清政府尚未从 19 世纪五六十年代的太平天国影响中走出来，经济、文化、社会各个领域都处于不稳定状态。灾荒

---

① 见（清）郁方董. 济荒记略 [M]，8b-9a.

② 魏丕信. 18 世纪中国的官僚制度与荒政 [M]. 徐建青，译，南京：江苏人民出版社，2003：50-51.

③ James H. Maurer. *The Far East* [M]，PA：Press of Sentinel Printing Co.，1912：15.

对于当时的清政府最直接的影响就在于灾区的人口由于死亡或迁徙而大幅锐减，劳动力的减少导致荒地大量出现，直接影响农业生产和财政收入。

在富礼赐 1879 年 3 月的报告里，他运用外国赈济工作者搜集的数据，估算出饥荒导致了 950 万人死亡，其中山西大约有 550 万、直隶有 250 万、河南有 100 万、山东有 50 万。1922 年北平国际饥荒赈济联合委员会（Peking United International Famine Relief Committee）估计受此次饥荒影响地区的一亿零八百万人口中导致了 900—1300 万人死亡，这也是后来研究饥荒的学者最常引用的数据。① 饥荒最为严重的山西省有超过三分之一的人口死于饥饿和疾病，或者背井离乡，在个别县镇人口损失了 80% 左右。② 如前文所述，清朝与前朝相比是人口激增的时期，但到清朝末期，社会由盛转衰之时，庞大的人口数量超出政府的能力，就会使政府面对前所未有的负累。

表 5　丁戊奇荒中各灾区死亡人数估计表（单位：人）

估计者	山西	河南	直隶	山东
赈灾委员会报告③	5500000	1000000	2500000	500000
卫天麟④	4000000			
英驻烟台领事⑤				500000
曾国荃⑥	全省之一半			

① Walter H. Mallory. *China*：*Land of Famine*［M］. New York：American Geographical Society，1928：29；Paul Richard Bohr. *Famine in China and the Missionary*：*Timothy Richard as Relief Administrator and Advocate of National Reform*，1876—1884［M］. Cambridge，MA：Harvard University Press，1972：113.

② 刘仁团. 丁戊奇荒对山西人口的影响［M］//复旦大学历史地理研究所编. 自然灾害与中国社会历史结构，上海：复旦大学出版社，2001：122—123.

③ Paul R. Bohr. *Famine in China and the Missionary*：*Timothy Richard as Relief Administrator and Advocate of National Reform*，1876—1884［M］. Cambridge：Harvard University Press，1972：113.

④ 卫天麟. 周官荒政三日缓刑［M］. 万国公报（第 11 册），上海：上海书店出版社，2014：137b.

⑤ 赈务记略［N］. 申报，1877（1535）：2.

⑥ 致吴子健制军［M］. 曾国荃文集·书札（卷 11）：32b—33.

续表

估计者	山西	河南	直隶	山东
P. S. Popoff①	5000000			
E. H. Parker②	全省之一半			

注：表中空白为缺失数据。

　　据《东华录》记载，顺治八年（1651）时，全国丁男的数量是 1000 多万，当时的户籍是以一户一丁计算的，如果按平均每户五人来计算，再加上其他未能统计的人口，实际人口数应该在 6000 万左右，到了康熙年间人口就突破了 1 亿，而到了乾隆五十八年（1793）时，人口就超过了 3 亿，道光十四年（1834）时则超过了 4 亿人。如此算来，人口在不到 200 年的时间里增加了六倍多，人口数与当时的生产力水平相比增速和绝对值都堪称惊人。随同马戛尔尼来华的使团成员爱尼斯·安德逊说："我们来到这个国家后所经过的地方处处人口密集，我们所经过的每个乡村方圆一里的人口都足以塞满英国最大的乡镇。这种场景让人太印象深刻了！"③

　　对农业国家而言，人口的增长无非是农民阶级和地主阶级的同步增长。小农增多的结果是土地愈发分散，土地的生产能力和再生产的能力都会下降，也就会出现黄宗智所言的"内卷化"现象；相应地，地主阶级的增加，则兼并行为愈发突出，那么，人口增长的总体推论便是会加速土地兼并。试想，一个生产力水平低下的农业国家，人口增长的幅度超过了耕地增加的速度，势必会造成农民难以自给自足，社会供给的超负荷运转。④ 在长江三角洲中，租佃制实行范围和地权的集中比率最高，而在西北贫困省份（山西和陕西），租佃制实行程度最低。⑤ 即使在地权高度集中的省份，在荒歉的年景里，政府

① 王士达．现代中国人口的估计 ［J］．社会科学杂志，1933，（1）4：78.
② 王士达．现代中国人口的估计 ［J］．社会科学杂志，1933，（2）1：59.
③ 爱尼斯·安德逊．英使访华录 ［M］．费振东，译．北京：商务印书馆，1963：92.
④ 陈旭麓．近代中国社会的新陈代谢 ［M］．上海：生活·读书·新知三联书店，2019：42.
⑤ 魏丕信．18 世纪中国的官僚制度与荒政 ［M］．徐建青，译．南京：江苏人民出版社，2003：53.

也不再依靠有产阶级来组织和负担救灾食物的再分配。在传统上小自耕农是官方救济的主要受益者，现在大量佃农也加入了这个行列。由于上述种种原因，佃农不仅同样甚至是更严重地遭受着自然灾害的影响，而且已经成为一个社会群体。因此，官僚政府已经不能再把自己的作用仅限于劝诫、监督，以及收取一定的赋税钱粮，而是要在必要的时候准备全部接管救灾行动。

山西、河南和陕西的人口在 1760 年到 1850 年间增加得很快，而从 1850 年到 1898 年间山西人口实际下降了约 31%、陕西下降了 29%、河南下降了 7.5%。由于西北边民叛乱，陕西和河南在饥荒前，人口就已经流失严重，而山西的人口严重下降主要确由饥荒造成。① 时任山西巡抚曾国荃写道，从饥荒开始，传染病持续扩散，山西近一半人口死亡。② 饥荒后，曾国荃还下令收集山西的人口数据，认为该省的注册人口中有不少于 1000 万人死于饥荒。③ 刘仁团根据公报研究给出的数据比曾国荃估计的低，他认为山西人口在 1876—1880 年间从 1720 万降到了 960 万，损失了 44.2%。④ 其中，山西西南部损失人口最多，饥荒前人口为 590 万，占 1876 年山西总人口的 34.3%，到了 1880 年，该地区由于死亡或逃离失去了 390 万人口，占该省总人口的比例也下降到了 20.4%。⑤

① 何汉威.光绪初年（1876—1879）华北的大旱灾［M］.新界：香港中文大学出版社，1980：123—128.
② （清）曾国荃.曾忠襄公（国荃）书札［M］.萧荣爵编，1903，11：32b.
③ 参见（清）曾国荃等修，王轩纂.山西通志［M］.1892，（82）：21b.
④ 刘仁团.丁戊奇荒对山西人口的影响［M］//复旦大学历史地理研究中心.自然灾害与中国社会历史结构.上海：复旦大学出版社，2001：122—123.刘仁团指出，先前中外的估算建立在很少的可靠基础之上，他试图通过依靠山西地方志中人口和土地税的章节来改正这个问题，来估算饥荒中山西各个府的人口损失。由于 19 世纪晚期地方志中的户口登记簿是不可靠的，刘使用了更加精确的乾隆年间的户口登记来确立每个府的人口基数。
⑤ 刘仁团.丁戊奇荒对山西人口的影响［M］//复旦大学历史地理研究中心.自然灾害与中国社会历史结构.上海：复旦大学出版社，2001：122、128、130—131.

表6　山西灾情严重的地区人口损失的情况表（单位：人）①

地区	灾前人口	因灾死亡数目	灾后留存数目	死亡率百分比
太原府	1000000	950000	50000	95.00
洪洞	250000	150000	100000	60.00
平陆	145000	110000	35000	75.86

对于山东在灾荒中的死亡和流徙情况，1877年春季，《申报》记者对部分州县做了调查，根据其零星报道统计如下②：

表7　山东部分州县死亡和流徙情况表

州县	村庄	户数	人口估计③	饿死人数	迁徙户数	迁徙人数
青州	溪涧	200	1200	21	30	180
	江家楼	40	240	47		
	李家庄	100	600	30		
	白王	60	360	40		60
	马松	40	240	40		
益都	黄家庄	50	300	12	10	60
	江家泉子	40	240	52		
	宿家庄	100	600	110		
临朐	两家庄	50	300	21		
	河团	50	300	22	20	120
	杨家集	60	360	31	15	90
	安家庄	110	660	55		
	卜家庄	50	300	22		
	董家庄	130	780	105	50	300

---

① China's Millions 1878：115//何汉威.光绪初年（1876—1879）华北的大旱灾［M］.新界：香港中文大学出版社，1980：33.

② 光绪三年1月25日及2月20日《申报》.转引自张玉法.中国现代化的区域研究：山东省（1860—1916）［M］.台北："中央研究院"近代史研究所专刊（43）.

③ 每户以6人计.

据上表粗略估计，在被调查的6480人中，608人饿死，占9.4%；逃亡者810人，占12.5%。

表8　河南受灾严重地区人口损失情况表（单位：千人）①

地区	未报灾前人口	光绪三年人口	光绪四年人口	人口损失百分比
灵宝	150-160		超过90	37.5-40
荥阳	130-140		超过60	53.84-57.14
新安	超过150	100	超过60	60

由于死亡人口众多，很多死去的人来不及入殓，死尸横于当路，只能叠放。狼、犬以饥民的死尸为"美点"果腹，以致饿殍肢体残缺不全。即使被掩埋的尸体，有时也会因"泥土甚松，入土不深，仍为犬惨者不少。尤惨者，垂死饥民，随风吹倒，气息未绝，亦被犬噬"。②

那么，丁戊奇荒导致的山西、山东等华北主要省份的人口激减以及经济的衰落是否对于整个中国的经济有波及作用？经济史学家安格斯·麦迪森（Angus Maddison）计算出，中国人均GDP在这场饥荒前夜的时候比19世纪中期减少了12%。③晋城县在19世纪50年代的时候有将近1000家制铁厂，饥荒后只剩下半数。另外，泽州地区丝绸业家庭工厂的数量也从1000余家降到了只剩一家。④传教士们印象深刻的河东盐厂也由于饥荒的高运输成本、高劳动力成本和低需求而衰落了。⑤国内一些学者也同样给出了肯定的回答，夏明方认为大灾荒的到来消耗了大量清朝国库的积蓄，这些资本原本是自强运

---

① 《申报》，1878年9月11日，第1958号，第2页，《照录七月十七日胡小松、经璞山、经耕阳诸君灵宝来书》；《申报》，1978年12月14日，第2039号，第3页，《新滙记略》//何汉威．光绪初年（1876—1879）华北的大旱灾［M］．新界：香港中文大学出版社，1980：34.

② 赵翰．致南中书［M］，戊寅九月初三日//皇朝经世文续编（卷39），户政．16：6；又见《申报》，1878（1994）：1.

③ 参见 www.ggdc.net/maddison.

④ 李文海．中国近代十大灾荒［M］．上海：上海人民出版社，1994：104.

⑤ 何汉威．光绪初年（1876—1879）华北的大旱灾［M］．香港：香港中文大学出版社，1980：122、139—141.

动中发展工业的助推力，灾荒成为中国原始资本积累以及商品和劳动力市场发展的重要阻碍。① 朱浒则在关于李鸿章洋务建设的研究中，认为学界公认的洋务事业"三段论"② 有疏漏之处，以往学界的判断依据主要是基于光绪二年（1876）之前，但是忽视了 19 世纪 70 年代后期洋务事业受到丁戊奇荒的影响呈现明显停滞甚至倒退的状态，这一时期的军用工业、民用工业和海防建设都有所表现。③ 在军用工业方面，三大机器制造局的经费从进入 19 世纪 70 年代到 1875 年一直保持上升趋势，但到了 1876 年均有了不同程度的下降。在民用工业方面，以当时最大的民用企业轮船招商局为例，该局在 1876 年底招收股本的数量达到 8 万余两，但次年就急转直下，下降为 4 万余两，1878 年更是降至 2 万余两。④ 在海防建设方面，在同治十三年（1874）年李鸿章力主购买铁甲舰，但进入 1877 年，他的态度变得摇摆不定，按照他的说法"所以徘徊四顾，未敢力倡铁甲之议，一无巨款，一无真才也"。⑤

当时的海关官员马士（H. B. Morse）计算出，从 1876 到 1878 年，清政府给予遭遇干旱的山西、河南、陕西和直隶超过 1800 万两的免税，相当于国库年收入的 1/5 以上。中央政府也在此期间下拨了超过 500 万两白银直接用于饥荒赈济，并且命令未受灾的省份额外贷款给受灾省份。⑥ 近来有学者提供了更为确切的统计数据，灾荒三年间，由于山西、山东、直隶、河南和陕西五省蠲免或缓征田赋，平均每年财政至少减收 160 多万两。⑦ 具体到山西省，在

---

① 夏明方．从清末灾害群发期看中国早期现代化的历史条件：灾荒与洋务运动研究之一 [J]．清史研究，1998（1）：70—80；夏明方．中国早期工业化阶段原始积累过程的灾害史分析 [J]．清史研究，1999（1）：62—77．

② "三段论"即 19 世纪 70 年代的创立和兴起、80 年代的发展、90 年代停滞直到破产。

③ 朱浒．赈务对洋务的倾轧——"丁戊奇荒"与李鸿章之洋务事业的顿挫 [J]．近代史研究，2017（4）．

④ 张后铨．招商局史（近代部分）[M]．北京：人民交通出版社，1988：50．

⑤ 复沈幼丹制军 [M] // 顾廷龙、戴逸：李鸿章全集（第 32 册）"信函四"，合肥：安徽教育出版社，2007：463．

⑥ 马士．中华帝国对外关系史（第 2 卷）[M]，伦敦：朗曼 & 格林出版社，1918：312 // 何汉威．光绪初年（1876—1879）华北的大旱灾 [M]．香港：香港中文大学出版社，1980．

⑦ 这里关于灾蠲数额的估算，主要依据李光伟的统计表所得（《晚清田赋蠲缓研究（1796-1911）》）[D]，中国人民大学历史学院，2013．

灾荒发生后每年约有 500 万两的财政赤字。① 这就意味着，此三年除了财政税收的大幅下降外，饥荒也严重影响了山西与其他省份的贸易往来，干旱使得山西和河南的水路无法通行，迫使盐商等平常依赖水运的其他商人将部分行程转移到昂贵的陆运通道。而且，由于粮食极其匮乏，给动物提供饲料是越来越困难的事情，而且随时面临着被饥民屠杀和食用的危险，饥荒使商业剧烈衰退。

本章小结

本章所关注的重点在于首先指出此次灾荒在时间和空间上的特殊性，梳理清楚事件发生的来龙去脉，综合分析事件发生和严重程度的各影响因素，从宏观上把握灾荒发生的自然环境、政治、社会和经济背景，但是不对事件内的每个行为主体进行详细描述，这些内容将在后文中分章节全面呈现。值得说明的是，旱灾不同于地震、海啸，并不是彻彻底底的突发事件，因为从干旱变为旱灾是有缓冲期的，这既给自救者和救灾者带来窗口期，但也考验着他们的判断力，判断力是否敏锐则受到身体条件、生理状况和主观感受等诸多因素的影响。② 这是旱灾在地域和时间方面都难以预测，政府和人民往往无所准备的一个原因。旱灾是人们经常经历的不确定之事的典型例证。简言之，水灾发生后，人们关注的是如何处理已发生之事，而旱灾形成后，人们关注的是尚未发生之事，无法预测灾害的结束时间，给人们造成的心理压力更大。

如果将这场灾难的发生原因仅仅归结于贫穷、人口过剩、经济困难肯定是不完全的，显然清政府对这场危机的反应也是滞后和不充分的。这场灾荒是导火索，迫使清政府的内外交困暴露在外，正如阿玛蒂亚·森所言，"干旱也许是不能避免的，但它们的后果可以"。③ 在 19 世纪 70 年代末期，重创华

---

① Paul Richard Bohr. *Famine in China and the Missionary：Timothy Richard as Relief Administrator and Advocate of National Reform*，1876—1884 ［M］. Cambridge：Harvard University Press，1972：22—26.

② 柯文. 历史三调 ［M］. 杜继东，译. 南京：江苏人民出版社，2000：60.

③ 阿玛蒂亚·森. 贫困与饥荒 ［M］. 王宇、王文玉，译. 北京：商务印书馆，2004：123.

北地区的严重旱灾是催化剂，而不是造成大饥荒的根本原因。因为从 18 世纪到 19 世纪，中国北方的气候一直变化无常，但是在此次灾荒之前清政府和他们的国民都采取了有效措施防止干旱造成饥荒。按常理推断，像清朝这样的庞大的、整体的、高度商业化的经济体，一个地区的资源匮乏不一定会导致大规模饥荒，至少能将其控制到较小范围内。

　　18 世纪期间，清朝政府存放和分配粮食的能力与投入达到巅峰，曾多次有效地预防严重干旱所导致的大规模饥饿。① 相比之下，19 世纪中叶的叛乱、财政危机、缺乏强大的领导能力和外国帝国主义的压力下，使得 19 世纪末期的清朝政府势力已大幅削弱，已经没有一个世纪前那样的能力来干预食物危机，政府干预的严重滞后和地区性谷物贸易网络的破产是此次饥荒造成大规模人口和资源损失的重要原因。19 世纪中期的叛乱从 50 年代开始，使国家资源和各省资源的耗费达到危险的程度，因此国家无法准备就绪处理严重的干旱。太平天国运动、捻乱和西北边民起义对财政影响巨大。据统计，军费占政府总支出的近四分之三。太平天国运动摧毁了一些中国最富有的长江流域的省份，来自十三个省份的土地税和盐巴垄断的收益所产生的国家资金因此中断。同时，捻乱的叛乱者中断了政府在北部四省的行政管理，而边民起义使西南和西北地区人口减少。② 为了压制这些 19 世纪中叶的叛乱，清朝付出了相当大的努力，造成了粮仓管理系统的大浩劫。

　　尤其是在干旱多发的北方省份，清朝官员依靠国家和社区粮仓来维持较低的粮食价格，并在生计危机期间提供紧急救援。粮仓系统的衰落始于 18 世纪 90 年代，并在 19 世纪中叶的叛乱之后达到危机。这样的衰颓意味着，在 19 世纪 70 年代华北地区干旱蔓延时，清朝政府对抗严重粮食危机的第一道防线，大多被地方精英所执行的临时系统所取代，这些人缺乏维持大型粮仓和

---

① Pierre - Etienne Will, *Bureaucracy and Famine in Eighteenth - Century China* ［M］. trans. Elborg Forster . Stanford：Stanford University Press，1990；Lillian M. Li. *Fighting Famine in North China：State，Market，and Environmental Decline*，1690s—1990s ［M］. Stanford：Stanford University Press，2007.

② Pao Chao Hsieh. *The Government of China*，1644—1911 ［M］. Baltimore：The Johns Hopkins Press，1925：205—206，214.

执行重要的区域间谷物转移的国家能力。① 总的来说，历史上所形成的成熟的荒政制度在清朝内忧外患中一步步被削减，导致粮食储备和调配能力严重不足，而清末官僚系统内部的腐败加剧了灾荒的蔓延，但是上述行为体的缺位有时是有意而为之，有时则是无奈之举，究竟在此次事件中清政府的缺位过程是如何推进的，也就是说荒政中传统权力网络是如何演化的，是下一章将要考察的重点。

---

① 　Pierre-Etienne Will and R. Bin Wong. *Nourish the People*：*The State Civilian Granary System in China*，1650—1850 ［M］. Ann Arbor：Center for Chinese Studies，1991；Mike Davis. *Late Victorian Holocausts*：*El Nino Famines and the Making of the Third World* ［M］. London：Verso，2001.

第三章

离散与失序：荒政中传统权力网络的嬗变

按照金观涛、刘青峰的观点，中国的超稳定结构是由上、中、下三个层次整合而成的。社会上层是以王权为核心的大一统官僚机构，中层是士族缙绅对地方和农村事务的管理，下层是宗法家族组织。① 即使是看似具有强大规制力的上层中，其中的两个主体——皇权与官僚体制之间也存在着自己的相处和运行逻辑，二者也有各自的利益，也存在着不同程度的冲突。官僚权力来自自上而下的"授权"，权力集团利益在垂直链条上的向下延伸有一定限度。客观上看，任何一个国家或任何一个历史发展阶段，制度内部的张力和紧张是无所不在的。如果在某个时代一个传统国家保持了稳定繁荣，那么则意味着制度的活力来自对其内部张力的宽容，这种张力一旦丧失，官僚君主制也即将随之覆灭。清王朝的衰落就是国家中上、中、下三个层次的张力已经明显不足，在灾荒中这种一统体制已经无法将资源进行有效分配，三个层次在行动中已经出现了矛盾，超出了传统的荒政体制的驾驭能力，最终导致了官赈的失败，传统权力网络在悄然发生变化，本章就是要就此问题加以详细探讨。

第一节 清王朝的衰落

清朝国家的形成过程有其内在的动力。尤其在入关之后，源自内地各省

---

① 金观涛、刘青峰. 中国现代思想的起源：超稳定结构与中国政治文化的演变 [M]. 北京：法律出版社，2011：7.

的自身财力，决定并制约了其边疆的形成和稳定程度。清王朝在财政需求侧在"康乾盛世"后段一直保持着巨大的优势：其一，国力远胜于周边任何国家，边患基本不复存在，地缘战略安全有保障；其二，清朝统治正统地位的确立和内地人口的同质性，降低了维持社会秩序的代价，政府在军事和行政方面的花费有限，使其长期保持较好的财政状况。随着嘉庆年间的白莲教起义以及此后的太平天国运动，导致清朝的财政需求量大大增加，小农经济无法担负当时的财政支出，而清政府对于地方的控制能力也随着内乱的扩大而逐步降低。清王朝财政和统治能力的供给与需求明显存在着暂时性与不稳定性，很容易受到社会发展瓶颈与内外部环境的影响，清朝统治中的低度均衡机制，也使其统治风险急剧增加。

一、中央和地方：无可奈何的分权

自清朝建立，清政府逐渐建立起一套严密的中央集权型财政体系，这套体系的最典型特征就是财权集归中央一体，通过起运存留①、奏销②等制度规定中央和地方间的分配原则和比例。统治者力图通过控制地方的预算和开支来掌控社会资源配置和官僚体系的运转，从而强化统治者和官员的依赖关系。③清朝前期，由于实施"摊丁入亩"、豁免钱粮等政策促进了自给自足的小农经济稳步发展，地区间经济联系日益密切，田赋成为财政的最重要组成部分，保证了中央收入的稳定。随着自然灾害频发、中央财政收入减少和军费开支急剧增加，各地方存留的比例逐渐降低。为了维持统治的稳定，户部也不得不把部分财权下放地方，但由于清末政府遇到空前的财政危机，中央政府也希望控制住财政大权，在互相牵制和周旋中，当时的中央和地方形成了"争权型"财政关系。

其次，由于当时的中国并不具备便捷的交通条件，信息的闭塞导致中央

---

① "起运"是指解送中央户部支配的部分；"存留"指的是各省扣留分配用于本地支出的部分。

② "奏销"即预决算核销制度。自基层州县至中央户部，逐级造送收支清册，户部于年底分省汇总奏报皇帝，这是奏销制度的完整程序。

③ 艾森斯塔德.帝国的政治体系［M］.阎步克，译.贵阳：贵州人民出版社，1992：17.

行政管理集中化程度有限，除了官职任命权以外，几乎所有的财政管理权都移交给了各省。虽然王安石和其他改革家都提出要统一财政，地方要上缴扣除征收费用以后的全部税收，但是交通和信息不畅给了地方官吏极大的徇私空间。从公布的账目来看，地方官在申报有纳税义务的土地面积和纳税人口时，普遍要少报40%左右。① 这样一来，中央国库的收入十分不稳定，使中央财政过度依赖于地方行政官员。

整体来看，中央帝国就像一个由太守领地组成的以大祭司为首的联邦，权力形式上掌握在大地方官的手里。历代皇帝在打下江山以后，都会充分运用手中的权力来分散地方官的权威，比如：官员任期较短，一般在一个地方的任期为三年，期满后再调往外省；不允许官员在其出生省份任职；不允许官员的亲属在同一个辖区内担任职务；此外还有严密的御史制随时监察官员的工作。但是，这些客观上并没有促进皇帝统一有效管理制度的建立。每一个地方行政辖区都试图从征税费用中留足本地的回扣，并且伪造土地册数。如果一些军事要地的财力拮据，就会运用一套复杂的分配系统把外省的多余收入转移到本省来。因此，中央对于地方各省的财政状况除了知晓拨款数以外，其他的根本不清楚，中央也无法调动地方资源抵御外敌或应对天灾。虽然，每一个地方官员理论上可以随时被罢免，但是中央政府的实际控制权力并不能从中获得积累。不准任何官员在原籍省份任职和三年届满从一省调往他省或从一职调到他职这一原则，表面上维系了帝国的统一稳固，抑制了官员像封建诸侯那样在一个地方作威作福或是谋求独立，但是也使这些官员很难在其管辖之地深入了解扎根，只能依赖于本地的士绅或谋士，这就使地方官的威信和处事能力大大降低，甚至他们无力监督或修正本地胥吏的工作，显得力不从心。

饥荒发生时，各灾区办理赈务大多交给当地士绅主持执行，地方政府只扮演监督的作用，以避免上下胥吏联手中饱私囊，曾国荃的一段话正是阐明了士绅办赈的用意："办赈之法，非用绅士不可。……其人既为众所推服，大抵有才有德，自顾体面者居多，为名之心，切于为利，一经地方官以赈务委

---

① 马克斯·韦伯. 儒教与道教［M］. 洪天富，译. 南京：江苏人民出版社，2008：99.

之，则莫不以为至荣而乐为尽力，此人情也。……官但契其大纲，听其稽查，而赈务已可不劳而理。盖绅士乃官民之枢纽，上下之关键。官与民严，绅士与民狎；官与民不能时时相见，绅士与民得以时时相纠，故民之信绅士甚于信官。"① 左宗棠也有同样的见解："办赈宜多用绅士，乡党自好者多以利济为怀。派以赈事，必肯尽心，胜于末吏多矣。"② 绅士在其中起到连接和监督的作用，防止地方官吏在赈灾过程中自肥，事实上，他们虽起到了动员和监督的作用，但是仍无法杜绝官员借赈灾中饱私囊。司业汪鸣鉴曾指出："积习相沿，其弊不一而足。如捏造虚户冒领赈银，逃亡迁徙户册重复，册费则按户敛钱，折收尤易上下其手，种种弊窦，不一而足。"③ 这就表明封建时期的统治者在任用官员和赋予官员职能时首先考量的是尽可能忠于自己，强调官员对皇帝的从属性，而非任何社会群体或阶层的代表性。

魏丕信总结 1743—1744 年间政府的有效赈济经验时，强调了帝国干预和行动能力。"只要皇帝表明对于赈济工作的重视，其他政府部门就会积极执行，相互之间保持有效沟通。"与之形成对比，1870 年末，清政府的控制能力变弱，没有人或群体有威望和信心来实施一项政策。由于清政府缺乏强有力的皇权统治，军机处和总理衙门的作用被凸显出来。从 19 世纪 60 年代到 70 年代，恭亲王和文祥分别掌控着军机处和总理衙门，将其作为政治基地推行洋务运动。然而，从 1865 到 1875 年，慈禧采取多种方式阻挠和削弱恭亲王的影响势力。而 1876 年，总理衙门也随着文祥的去世失去了它的影响力。丧失了皇权和总理衙门的有力领导，清政府在 70 年代后期制定应对饥荒的政策遇到更大的阻力。财政权、行政权被户部、军机处、内务府、总理衙门所分割，再加上外国势力的干涉，清政府已经失去了迅速制定政策和执行的能力。

二、国内和国外：风雨飘摇的根基

在饥荒到来的前几年，第二次鸦片战争后签订的《天津条约》加重了西

---

① 静乐县令李令禀覆管见所及暨现办各事由［M］. 曾集·抚晋批牍（卷 3）：48b—49.
② 与谭文卿［M］. 左集·书牍（卷 19）：18.
③ 德宗实录（卷 56）［M］. 光绪三年八月辛亥：12；东华录［M］. 光绪三年八月壬子：472.

方列强带来的威胁。特别是在 1870 年，伴随着天津教案的发生，加剧了中国内部派别冲突以及官与民之间的裂痕。另外，饥荒发生前的十几年恰逢中国西北边疆被威胁时期，19 世纪 60 年代，中亚浩罕汗国军事头目阿古柏随布素鲁克汗进入南疆，阿古柏为了维持其军事殖民政权，勾结英俄两国企图分裂中国，新疆受到陕西和甘肃边民起义的波及陷入了混乱状态。1871 年，俄国悍然出兵攻占了伊犁，阿古柏为了取得俄国的支持不惜出卖新疆的利益，与此同时，美日两国从中国南海侵略台湾，致使中国到 19 世纪 70 年代中期，西北边疆和东南海防均受到严重威胁。1875 年 5 月 3 日，清政府任命左宗棠以钦差大臣督办新疆军务。清政府内部在"海防"和"塞防"问题上却出现了不同意见。① 李鸿章大胆地建议政府应当放弃收复新疆这项劳民伤财的工程，用节省的资金建立一个更加有效的海防项目，但这个工程估计每年需要花费 1000 万两白银。他认为"新疆不复，于肢体之元气无伤；海疆不防，则心腹之大患愈棘"。② 李鸿章反对出兵收复新疆多是出于私心，因为左宗棠在镇压太平天国、捻军、陕甘边民起义中立下了汗马功劳，在朝廷中的声望大涨，淮系在朝中的地位受到了威胁；再者，当时李鸿章需要资金支持兴办北洋海军，以巩固淮系的地位。为此，朝中分成了支持"海防"和"塞防"两派，支持"塞防"的大臣认为西北的沙俄对边疆威胁最大，左宗棠则认为二者都很重要，任何一方不稳都会影响全局，抨击李鸿章是在"自撤藩篱"。他强调"重新疆者，所以保蒙古，保蒙古者，所以卫京师"。③ 最终，清政府听取了左宗棠的意见，任命他征调收复新疆的部队，带兵西征，巩固"塞防"。而对于"海防"，清廷只是含糊地回应了总理衙门为海防工程寻找额外资金的

---

① 理查德·斯蒂芬·霍维茨. 中央权力和国家建设——总理衙门与1860—1880年的自强运动［M］//刘戟锋，等. 国外科学技术与军事著作导读·第一辑. 北京：中国人民解放军出版社，2010：311—312；徐中约. 中国近代史［M］. 计秋枫、朱庆葆，译，北京：世界图书出版公司，2008：213.

② 刘广京、朱昌峻. 李鸿章评传：中国近代化的起始［M］. 陈绛，译校，上海：上海古籍出版社，1995：64—72.

③ 徐中约. 中国近代史［M］. 计秋枫、朱庆葆，译. 北京：世界图书出版公司，2008：219—223.

要求。① 1874 年 10 月，总理衙门大臣文祥等奏请及时购办铁甲船，诏命李鸿章等迅即筹款。11 月，李鸿章奏上陈洋操、购办铁甲舰、变通考试等筹办海防六事。② 可见，这反而使李鸿章和总理衙门更加坚定地维护用于海防和自强项目的资源，而且试图阻止资金从海防转移到饥荒赈济中。这场辩论客观阐明了一个事实，即，19 世纪 70 年代中期，清政府和官员们都将外国军事侵略看作是对清朝的最严重威胁，而非内部动乱。

从时间上看，丁戊奇荒发生时间与收复新疆的时间恰好重合，这对于本就财政紧张的清政府无疑是雪上加霜。从 1875—1877 年末的三年时间，左宗棠一共接收了 2670 万两用于收复新疆，然后在 1878—1881 年间，用于那场战争的跨省额外税收总共 2560 万两，也就是说总共有 5230 万两花费在这场战役中。③ 而同期（1877—1879 年）用于山西赈灾的银两只有 1070 万两和赈灾谷物 100 万担。④ 这恰好证明了彭慕兰的论断，从 19 世纪 60 年代开始，为了将资源集中于帝国主义威胁频繁的沿海（或边境）地区，清政府逐渐抛弃了华北内地，因而将帝国曾经的中心区域变成了一个贫穷的外围。⑤ 外国的冲击毁坏了明清国家架构的基本原则，特别是动摇了社会再生产的根基，需要富裕的地区长期补贴贫穷地区，这是一种不平衡的资源跨区域流动。

---

① 理查德·斯蒂芬·霍维茨. 中央权力和国家建设——总理衙门与 1860—1880 年的自强运动 [M] //刘戟锋，等. 国外科学技术与军事著作导读·第一辑. 北京：中国人民解放军出版社，2010：333—334；徐中约. 中国近代史 [M]. 计秋枫、朱庆葆，译，北京：世界图书出版公司，2008：225-227.

② 清史稿（卷 22）：149.

③ Kwang-ching Liu and Richard J. Smith. *The Military Challenge：The Northwest and the Coast* [M] //John K. Fairbank and Kwang-ching Liu，Cambridge，U. K.：Cambridge University Press，1980：238—239.

④ 山西通志 [M]，第 82 卷：18b—19a.

⑤ 彭慕兰. 腹地的构建：华北内地的国家、社会和经济（1853—1937）[M]. 上海：上海人民出版社. 马俊亚，译，2017：2—3、273.

表 9 1876—1879 清朝主要内外忧患情况表①

时间	旱灾		内忧		外患	
	灾区	灾况	乱区	乱情	乱区	乱情
1876（光绪二年）	直隶、山西、河南、肥城②、蒿城	五月旱，八月旱	天山、北路、乌鲁木齐、迪化五城	陕督左宗棠及刘锦棠等克乌鲁木齐，天山北路平。	无	无
1877（光绪三年）	陕西、山西、河南、甘肃，等	苦旱，四月旱，夏、秋大旱	天山南路吐鲁番及喀喇沙尔、库尔勒、阿克苏、乌什四城及南路西四城	左宗棠进兵天山南路。九月，复新疆南路东四城，旋刘锦棠等复克西四城。	无	无
1878（光绪四年）	东平、三原内邱、井陉、顺天、唐山、平乡、临榆、京山唐县等四十州县及庄	春旱，七月旱，八月旱，饥。	新疆王都巴什	安集延谋袭喀什噶尔，刘锦棠逆袭之于王都巴什，大破之。	无	无

① 作者根据陈高佣·中国历代天灾人祸年表[M].上海：上海国立暨南大学出版社，1939：1660—1662 整理所得。
② 今属山东泰安。

续表

时间	旱灾		内忧			外患	
	灾区	灾况	乱区	乱情	乱区	乱情	
1879（光绪五年）	山西及直隶蓟州等处	旱	越南者严等处	前广西总兵李扬才叛变，自广东灵山、钦州等处募男万余，出据越南者严等处，提督冯子材擒获之。	伊犁	俄人久占伊犁，中国要俄退兵失败。使臣崇厚下狱，别以军舰飞海上，声言决裂。俄亦增兵交涉，中涉臣崇厚增兵	
			新疆乌帕尔	布鲁特安集延再内犯，刘锦棠败之，斩获二千余。			
			四川东乡	人民闹粮，官兵剿洗，妄杀良民数百。			

87

对一个已经陷入内部动乱、外来侵略和财政困境的帝国而言，华北的饥荒显得是个严重危机。虽然清朝统治者与官员未放弃"国家有养育人民的责任"的言论，但实际上，在 19 世纪 70 年代后期，官员们对于如何将匮乏的资源分配给饥荒救济和军费支出有很大的歧见。一群强势官员和满族王子，想将中国有限的资源用于自强项目，尤其是海防。另一群有影响力的官员们认为，西北的边防，特别是收复新疆的运动，比海上防卫更为紧迫。最后，一群被称为清流（Pure Stream）的低阶官员们认为，解除饥荒应该是政府的首要任务。清廷官员间的意见分歧，阻碍政府快速有效地应对饥荒的能力。一个坚强并且自信的皇帝，当时或许可能阻止内讧。不幸的是，在 70 年代后期，没有任何一个人或团体有权力和信心去制定明确的政策。相反地，衰弱的清廷不断在不同的想法中摇摆，或是要跟随清流的观念："养育人民应该是仁慈之国的首要任务"，或是跟随自强派的想法，认为保卫领土抵挡外国的入侵更加迫切。自强派与清流支持者之间的辩论，意味着两方对于重大灾难的诠释无法达成共识。到了 70 年代，了解饥荒意义以及饥荒所需的何种对策，如此的整体背景慢慢地从统治者的主要议题为避免失去天命，转变为强调保卫国家抵挡贪婪强取且日益强大的外国势力。①

换而言之，丁戊奇荒没有吸收到清政府分配的资源的根本原因还是皇权的统治能力下降以及社会资源总量供给不足。这就揭示出 18 世纪以来内忧外患的困扰已经侵蚀了清代的国家架构，纵使儒家思想认为减轻灾难对于维护"天命"十分重要，清政府也害怕饥荒会煽动额外的内部叛乱，但当时的国力已经无法做到互相兼顾，也说明相较于饥荒，洋务运动、保卫清王朝领土对他们而言更加重要。

三、国家与社会：双层"委托—代理"制

在灾荒面前，机构复杂、层级重叠、拖延迟缓等封建官僚系统的弊端随着灾荒的加剧逐一显现出来。表现之一是信息不透明、不对称。在正常状态下，朝廷通过等级机构如链条般将信息层层传达或下达指令，信息在传达过

---

① Kathryn Edgerton-Tarpley. Tough Choices：Grappling with Famine in Qing China, the British Empire, and Beyond [J]. *Journal of World History*. 2013, 24（1）：166—169.

程中很可能产生不对称和损耗，也就意味着制度的集中化程度越高，下层机构的机动能力和空间越小。随着清末朝廷对地方的控制力下降，信息或资源有可能在传递过程中被歪曲或截留，给上层的监督带来了很大难度。① 有一些政治清明的统治者深谙信息传递中可能会出现的问题，就会通过颁布圣旨或下发谕旨的方式增加信息透明度。

清代通过"奏折""密报"等形式的运用来减少信息传递的环节，避免信息传递中的错失。但即使如此，救荒中的信息谬误仍旧不可避免。这与埃里克·霍布斯鲍姆所描述的"撒谎综合症"有相似之处，出于"非常充分的理由……事件的直接参与者对他们参与的历史事件的看法往往与上层人士的看法不同"。② 也就是说，人们对自身经历的理解不仅受到他们所处的文化空间的制约，而且受到他们所处的社会空间的制约。再者，在霍布斯鲍姆区分上层和下层的分析架构之外，我们需要对人们在复杂的事件中扮演的各种各样的角色加以区分。③ 在大饥荒中，不同社会等级的人被划分得愈发清晰，他们对信息的接收程度会直接影响到他们所能得到的资源，也会对同一事件得出不同的判断和选择，也就是说信息的获得与人们所处等级呈现正相关。

再者，信息会影响人口迁徙流动。人口运动在地域范围上常常是局限于受灾地区，特别是当灾区范围太大时，致使许多居民无法逃出将其与外部世界隔离的"饥饿关卡"。但它们也会将灾民引向远离其起点的地方，从而使灾荒的影响大大超出一个省的界限。这样的结果是，传言通常成为起支配作用的方向，沿着主要路线，流向那些他们猜想会有农业剩余并可能找到工作的地区。④ 也就是说，"传言"有可能给一部分饥民带来生的希望，也有可能因为信息的错误传递而给迁移目的地带来沉重负担。

表现之二是管理能力不足加剧社会分配不均和资源耗散。在灾荒开始时，当地的粮食虽然歉收，但是并不是大清的粮库中没有粮食，而是由于米价太

---

① 魏丕信. 18 世纪中国的官僚制度与荒政［M］. 徐建青，译. 南京：江苏人民出版社，2003：64.

② 柯文. 历史三调［M］. 杜继东，译. 南京：江苏人民出版社，2000：50.

③ 柯文：历史三调［M］. 杜继东，译. 南京：江苏人民出版社，2000：51.

④ 魏丕信. 18 世纪中国的官僚制度与荒政［M］. 徐建青，译. 南京：江苏人民出版社，2003：36.

高，农民买不起粮食。这与科尔奈关于"短缺经济"的分析有相似之处，他认为："在一个完全计划经济中或在一个'短缺经济'中，收入并非总能提供人们对食物的支配权，它存在着另外一种权利体系。"① 首先，要肯定的是，在保障粮食供应方面，清政府还是做出了很多努力。灾荒开始时地方政府为平抑物价，巡抚还发布公告要求地方官员多从江苏和满洲购买粮食，并为其免除谷物进口税，以低于成本的价格卖给灾民，保证粮食的平价供应，其中产生的差价由官府承担。李提摩太也曾给青州知府提建议，希望他奏请朝廷从朝鲜和日本进口谷物来保证粮食的供应。那么，丁戊奇荒究竟为何没有得到有效控制呢？最重要原因还是官僚系统的臃肿腐败以及权力无法下沉到基层导致了国家对社会的回应迟滞。

中国古代社会是一种"家天下"的运行模式，帝王居于绝对核心，统治决策层是整个国家结构稳定的责任人，与王朝的利益基本是一致的，因而具有明确的行为取向。一般来说，统治者通过对生产资料的使用分配的绝对控制来巩固官僚统治体系，通过科举等一整套选拔官员制度，建立执行机构，强化中央集权统治，也就是说统治者和官员之间形成一种"委托—代理"的关系。因此，执行层的利益取向与社会整体性的指向的关联性远远低于决策层。两个具有确定行为取向的行为主体间，如果存在利益冲突，就会形成一种博弈格局。这种博弈格局的结果，由双方的可选策略和信息分布决定。

最为关键的是，官府在下发粮食的过程中只依靠自上而下的官僚体系并不能使救济完全落地，帝国官僚系统通常都没有能力深入到每个县、村调查实际情况，特别是在太平天国以后，次级官僚系统和乡绅实际上拥有对乡村的控制权。这正是荒政在执行中可能遇到的最严重问题：正式官员数量不足，以及胥吏和地方代理人对乡村的实际控制，多数情况下还包括乡绅（gentry）。这些人最直接地了解地方事务。正如《赈纪》中的一篇文章提示我们的，每个"乡地"（"乡约"及"地保"或"地方"的简称）负责的村庄数量有限，至多一二十个，所以他们基本了解谁家富裕，谁家贫困，哪家需要救济，而哪家无需救济也过得去。至于"牌头"（负责家庭控制系统即保甲组织的几个

---

① 阿玛蒂亚·森. 贫困与饥荒 [M]. 王宇、王文玉，译. 北京：商务印书馆，2004：190.

最小单位——"数甲"），他们只与几十个家庭打交道，能够准确地了解每个家庭的人口数量及其年龄。① 最后，还有"乡绅"，这些人通常是地主或者大家族的族长，这一群体在乡村中的支配地位也使他们能够掌握地方的第一手情况。这就使得他们在实际操作中成为救荒系统中的第二层代理人，官僚系统和他们也形成了"委托—代理"关系。

对于官员们来说，他们更情愿依靠这些人来进行实际调查工作，或者是向保甲长、乡地、里长询问情况，并据此编制登记册，因为这些人以往作为管理与普查活动的一部分参加者已经经历过类似的事情；或者是把事情委托给从该地区"大家"中选出的"富厚诚实"的人去做。第一种做法作为一种现实存在，通常不过多强调，我们经常看到的是第二种方法。因为很明显，把这种事情委托给地方代理人去做，而不对他们进行严格监控，就等于授予他们各种滥用职权和欺诈蒙骗的权力。任何一个有责任心的官员都无法左右这种状况。相反，求助于乡绅的服务，正是作为一种绕过衙门书办和乡地的方式而常常被提出来。

根据梁培才的说法，朝廷派发了48万两白银和18万石江苏贡米到山西。很多人满心欢喜，认为接受了皇粮就能吃饱饭，但是事实并非如此，只有20%到30%的人能够维持生存。一是因为人口众多，每个人平均分到的粮食只有一点点，仅靠谷物赈济难以为继。二是官粮的运输路远且艰辛。但更为重要的是基层官员的腐败和滞后。艾志瑞在《铁泪图》中写道，2001年，他和51位当地历史学家在山西南部做调查，一位平阳地区襄汾县的79岁老人席云鹏说道，他的祖父当时经历了这场饥荒。光绪三年，皇帝在饥荒中发放了赈济物资，计划给每个人发放50两银子，但是由于运输问题和当地官员腐败，最后到每个老百姓手里只剩下2文钱了。② 这是因为县级官僚系统在处理大大小小的事务时离不开乡绅、衙门书吏和幕僚。而这些县级官僚系统深入

① （清）方观承. 赈纪［M］，卷2/49.

② 席先生是席胜魔（第一个成为新教牧师的山西本地人）的孙子。席先生的祖父在七兄弟中排名第六。老三在光绪三年饥荒中试图食用地上的石头，结果饿死了。老四逃往了内蒙古，十年后返回，发现其他大多数村民都死了。席胜魔在饥荒中遇到来到山西传教的传教士李修善和其他新教传教士，成为一名基督徒，此后，他戒掉了吸食鸦片。转引自：艾志瑞：《铁泪图》，第91页。

到村民中"触角"就成为克扣赈灾粮款的重灾区。刘姓就曾写道，当阎敬铭一到运城，就派下属到河南周家口购买更多的谷物来赈灾。但是周家口和山西南部距离较远，负责编纂赈灾款项的官吏和乡绅就在其中克扣赈灾粮款，压粮官和负责运送的马车夫及船夫还在其中盗窃谷物。最终，当谷物运送到河东察院时，收粮官和解粮官串通起来，再从其中克扣一笔，如同"猫鼠同眠"。① 再次，若粮食在运送途中没有被盗窃，依旧会出问题。因为，散粮人基本都是村里的头目和当地士绅，有的散粮人将名册中已经死去的人变换名字，以便为自己的家庭拿到更多的粮食，更有甚者，将多拿的官粮在大街上出售，牟取高额利益。②

四、天命观的瓦解：政治合法性的丧失

孟德斯鸠认为，儒教就像斯宾诺莎主义一样，从"天"的思想中引申出一种"世界精神"（âme du monde）。③ 在中国人的心目中已经形成了普遍共识，上天会对人们的行为做出反应，二者之间必然存在某种联系，并通过自然现象加以呈现。因此，当自然灾害降临时，人们往往会将灾害的发生归因于皇帝或官员的个人行为，而当权者也会自我反省或纠正来缓解灾情。④ 古代政府的救灾一般会通过避殿、减膳、祈雨等方式以祈求上天的垂怜与赐福。如果真的普降甘霖，就会认为君主"德至于天，庆自嘉节，实有神应，旋降甘雨"，⑤ 进而强化"天人感应"的观念。如果没有奏效，"灾害天谴论"就会甚嚣尘上，君主也必须要采取一定措施才能维持其合法性。按照李普塞特的说法，就是"合法性涉及该制度产生并保持现存政治机构最符合社会需求的这种信念的能力"。⑥ 在传统的君主制理论中，民众的不满或者满意本身都

---

① 运城灾异录 [M].山西省运城市地方志办公室档案局，1986：106.

② 运城灾异录 [M].山西省运城市地方志办公室档案局，1986：106—107.

③ Montesquieu. Dissertation sur la politique des Romains dans la religion [EB/OL]，Bibebook，http：//www.doc88.com/p-2783873360529.html.

④ 柯文.历史三调 [M].杜继东，译.南京：江苏人民出版社，2000：61.

⑤ 全唐文（卷二百八十九）.

⑥ 李普塞特.政治人：政治的社会基础 [M].刘钢敏、聂蓉，译.北京：商务印书馆，1993：97.

不能成为皇帝的统治失去效力或者统治合法化的标准，而是灾害引起的民众的不满会成为统治者天命丧失的征兆。①

有人在评论1876—1879年的大旱灾时说："我听说，如果一位妇女受了冤屈，当地将三年不下雨。"还有人提起发生在汉代的一件事情："有个孝敬公婆、尊重丈夫的妻子被不公正地处以死刑，结果造成三年大旱。"当时很多人认为，丁戊奇荒与官府滥用刑罚破坏了天地的和谐状态有关。② 梁培才在《山西米粮文》中，总结到：将饥荒转化为对下一代有力量的道德教育。他声明这场灾难是上天对奢侈浪费的警示，避免未来灾祸的唯一途径是生活节俭。

遭劫数皆因人罪孽过犯，常言道人性命关地关天。

日子久恶贯满天降荒旱，收恶人连累了许多良贤。

劝世人快回心积德行善，善报善恶报恶报应无偏。

再不敢弃五谷抛米撒面，再不敢嫌饭食少菜短盐。③

罗威廉在其著作中解释道，节俭代表了人类对于上天赐予资源的管理与回应，是认识一个家庭或个人内在道德本质的途径，而奢侈和盲从则是浪费了上天的赐予。④

刘姓在《荒年歌》里也罗列了他们看来招致了上天惩罚的行为：

男子汉多不孝偷吃鸦片，妇女们穿邪衣讲论簪环；

开烧锅换酒喝抛洒米面，有许多媳不失糟践油烟；

友不信商不义欺哄愚汉，富不仁师不严讲论吃穿。

罪孽重恶贯满天降灾旱，收恶人连累了许多良贤。⑤

---

① 列文森. 儒教中国及其现代命运［M］. 桂林：广西师范大学出版社. 郑大华、任菁，译，2009：158.

② 柯文. 历史三调［M］. 杜继东，译. 南京：江苏人民出版社，2000：61.

③ "山西米粮文"，见《光绪三年年景录》：98. 邓云特. 中国救荒史［M］. 台北：台湾商务印书馆股份有限公司. 1970：2.

④ 罗威廉. 救世：陈宏谋与18世纪中国的精英意识［M］. 陈乃宜、李兴华，等译. 北京：中国人民大学出版社，2016：195—197.

⑤ 艾志端：铁泪图［M］. 曹曦，译. 南京：江苏人民出版社，2011：84.

在伊懋可（Mark Elvin）看来，道德与气象相连，人类道德或者不道德行为都会影响天气。刘姓按照儒家正统来衡量道德和不道德的行为，也表明这场灾荒动摇了儒家的伦理纲常。因此，矫正人的不端行为以恢复宇宙的和谐状态，一直是对付旱灾的手段之一。而中国传统的天命观就是根植于人与自然的联结中，一旦无法维持人们所信赖的联结通道，那么统治者的政治合法性就会被动摇。

在丁戊奇荒发生期间，光绪皇帝曾在 5 个国家级的神庙公开祈雨，其中包括皇宫后门附近的大诰殿，他跪在殿内玉皇大帝的神像前祈祷。受灾省份的总督和巡抚们也举行了祈雨活动。① 山西诗人王锡纶当时在平阳地区指挥赈济工作，他对这场灾荒赋予更加虚幻的解释，他认为在 1877 年的前 9 个月，火星、木星和土星在夜空中交叉，这是一个不祥的预兆，是上天和人力的交互作用带来了灾难。"若是者，天也，非人也。然亦有不尽于是者。""今夫民不畏官、子不畏父、妻不畏夫，三纲倒，而一切惟利是视。几不知礼义廉耻为何事，是尚能叨天之眷乎？"②

1876 年，农民按照往年的惯例播下了种子，但是一滴雨都没有下来，官员和民众都忧心忡忡，到各个寺庙里祈祷求雨。青州城里还发布这样一个有趣的通告，禁止人们吃肉，尤其是牛肉，因为牛象征着好收成。青州知县还在脖子、手腕、脚踝上戴上锁链，步行穿过青州城到城外最大的庙里去求雨，乡民则排成长长的队列跟在他的后面，头上戴着柳条帽。在这一年，人们有庙就拜，向各种偶像祈祷。李提摩太趁机用黄色的纸写了几张布告，上面写着：若想求得雨，最好抛弃死的偶像，追求活的上帝，向上帝祷告，按照他的戒律和要求在生活。③ 他骑着马走遍了青州府管辖的十一个县城，在城门上张贴布告，没想到这种效果出乎意料的好，甚至有一些小脚女人跋涉二十里山路来青州府询问如何向活的神灵祷告受到上帝的眷顾。在人们看来，谁的祈祷能够得到上天眷顾，上天降下甘霖有所回应，那么人们就应该遵从上天

---

① 柯文.历史三调［M］.杜继东，译.南京：江苏人民出版社，2000：63.

② （清）王锡纶.怡青堂文集［M］，1912（6）：1b，20a—20b.

③ 李提摩太.亲历晚清四十五年——李提摩太在华回忆录［M］.侯林莉、李宪堂，译.天津：天津人民出版社，2005：79.

旨意去爱戴谁。

大卫·阿诺德（David Arnold）归纳说："无论导致饥荒的确切原因是什么，人们都认为是神的安排。……久旱无雨、不合时令的严寒和水灾等因素似乎表明，引起饥荒的是超自然的力量，同时也进一步证明，人类是从属于神和大自然的。"① 虽然，人们经常会认为自然灾害是人类错误行为冒犯了超自然的力量而受到的惩罚，但是，各个社会由于其自身的文化形态和历史条件不同，就会有不同的分析架构。这也就是为什么同样是旱灾，1900 年左右带来的是义和团对于洋人的厌恶和排斥，而丁戊奇荒中带来的是清政府和民众对于传教士的逐步接纳。

总之，统治者的合法性及其责任的类型是政治目标的自主性及其政策实施效能的最主要影响因素。历史上，官僚社会的政治合法性通常是"宗教—传统"性的，统治者因宗教信仰或政治传统而受到拥戴，支配着统治者的政治取向。而君主的诞生或是遵循世袭传统，或是体现卡里斯马特质的具备神圣象征的个人，对于他们而言，一旦人们发现他们不具备与上天呼应的能力，其神圣特质就会受到质疑，合法性就会因此顿失。

第二节　赈济制度的变迁与衰退

作为国家而言，其目标包括政治支持最大化和经济利益最大化两个方面。政治支持最大化就是对合法性的巩固。只有在合法性地位得到巩固的基础上，才能获得经济利益的最大化。在传统社会的救灾制度中，由于救灾活动的开展，以帝王为代表的政府不断强化政权职能与巩固国家统治合法化的理念。纵观我国古代社会的灾荒史，我们不难发现：历史上许多王朝都是在借助因灾荒引发的大规模暴动中，通过宣传减免赋税、开仓济粮、赈济灾民等具有号召力的口号，建立自己的筑治，确立新王朝的合法性统治。王朝统治者的救灾活动，也往往成为强化自己作为上天在人间代言人的绝佳机会，每次灾难

① 参见 Mike Davis. *Late Victorian Holocausts*：*El Niño Famines and the Making of the Third World* [M]. London and New York：Verso，2001.

都为帝王专政合法性证明提供了论证的机会。因此，帝王的救灾必然首先表现出其与上天的沟通，而不是真正为了灾民的利益，帝王建立救灾制度就是希望通过在"德""仁"等方面的检讨，体现自己奉天受命、抚育万民的身份，并借天灾发生后的危机反应，成为灾民名正言顺的监护者和专政者，以此重建和巩固政府合法性的权威。

一、赈济的制度变迁影响因素

清代的社会救济机构大致可分为四类：一类是周济生活的，如养济院、普济堂、栖流所、同善局、粥厂；一类是收养弃婴的，如育婴堂；一类是安葬无力归藏或无人安葬之官民的，如旅归园、义塚、厉园、漏泽园；一类是提供义务诊疗的，如乐善施医院。其中最普遍的是育婴堂、普济堂等机构。但是此类机构通常规模不大，且多注重平时施善，而能够应对规模较大、突如其来的灾荒，还应发挥仓储制度的作用。

一般来说，在发生大灾荒时，国家可以调拨的粮食可以分为三类：即地方仓储的贮谷；漕粮；从市场购买并在需要时随时发运的储备。第一种仓储主要又分为常平仓和义仓两类，常平仓始于汉宣帝时，是由公家出米谷存储；义仓始于隋朝，是由民间出米谷存储，又名为社仓，而对于灾荒来说，政府主要能调动的仓储是常平仓中的粮食。这些粮食主要是用于当地消费的，但在紧急情况时也可随时调运到指定地区，这种方法相比于直接采买来说，具备很大优势，价格不易受市场环境的影响，也避免了由于紧急和大规模采买粮食所导致的粮价上涨。常平仓的储存量一般是受到每年定期出粜和秋季买补之间数量变动的影响，各省的出粜比例不同，原则上是十分之三到十分之五。到了清朝后期，由于管理的日益恶化，在州县到省级官府的层层哄骗瞒报的作用下，一些省份的常平仓经常是"有名无实"，这也成为自然灾害演变为饥荒的原因之一。第二种漕粮与常平仓不同，粮食主要出自东部和中部省份，专门服务于中央政府。如果出现剩余漕粮，最普遍的处理方法或是留在征纳地区，或是运往交通便利的省份以备平抑粮价或赈济之用。但是到 18 世纪末 19 世纪初，随着常平仓的日益空虚，越来越多地方要求截漕以为救济之策，而且运河及其水运体系和水利设施的年久失修，造成运河的淤塞，使得漕粮的北运越来越困难。① 通过大运河运输漕粮的形式已经基本荒废，变为了海运，这种救济惯例也已消失。基本上到了嘉庆末期，动用漕粮来救灾的措施就基本不起作用了。第三种方式就是财政干预，主要是国家从灾区以外的地区采买粮食，自己组织运送发放，直接给灾民发放银两恢复购买力。关于政府运用财政资源赈灾的问题之前已经做过详细论述，在此不加以赘述。但这里要指出的是，赈济由于是突发性、不规律的事件，一般不被列入国家的财政预算，所以赈济的支出只能依靠财政预算之外的结余，有可能还会遇到战争或其他大型工程项目的竞争。

二、赈济的制度供给和制度选择

诺斯在《经济史中的结构与变迁》中指出，决定制度供给的核心在于财产权、国家与意识形态。国家是产权界定和实施的最终决策者，由于制度变迁会带来过高的交易费用，因此常常会产生路径依赖。② 在中国历史上，每个帝王登基后往往要"改号"，"改元"，这意味着新的制度供给的开始。虽然这些有对旧制度的继承、延续与局部的修改，但它的前提是，这些制度对新的权力主体有益，若制度能带来的收益率过低就要被废除。救灾制度作为国家制度的重要组成部分，必然受到当时历史阶段所发生的利益集团之间斗争的影响。

通过对救灾制度供给的分析可以看出，制度供给是随着权力所有者的意志为转移的。救灾制度体系的建立最直接的是为了履行维持小农经济和保证国库稳定两项职责，更为重要的是避免天灾对于统治合法性的冲击。中国古代的一系列救灾制度的建立都是围绕着上述三个焦点而设计的，并允许民间非正式救灾制度的存在对官赈进行补充，但是当统治者的个人利益面临受到侵害的危险时，他会毫不犹豫、毫不留情的予以镇压；而当他的行为可能会使社会福利受到损害时，他也会极少顾及他人的意愿与利益。历史发展表明，

---

① 魏丕信.18 世纪中国的官僚制度与荒政 [M].徐建青，译.南京：江苏人民出版社，2003：238.

② 参见道格拉斯·诺斯.经济史中的结构与变迁 [M].陈郁、罗华平，译.上海：上海人民出版社，1994.

制度变迁的过程中，制度往往伴随国家力量的强弱而发生变化。

救灾制度的变迁周期与中国王朝发展的历史分期基本一致。通常的规律是初期阶段，社会百废待兴，臣民和官僚体制受到统治者的严格控制和监督，统治者会尽可能降低由于疆域过大产生的交易成本。此时的统治者力求进行大的变革，只能依靠先前的制度来维系国家的运转，不仅是经济制度，政治制度也往往如此；只有在国家稳定下来，经济逐渐复苏后，国家才会对各项制度进行变革；当统治者的财富增加时，财富的边际效用下降，其他商品，如声望、历史地位等等的边际效用上升。因此，统治者会由追求财富转而追求声望和其他东西。在此刺激下，统治者会产生改革的动机。而变革后的制度会在维持一定的均衡后，随着时间的推移，统治者需要支付的监督费用的边际成本不断上升，官僚合谋机会增加以及统治者偏好的变化，使制度再度进入僵滞期，从而进入新的循环。从这一点看，是制度的变迁推动了王朝的盛衰循环。这些特征，在大一统的王朝中体现得格外明显。

在诺斯看来，合法性的巩固来源于对政治支持的最大化，政治支持是在社会繁荣稳定和经济效益提高的双重作用下形成的。救灾活动对于社会稳定和经济效益均会产生影响，因此，中国古代社会的救灾制度不仅仅关涉到人员伤亡、财政损失，更是与国家统治合法性息息相关。历史上，赈灾救济不力有可能引发暴乱或起义，威胁到王朝的统治；还有的君王会通过赈灾中的开仓放粮、减免赋税等诸多赈济政策赢得民心，拥有更多的统治合法性，进而巩固王朝统治。换言之，古代的救灾活动有可能是王朝覆灭的导火索，也有可能是皇帝证明自己具有天命的绝佳机会，成为王朝上升的新起点。因此，本质上看，中国古代的王朝统治者之所以重视天灾，并不是心系老百姓的疾苦，而是对合法性危机的恐惧，使他们不得不做出反应，以成为统治权的名正言顺的拥有者。① 在丁戊奇荒中，一个特殊之处在于传教士的进入打破了中国传统救灾制度的路径依赖，在一定程度上改变和补足了荒政中的低效率和不合理，迫使中国的赈济制度日趋多元化和规范化。

---

① 李军. 中国传统社会的救灾——供给、阻滞与演进［M］. 北京：中国农业出版社，2011：135.

三、赈济的制度失灵

政治体系之中的主要政治活动类型主要包括两种，第一种是"立法性决策"或"最高统治"活动，亦即对于社会基本目标的决定和对于维持（或改变）社会既存秩序的一般规则的制订；第二种是行政活动，主要是为社会之中的各个群体提供各种服务，调节和确保不同阶层和群体对政治体系的资源供应。由于灾荒的事件性质比较特殊，赈灾制度是否有效与上述两种政治活动均有关联，而制度的失灵有可能由于制度本身存在的缺陷或与其他制度相矛盾，抑或是政府所制订的制度与其社会的内在行为规范出现错位或不符，还可能是由于制度缺乏监督给予执行人腐败寻租的空间。具体到此次灾荒中，主要是第一种和第三种原因导致赈济制度的失灵。

其中，首要原因是制度缺乏监督造成执行人的贪污腐败，这无疑是给本就拮据的救灾资源雪上加霜。山西和河南由于受灾严重，给官员在其中贪污自肥提供了空间，导致一些建设性的措施反而成为扰民的苛政。以山西为例："该省……十年异常荒旱，追呼征比，不减平时，及至大吏奏请恩施，催科已将竣事，甚有压搁腾黄，于额征扫数后，始行张贴，以致朝廷蠲免钱粮之旷典，徒饱官吏之私囊，其弊一。至于赈捐之弊，该省富户好义急公，一县或捐数万金或十数万、数十万不等。或愿各保各乡，不假官吏之手。无如各州、县托词解省、勒限交官，从容书差，上下其手，……其弊二。各属仓谷本不足额，今日巧借名目，或捏报煮赈，藉以销亏，或托词平粜，盗卖入己。……其弊三。"[1]"至散给粮米时，书役藉端勒索，约令加倍偿还，致灾民惧不敢领，甚有愿输钱文，求免赈者。"[2] 根据前往山西赈灾的江浙绅士记载，山西某些县城因受旱灾蹂躏而逃亡或死亡的已经十之七八，但是，这些当地的官吏仍"敲骨吸髓，既按亩而苛捐修理衙署，复匿灾而不报征收钱粮，括万民之脂膏，供一己之燕安"。[3] 吉州知县段鼎耀，荣河知县王性存及阳曲

---

① 《申报》，1879（2075）：3，录光绪四年十二月初七日《京报》，《王昕奏》。

② 《东华录》，总第454页；《德宗宝录》卷53，第7b—8页，光绪三年秋七月戊午。

③ 《曾集·抚晋批牍》，卷2，第53b—54页，《辽州禀遵覆该州与和顺二处报灾赈粮放赈情形由》。

县令李林儒、孙毓树等，分别因侵吞赈银或赈粮，先后被绳之以法。① 河南的官吏对灾荒的漠视和借灾自敛的情形并不比山西逊色。袁宝恒曾做过这样的记述："一面开厂赈济，仍一面征比漕粮；垂毙之民，重以追呼，岂复能堪？灾黎控诉之呈，日有百余纸。"② 对于通省被灾，人民颠沛流离的苦况，地方官依然无动于衷。豫省布政使刘齐衍甚至规定："无论被灾轻重，解粮均限八分之数。"③ 据崇纶等人的调查报告称，他们在河南省沿途所经，"饥民遮道，递呈至二百余件之多，类系求蠲求缓，或求赈济。并有声诉粮漕未停缓，又按户捐输，甚有称豪户蒙蔽勒捐，及恶役签催，刻不容缓各等情"。④ 官吏借赈自肥的猖獗程度可见一斑，屡见不鲜。事实上，清政府为了让受灾地区可以获得赈粮接济，下令灾区所购粮食，沿途所经都可以免抽税厘⑤，但是很多厘卡并没有奉行这道谕令，运往河南省的江北粮食仍被沿途抽取厘金或随意被扣押，导致粮食运输停滞不前。⑥ 上行下效的结果是，不仅官吏中饱私囊，甚至押运赈粮的车夫船户都不甘落后，解运山西的赈粮，抵达山西省后，发掘米、麦之中掺杂不能食之物，多则六七成，少则四五成。⑦ 一些山西的米粮店对于平粜赈粮，在经手中高收低发，导致赈粮虽不断输入灾区，但得到最大益处的是贪官污吏，人民受到的实惠可以说是微不足道。李提摩太也认为在政府赈灾册中的灾民，有三分之一并不是完全由于灾荒造成的，而是由于官员赈灾自肥致灾的。

另外，此次灾荒中赈济制度的失灵也与制度本身的内部矛盾有关。旱灾发生后，山西、陕西当局都认为境内广泛种植鸦片是导致粮食短缺的重要原因，于是不约而同地采取禁止鸦片种植的政策。但是由于地方官的顾虑太多，

---

① 《曾集·奏议》卷8，第41—42页，《特参州县疏》（光绪四年三月二十七日）；第52—53页，《请展缓京协各饷解期疏》；《东华录》，总第700页，光绪五年十二月己酉。

② 《文诚公集·奏议》卷6，第29页，《陈报道豫日期并沿途灾赈情形折》（光绪三年十二月十七日）

③ 《东华录》，总第499页，光绪三年十一月己未。

④ 《申报》，1878（1762）：5，录光绪二年十一月二十一日《京报》，《崇纶等片》；参见《申报》，1878（1761）：5，录光绪三年十一月二十日《京报》，《崇绮、邵亨豫奏》。

⑤ 《德宗宝录》卷33，第8页，光绪二年闰五月戊辰。

⑥ 宝廷《诏陈言情除四弊疏》，光绪四年，载《四朝奏议》，第3398页。

⑦ 论运晋赈米麦事［J］. 万国公报（第8册）：429.

并没有将政策坚决贯彻执行。比如曾国荃提出仿照两江的办法，把种植罂粟的土地充公，但是一旦有人提出进一步将其取缔时，他便有所犹豫，他甚至说："天之生五谷，罂粟，一也。果如风雨和会，则大田多稼，罂粟未必即夺五谷之利。"① "不禁吸食洋烟于天下，而徒禁种罂粟于一省，通盘计算，殊非长策。"② 可见，他一面把灾荒缺粮归咎于种植罂粟，一面却对禁烟优柔寡断，前后矛盾。由于禁止种植罂粟政策没有彻底执行，在山西、陕西的广大地区，罂粟种植仍然非常普遍。在山西，"有嗜好者，四乡十人而六，城市十人而九；吏、役、兵三种，几乎十人而十矣。人人枯瘠，家家晏起。堂堂晋阳，一派阴惨败落气象，有如鬼国"。③ 清政府和各灾区在赈灾过程中并没有一个全盘计划，彼此缺乏协调，更缺乏有效制约，灾区之间也无法形成合作，最终灾荒损失严重。其次，粥厂的作用甚微。以河南为例，粥厂"类皆设在城乡内外，近者得食，远者不获一餐。且人数众多，拥挤喧嚣，失领重给，苦乐不均"。④ 粥厂设备陈陋，并不能给灾民提供一个栖息的地方："厂座并无席棚，老弱无归者栖宿檐下，沟壑余生，终宵暴露，冻馁以死日数十人。"⑤ 直隶当时的记载也对粥厂进行了批评："光绪三年，天津、河间两属旱荒，其中存活固多，而死于厂门内外者，数以万计。所谓功不补过。"⑥ 《北华捷报》记者一针见血地指出："赴城领赈所须付出体力透支的代价，令乡人感到不值得作此尝试。"除了平粜和分发赈粮之外，灾区当局还给灾民分发赈银，但灾民所得的赈银是杯水车薪，而且在兑换过程中，由于粮食短缺，造成粮价骤增，导致"有银不能换钱，有钱不能换粮"。袁宝恒清楚道出原因："豫事无可他咎，一误于不早赈，二误于无定章，三误于不用正人。以致未赈以前，灾民逃亡流徙；既赈以后，紊乱无统，不能实惠及民。"⑦ 政府倾覆财力，灾区覆盖面过大，转输困难，都是赈灾成效不大的原因。另一方面，

① 《曾集·书札》卷13，第8b—9页，《复李菊圃》。
② 《曾集·抚晋批牍》卷4，第30页，《五台县曹典史禀晋省移民就食由》。
③ 《张之洞文集》卷214，《书札》1，第31页，《与张幼樵》，光绪八年正月。
④ 《文诚公集·奏议》卷6，第28页，《陈报到豫日期并沿途灾赈情形折》。
⑤ 《文诚公集·奏议》卷1，第47页，《复吴清卿观察》。
⑥ 《申报》，1880年2月23日，第244号，第2页，《粥厂误人》。
⑦ 《文诚公集·函牍》卷1，第41b页。

灾区存在大量办赈人员中饱私囊，严重扰乱了地区秩序，加上各灾区间各怀私见，缺乏统筹规划，以致赈灾工作相互排斥和脱节。

第三节　外部力量的上升

西方科学在 17 和 18 世纪只是在观念上对儒家构成潜在的威胁，而没有构成实际威胁。其原因就在于受到商业力量潜在威胁的儒家官僚的社会地位仍然十分稳固，没有感受到实际的危机。他们凭借威胁（官僚的榨取）和引诱（科举制度能使社会上下流动）相结合的手段，仍然有能力使任何具有资本主义萌芽性质的革命性冲动流产。然而，在鸦片战争后，欧洲的工业主义和商业事业开始成为传统的中国社会的催化剂。当西方列强利用他们的物质进攻造成清政权丧失其统治功能，并使官吏以其职位谋取私利成为问题之时，西方人政治渗透也为中国人指出了一条非正统的选择道路。这种情形在 19 世纪中叶就已初见端倪，但它数量少，影响小。儒教、科举、行政机构和帝国朝廷仍然在通商口岸行使着他们的权力，并维持着其威严。但是，随着条约的订立，儒家思想已经开始受到侵蚀，开始为外部力量的介入打开了窗口。

一、"令人厌恶的革新者"：基督教的再繁荣

明末清初，朝代的更迭正使中国社会处于动荡和变革时期。明朝末年，罗马天主教的耶稣会及其他一些教会在文艺复兴的精神指引下，始终抱着天国的福音要传遍世界的信念向外传播，他们以炽烈的宗教热情踏上了向东方传播福音的道路。沙勿略（San Francisco Javier）在天主教会史上被称为"历史上最伟大的传教士"，他在受到中国闭关锁国的阻碍无法进入的时候，"改道"日本开始传教。在那里，他发现，中国文化才是东方文明的基石，只有将天主教传入中国才能称之为成功。不过沙勿略出师未捷身先死，在他即将进入"中华帝国"的大门时病逝于上川岛。

真正成功地撬开中国这块磐石的是意大利耶稣会士罗明坚（Michele Ruggieri）以及随后到来的利玛窦（Matteo Ricci），他们的传教策略是建立在尊重

传统文化、习俗并力图以文人阶层为突破口进行传教。利玛窦的传教路线是一个"北上"的过程，从 1583 年到 1589 年，居住在广州附近的肇庆；从 1589 到 1595 年，广东北部的潮州；从 1595 年到 1598 年，江西南昌；从 1599 年到 1600 年，长江流域的南京；最终在 1601 年完全定居在北京。① 利玛窦和早期耶稣会士一直在努力地创造一种中国基督教，耶稣会士们用中国古代宗教的用语来描绘基督教，利玛窦一直运用回到"原初的儒教"和"完善的儒教"② 两种方式试图实现基督教在中国的本土化，得到更多儒学文人的认可。他像罗明坚一样，在饮食起居、服饰、生活礼仪上完全中国化，像在中国同样从事宗教活动的佛教徒一样着装，希望"在中国成为中国人"。最终，一个有意思的现象出现了，中国并没有如他们所愿实现"基督教化"，而是在华的耶稣会传教士们完全被"中国化"了。利玛窦越来越接受了中国的价值观，认真学习儒家思想，并以儒家经典来驳斥佛教的教义，逐渐放弃了他之前让中国人皈依基督教的理想，学会如何在聪明却又充满怀疑和敌意的中国士人中有条不紊地耐心开展工作。③ 利玛窦采用的是一种知识传教的策略，他通过展示和宣传国外先进的知识和技术来取得更多人的好感、信任和崇拜，然后进行传教，或者在展示、宣传科学知识的时候将宣教的内容穿插进去，使其更容易被接受。此后，尽管清中叶的统治者禁止天主教的传播，但是西学确实给朝廷打开了一扇新的知识大门，一部分精通天文、数学等科学知识的传教士可以顺利为朝廷所用，这也是天主教在中国可以禁而不绝的原因。

然而，利玛窦认识到仅仅依靠科学知识和人文思想的传授并不能使天主教在中国得到广泛的传播，还要接近上层阶级，得到他们的认可并借助他们的权威和影响力加以扩散。他认为，学术和知识也是治世之学，教会思想在西方的地位和儒学在中国的地位有相似之处，士大夫是社会上层阶级，是社会思潮的领导者，传教的路径就是要自上而下，通过社会上层影响社会下层，

---

① 参见 Pasquale M. D'Elia. *Fonti Ricciane：documenti originali concernenti Matteo Ricci e la storia delle prime relazioni tra l'Europa e la Cina*（1579—1615）[M], 3 volumes, Roma, Libreria dello Stato, 1942—1949.

② 托马斯·H. 赖利. 上帝与皇帝之争 [M]. 李勇，等译. 上海：上海人民出版社，2011：21.

③ 史景迁. 中国纵横 [M]. 钟倩，译. 成都：四川人民出版社，2019：56.

最终推动社会传统的改变。到了 1605 年，北京已经有 200 余人信奉天主教①，其中有多名王公大臣，最著名的是被称为"向西方寻找思想的第一人"的徐光启。其实，在利玛窦看来，其传教的目的并不在于使更多的人脱离或者反叛现有的政治秩序，而是他发现了中西方两大文明的重叠处，这种人类最基本的、普遍的精神需求是连接东西方文明的微妙纽带。他认为："儒家这一教派的最终目的和总的意图是国内的太平和秩序。他们也期待家庭的经济安全和个人的道德修养。他们所阐述的箴言确实都是指导人们达到这些目的，完全符合良心的光明与基督教的真理。他们利用五种不同的组合来构成人与人的全部关系，即父子、夫妇、主仆、兄弟以及朋友五种关系。""儒家不承认自己属于一个教派，他们更像是一个社会组织为了恰当地治理国家和国家的普遍利益而组织起来的。"② 在他的记录中，对于中国他一直都是抱着期望和憧憬的态度来看待的，他似乎看到了柏拉图在《理想国》里所勾勒出的图景："中国政府的治国的能力超出其他所有的国家，他们竭尽所能，以极度的智慧治理百姓，若是再加上天主教的信仰和神的智慧的话，我看希腊的哲学家柏拉图，在政治理论方面也不如中国人。"③ 利玛窦和其同时代的耶稣会所采用的传教方式可以说是最接近基督教的博爱精神并彰显了人文主义精神。

　　总的来看，利玛窦及其继承者在 16 和 17 世纪早期的传教政策主要把握了以下四个原则：第一，适应和迎合中国文化；第二，"自上而下"的传教策略；第三，通过知识传播吸引有识之士；第四，对于中国的政治统治采取回避或容忍。法国汉学家谢和耐（Jacques Gernet）概括到："利玛窦的全部策略，实际上是建立在中国古代的伦理格言和基督教教义之间的相似性，'上帝'与天主之间的类比关系上。"④ 他成功地通过其特有的方式（主要是知识传播）将天主教神学思想和术语传递给了中国人，使教会得以在中国的文化土壤中诞生并存活下去。后来，由于雍正年间对于教会的打压，基督教在中

---

① 李耿信. 世纪之殇：基督教、帝国主义、华北社会和义和团［M］. 匹兹堡：美国学术出版社. 2018：3.

② 利玛窦、金妮阁. 利玛窦中国札记［M］. 何高济、王遵仲、李申，译. 北京：中华书局，1983：104—105.

③ 利玛窦. 利玛窦书信集［M］. 罗渔，译. 台北：台湾光启出版社，1986：45—57.

④ 谢和耐. 中国和基督教［M］. 耿升，译. 上海：上海古籍出版社，2003：17.

国经历了一段低谷期。直到清末，特别是鸦片战争时期，天主教在葡萄牙的
"保教权"的保护之下他们的活动日渐活跃。粗略来看，到19世纪末，天主
教各主要修会或外方传教会先后到中国开展活动的有：

表10 19世纪至19世纪末外方传教会进入中国情况表①

时间	传教会名称
1552年传入，1842年再一次进入	耶稣会
1574年	奥斯定会
1631年	多明我会
1633年	方济各会
1682年	巴黎外方传教会
1785年	遣使会
1865年	圣母圣心会
1879年	圣言会

第一次鸦片战争打破了区域的权力平衡，为基督教带来了新的地位和发
展契机，使其发展到了顶点，从而改变了中国传统帝国的宗教世界。从1846
年起，天主教在北京、南京和澳门设立了三个主教区，还在山西、山东、陕
西等重要省份设立了代牧主教区。② 1879年，教皇里欧（Leo）十三世重新对
在华活动范围进行划分，分为五大主教区：第一个教区是直隶、辽东、蒙古；
第二个教区是山东、陕西、河南、甘肃；第三个教区是湖南、湖北、浙江、
江西、江南；第四个教区是四川、云南、贵州、西藏；第五个教区是广东、
广西、香港、福建。③ 据《信仰传播年鉴》④（Annuals of the Propagation of the

---

① 顾长声. 传教士与近代中国 [M]. 上海：上海人民出版社，1981：100.
② 《圣教杂志》第7期，1897：4.
③ 《圣教杂志》，第7期，公会议专号，1897：15.
④ 《年鉴》记录了世界天主教传教士的报告，该书第一卷于1838年出版，正是中英战争爆
　 发的前一年。

Faith）中记载：鸦片战争前夕，各地的天主教徒大约在 20 万到 30 万之间。《1840 年前的中国基督教》中提供了更为具体的数字，是 21.5 万到 21.7 万的天主教徒。① 鸦片战争和《南京条约》的签订，结束了对基督教徒大部分的迫害，教会生活又回到了正常状态。湖广教区的名誉主教，在 1842 年写道，"尽管我的职权没有其他许多人的大，但是，大概有 1.8 万多个新入教者，分成 100 个不同的聚会，有超过整个意大利的面积"。② 据估计，江南教区天主教徒的人数几乎达到了 7 万人。遣使会士们则负责范围更大省，他们报告说，在江西有 20 个教会，1.2 万名新信徒，而浙江天主教区有 20 个礼堂，4500 名基督徒。③

英国人在其结束同中国战争的第一个条约中，没有提出建立教会的要求。但是，在 1844 年中美签订的《望厦条约》中，第十七条就提出了这个要求：允许建立医院、礼拜堂及殡葬之处。到 1848 年，已有四个基督教协会在宁波等地建立了教堂、诊所、小学校和印刷所等。1844 年中法签订的《黄埔条约》也同样提出了这个要求，但是建立地点被限制在五个开放的口岸。④ 随后，在 1844 年 12 月 28 日，道光皇帝颁布了一道谕旨，允许天主教徒进行宗教活动。两年后，道光皇帝再一次颁布法令归还了基督教徒所有在镇压年代没收的教会财物。但是这些皇帝的谕旨还是将传教士活动限制在开放口岸内传播他们的信仰。不过，传教士们还是利用了这个灰色地带开展活动，试图扩大自己的影响范围。到第二次鸦片战争前夕，传教士们已经陆续建立了 200 多个传教据点。在中国内陆范围内，一个新的政治、经济和价值秩序正在被重构，这些后果在 1860 年的《北京条约》中被体现出来，此时，基督教在华传教士已经达到 100 多人，是 1844 年时三倍多，他们的教徒也从 6 人扩张到 2000 人左右。到了 1870 年，中国的天主教神父达到 250 人⑤，在丁戊奇荒期

---

① 钟鸣旦.1840 年前的中国基督教［M］.孙尚扬，译.北京：学苑出版社，2004：383.
② 传播信仰的社团［M］.信仰传播年鉴，1848：26.
③ 传播信仰的社团［M］.信仰传播年鉴，1850：14.
④ 《中外条约、习俗》（*Treaties，Conventions，Etc.，Between China and Foreign States*）关于美国条约的文章出现在英国与中国部分（683 页）；关于法国和中国条约的文章出现在法国与中国部分（782 页）。
⑤ 费正清.剑桥中国晚清史［M］.郭沂纹，译.北京：中国社会科学出版社，1993：611.

间，新教的传教士更是达到了 473 人，其中有 212 人来自美国，有 224 人来自英国，还有 30 人来自欧洲大陆，其他 7 人则不属于任何差会。① 到了 19 世纪末，在华的基督教传教士增加到 1500 人左右，教徒更是达到了 8 万多人，其中英国传教士占 50%，但从 19 世纪 80 年代起，美国的传教士人数增长迅速，逐渐占据全体传教士的 40%，还有 10% 来自西欧和北欧。

第二次鸦片战争爆发后，清政府和外国传教士进入了曲折纠缠期。1869 年，当阿礼国爵士离开北京时，恭亲王对他说："把你们的鸦片和你们的传教士带走，你们就会受欢迎了。"从 1800 年到 1820 年的 20 年间，西方国家每年给中国输入的鸦片在 4000 箱左右。到了 1840 年，达到了 3.5 万箱。② 为什么清政府会将鸦片和传教士相提并论呢？因为在他们看来，鸦片动摇的是清朝的经济根基，传教士动摇的是其政治和社会根基。在清政府的眼里，传教士仿佛是酵母菌，他们身上附着的是对于人权的诉求，对于社会不公的审判，对于官僚腐败的憎恶等，这些都可以启蒙民众一起对抗这些不公和黑暗，这无疑是对统治者权威的动摇。③ 传教士悄悄所做的工作，在当时的官吏和民众看来，他们就是喜欢多事的人，是一个挑拨是非的人，还是一个令人厌恶的革新者。

表 11 英国输出至中国的鸦片数量统计表④

年份	箱数
1729	200
1750	约 600
1773	1000

---

① *Records of the General Conference of the Protestant Missionary of China* [M], American Presbyterian Mission Press, 1878：486—487.
② 陈旭麓. 近代中国社会的新陈代谢 [M]. 上海：生活·读书·新知三联书店, 2019：46.
③ 马士. 中华帝国对外关系史（第二卷）[M]. 上海：上海世纪出版社, 2006：243.
④ 数据来自：马士. 中华帝国对外关系史（第一卷）[M]. 上海：上海世纪出版社, 2006：173、209；Chang Hsin-pao. Commissioner Lin and the Opium War [M]. Cambridge：Harvard University Press, 1964：223.

年份	箱数
1790	4054
1800	4570
1810	4968
1816	5106
1823	7082
1828	13131
1832	23570

　　1860 年以后，特别是在 1864 到 1867 年间，传教士开始寻求向亿万人民传布福音的机会，一次又一次在条约中向清政府要求他们具有内地居住和传教的权利。16 世纪和 17 世纪的罗马天主教传教士曾经享有过这种权利，当时他们的礼拜堂遍布在众多省份中。1724 年，雍正皇帝予以禁止并没收了教会财产；但是在 1844 年再度予以容许，并且在 1846 年颁布一条上谕，命令发还没收的财产。① 1860 年，"北京条约"进一步规定，这种财产必须通过法国驻中国代表予以归还，并且在中文条约中增加了"任法国传教士在各省租买田地，建造自便"的规定。英国的耶稣教士也随即在"中英条约"中提出了类似要求，允许各地方建立栈房、礼拜堂等权利。

表 12　1850—1880 年中国与外国签订条约概要表

时间	名称	传教相关内容
咸丰元年（1851）	中俄塔伊通商章程	
咸丰八年（1858）	中俄《瑷珲条约》	

---

① 马士. 中华帝国对外关系史（第二卷）[M]. 上海：上海世纪出版社，2006：243.

续表

时间	名称	传教相关内容
咸丰八年（1858）	中俄《天津条约》	允许俄东正教士入内地自由传教
咸丰八年（1858）	中美《天津条约》	对于传教士，地方官当一体保护，他人毋得骚扰，即"宽容条款"
咸丰八年（1858）	中英《天津条约》	耶稣教、天主教教士得往内地自由传教
咸丰八年（1858）	中法《天津条约》	允许天主教教士入内地自由传教
咸丰十年（1860）	中英《北京条约》	允许西方传教士到中国租买土地及兴建教堂
咸丰十年（1860）	中法《北京条约》	赔还此前没收之天主教产（法方于中文约本私添"并任法国传教士在各省租买田地、建造自便"等字样）
咸丰十年（1860）	中俄《北京条约》	
咸丰十一年（1861） 同治十一年（1872）	中德通商条约 中德续修条约	
同治元年（1862）	中俄陆路通商章程	
同治二年（1863）	中丹和约及通商条约	
同治二年（1863）	中荷通商条约	
同治三年（1864）	中国西班牙通商条约	
同治三年（1864）	中俄勘分西北界约记	
同治五年（1866）	中意通商条约	
同治七年（1868） 光绪三年（1877）	中美天津条约续增条约（也称"蒲安臣条约"） 中美续修条约	两国侨民不得因宗教信仰各异而受屈抑苛待 凡传教、学习、贸易、游历人等，仍往来自由
同治八年（1869）	中奥立约通商	

续表

时间	名称	传教相关内容
同治十年（1871）	中日立约通商	
同治十二年（1873）	中秘通商条约	
光绪二年（1876）	中英烟台条约	
光绪六年（1880）	中巴通商条约	
光绪六年（1880）	中俄改订伊犁条约、改订陆路通商章程	

此后，分布在中国各地的传教士们纷纷仿效：索要很久之前被没收的财产，不加约束地扩展教产。在直隶、山西、山东、河南、陕西、湖南、湖北、江西、四川、浙江、江苏、辽宁、广东十几个省，都爆发过教案和冲突。他们仅在直隶一省，就索要旧教堂70余座。甚至历史上根本就不是教产的处所，亦被意欲侵占的传教士们妄指为教堂旧址，恣意索还。在此后相当长的一段时间内，中国爆发的教案，都在不同程度上与"北京条约"中"还堂事件"有关。

1869年9月，湖南省内有一个揭帖在绅士和百姓中广泛流传，列举了基督教的种种罪行。揭帖写道，基督是生于不到2000年前的汉代，随即诘问，那岂不是在那之前的世界，实际上并没有一个神主宰呢？无知的群众被欺骗了误入歧途；如果要拯救他们，这个方兴未艾的大毒蛇在它达到成精作怪以前必须予以粉碎。随后提出了性质最为严重的十大罪状：①

（1）信奉基督教的人们既不尊敬祖先也不尊敬神圣；并且教徒需要毁坏他们供奉祖先的神主牌位，表示真诚。

（2）接受洗礼是首要的要求，为了受洗用的一种药膏，是由教士的尸体做成的；这种药膏加进一种迷魂药给人服用，并歌唱一种魔人咒语。

---

①　1869年9月29日和10月6日《北华捷报》。

信教者从而受到了坚守其信仰的力量，甚至在威逼之下，他也一定固执他的愚昧。

（3）经过洗礼的仪式后，信教者就会得一种使人发狂的疾病，他们就会把自己的祖先牌位摔得粉碎，把神像都毁掉，再去破坏他们路过的每一座庙宇。

（4）（5）（6）：据翻译者宣称，如欲宣明则过于猥亵。

（7）当这个宗教的信奉者临死的时候，他的同教者便要求他的亲属离开屋子，以便为他的灵魂念祈祷文。但是实际上，在他还没有完全断气以前，他们就取出他的眼睛并挖出他的心脏，准备在制造伪币上使用。因为，据他们说，祈祷者是保证他的永远得救，但是这具尸体因此就成为一个破裂的躯壳。

（8）他们为金钱力量所驱使而变成教徒。穷苦无知的愚人，为了少数的金钱而出卖了他们的灵魂。

（9）这个宗教的宣传者雇用了些能说善道的男女讲道人和江湖相士，用他们的花言巧语来诱惑民众。然后他们把这些男女民众带走，把他们卖给卑劣的外国人；有时甚至用他们的身体作为南海打渔的鱼饵。

（10）外国商人根据条约要求完全免除中国官员对他们贸易上的管束，而传教士则是这些商匪的间谍。并且据说，这些教匪在山东省破坏了孔庙；但是民众起来了，把他们杀死了一些并把其余的一些驱逐出境。呜呼！如果耶稣教理驱除孔子教训，这将要成什么世界？让我们每一个人都奋起拔剑复仇罢。如有拒绝参加这种共同行动的人，那他们就和这些暴徒无异。

直到1871年，清朝总理衙门对1867年以来的"还堂事件"作出这样的总结："近年各省地方抵还教堂，不问民情有无窒碍，强令给还。甚至绅民有高华巨室，硬指为当年教堂，勒逼民间让还。且于体制有关之地，以及会馆、会所、庵堂为阖境绅民所最尊重者，皆任情需索，抵作教堂。况各省房屋，即实属当年教堂，而多历年所或被教民卖出，民间辗转互卖，已历多人。其从新修理之项，所费不资，而教士分文不出，逼令让还。"① 这场"还堂事件"不仅诱发了许多新教案，而且激化了清朝政府与外国列强之间长期的激烈外交交涉与争论，甚至导致了区域性的"割地赔款"。

表 13　1850—1880 年中国国内主要教案统计表②

时间	名称	涉及人员
咸丰三年（1853）	西林教案	法国天主教马赖
咸丰十一年（1861）	贵阳教案	法国天主教胡缚理
同治四年（1865）	酉阳教案	法国天主教玛弼乐
同治七年（1868）	台湾教案	英国耶稣教
同治七年（1868）	扬州教案	法国天主教金缄三、英国内地会戴德生
同治八年（1869）	酉阳教案	法国传教士李国
同治八年（1869）	遵义教案	法国天主教
同治八年（1869）	安庆教案	法国天主教韩石贞、英国内地会密道生
同治九年（1870）	天津教案	法、英、美等
光绪元年（1875）	延平教案	美国传教士
光绪二年（1876）	川东教案	法国传教士
光绪二年（1876）	皖南教案	本地教民与农民
光绪五年（1879）	延平教案	美国传教士

另外，还需说明的是，天主教各修会在华活动经费的来源，主要是由传教士的来源国提供，而在北京的朝廷中供职的传教士则是由中国政府提供生

---

① （清）刘锦藻．清朝续文献通考（第 350 卷）［M］，1936：10938.

② 作者根据《清史稿》第 20、149-160 卷；戴逸．二十六史大辞典（事件卷）［M］．长春：吉林人民出版社．1993；张习孔，等．中国历史大事编年（第五卷）清近代［M］．北京：北京出版社，1987 编写。

活费用，还有一部分是教会的经营收入或商人捐助。而到了 1860 年后，在华的天主教传教士大量侵占农民的土地或占用房产和放高利贷，将其转化为教会财产，从中获利再将这些没地可种的农民吸收为教徒，这样在华教会的经济来源重心就从母国转为中国内部。加之，历次教案发生后传教士获得了大量赔款，在华天主教会拥有雄厚的经济实力。

总的来说，鸦片战争以后，清政府一直是用保守的外交政策来对抗西方进攻性的政策，这也奠定了中西方政治和经济格局。任何一个国家或地区，其同外界的来往程度常常与其发展程度成正比。① 与其说是西方的入侵打垮了中国，不如说是清王朝的封闭自大断送了自己。

二、"东方文化的嵌入者"：新教的逐步壮大

鸦片战争后基督教传教士的大批进入是当时国内外社会环境下的大势所趋，他们的进入本就是建立在不平等的条约之上，中国人对于洋人的憎恶也是日渐加深，可谓是敢怒而不敢言，也因此引发了前文所述的种种冲突和摩擦。但是我们在这里还需要澄清的一点是，在本书所探讨的丁戊奇荒中，虽然不同教派的基督教传教士都在其中做出了一定的贡献，但贡献最大的当属新教传教士，因此，我们有必要将新教入华的历程和特点在此做一详细阐述。

19 世纪早期，伴随着美洲大陆的第二次大觉醒运动②，英美教会（如浸礼会、卫理公会）的传教士人数迅速增加，为海外宣教事业提供了基础，于是英美国家的不少传教士都渴望到世界上其他国家和地区去传播基督教的信仰。1805 年，当时创办只有十年的伦敦会开始筹划一支到中国的传教团，在他们看来，中国几乎是完全封闭的，所以他们首先想到的是最好先在欧洲控

---

① 陈旭麓．近代中国社会的新陈代谢［M］．上海：生活·读书·新知三联书店，2019：33.

② 第二次大觉醒是指，在 18 世纪末到 19 世纪初，在美洲大陆又兴起类似第一次大觉醒般的宗教复兴。教会的教友及城市百姓们都悔改认罪，基督信仰生活兴起，人们渴慕认识耶稣基督，教会复兴，历史学家称之为第二次大觉醒。"第二次大觉醒"反映了人们对浪漫主义的热情、情感和对超自然的吸引力。它否定了启蒙运动的怀疑理性主义和自然神论。

制的东南亚诸岛向华人移民传教。① 之后，伦敦会联系了当时在南非的传教士范登康（J. V. Vanderkemp）和另一位骨干成员布朗先生（Mr. Brown），希望他们打开为华人传教的大门，但是均以不同理由遭到了拒绝。② 最后，马礼逊（Robert Morrison）接受了这个伟大的任务，开始了他长达五年的单独传教。1804 年，马礼逊加入了伦敦会，当他在伦敦求学时，就在一位华人的帮助下通过大英博物馆的《新约》手稿开始学习汉语。由于英国东印度公司对传教的敌意③，他只好先前往美国，带着一封美国国务卿麦迪逊（Madison）写给美国驻华领事的信，从纽约启航前往中国，于 1807 年 9 月抵达广州，他也成为第一位进入中国的新教传教士。之后，他在两名华籍罗马公教徒的帮助下，在广州继续学习汉语。1809 年，他为了巩固自己在华的地位，成为反对传教工作的东印度公司的一名译员。在华期间，马礼逊将他的工作重点放在文字工作上，在 1819 年之前，他在米怜（Milne）④ 的帮助下已经完成了《新约》和《旧约》的翻译，还翻译了苏格兰教会的教理问答手册和英格兰教会的部分祈祷书，还编撰了一本《华英字典》和一本语法书。⑤ 由于，他把更多的时间专注于文字工作，因此，在他最初传教的二十五年中，他和他的同工仅仅为十位华人施洗过。⑥ 随后，在母会的数次支援下，陆陆续续有更多的传教士及他们的妻子和儿女来到中国。

　　后来，马礼逊希望新教在中国拥有固定的传教中心，但是，当时在广州

---

① D. MacGillivray. *A century of Protestant missions in China*（1807—1907）*Being the Centenary Conference historical volume*［M］. Shanghai, 1907：1—2；Lovett. *The History of the London Missionary Society*［M］. London, 1899, Vol（2）：403.

② Medhurst, W. H. *China：Its State and Prospects. With especial reference to the Spread of the Gospel*［M］. London, 1842：253.

③ 不过，英国东印度公司曾几次无偿向罗马公教传教士提供过从欧洲到中国的通道，而且，该公司的在华代表经常得到公教传教士的建议和帮助。参见 Morse, Hosea Ballou. *The Chronicles of the East India Company trading to China*，1635—1834［M］；Cambridge & Oxford, 1926, Vol4：179.

④ 米怜是第一位来华的苏格兰人。

⑤ 赖德烈. 基督教在华传教史［M］. 雷立柏，等译. 香港：道风书社，2009：181.

⑥ Morrison, Mrs. *Eliza A. Memoirs of the Life and Labors of Robert Morrison*［M］. London, Vol11, 1839；Broomhall. *Robert Morrison：A Master-Builder*［M］. New York, 1924.

和澳门建立传教中心都不太可行，于是，1814 年他决定在马六甲①创办这样的传教中心，1816 年米怜在马六甲开办了一所华人学校（a school for Chinese）。② 1818 年，马礼逊在马六甲创办了英华书院（The Anglo-Chinese College），书院的开办一是为了让英国人熟悉中国文化，二是为了让汉语民族接触西方文化。马礼逊希望，"可以借着这所书院，科学与启示之光能够慢慢以和平的方式照亮亚洲的东部边界和太阳升起的群岛"。③ 这是一项具有开创性的举动，不仅可以加深东西方的相互理解，也体现出对于东方文化的尊重。

这所书院的开办虽然在理念上走到了时代前沿，但是似乎事实上并没有实现创办者的愿望，很少有英国血统的人在这所书院学习，而中国的知识阶层和官僚阶层也认为他们不需要英华书院提供的教育模式，只有那些打算与外国人做生意的华人或者想被外国人雇用的人才认为书院值得去读。在书院开办的最初 15 年内，仅有 40 个人完成了学业，15 名学生接受了洗礼。④ 马礼逊由于长期在异乡操劳，于 1834 年去世，1842 年后，书院也从马六甲搬到了香港。

在鸦片战争之前，除了伦敦会外，还有两个英国基督教团体向中国派出了传教士，一个是李太郎（G. Tradescant Lay）于 1836 年被大英圣书公会派驻澳门，服务到 1839 年。另外一位就是圣公会的郭实腊（Gützlaff），他在 19 世纪 30 年代多次游历中国沿海地区，往北最远到过天津，他还凭借着自己的语言优势继马礼逊之后成为英国官员在广州和澳门的中文秘书。⑤

除了来自英国的传教士外，美国的新教传教士也在其影响下走进中国。第一个对华派出传教士的美国教会组织是美国公理会（American Board of Commissioners for Foreign Missions，简称 ABCFM）⑥，1829 年他们派出雅裨理

---

① 马六甲是 1819 年新加坡建立之前英国控制下的东印度的主要城市。

② Milne，William. *A Retrospect of the First Ten Years of the Protestant Mission to China*［M］. Malacca：The Anglo-Chinese Press，1820.

③ Morrison，Mrs. Eliza A. *Memoirs of the Life and Labors of Robert Morrison*［M］. London，1839，Vol1：426、512；Vol2：39—56；Milne，William. *A Retrospect of the First Ten Years of the Protestant Mission to China*［M］. Malacca：The Anglo-Chinese Press，1820：17.

④ "英华书院一八三四年的年度报告"，载《中国丛报》（卷4）：98—99.

⑤ 《教务杂志》（The Chinese Recorder），卷 56，1911：376—378.

⑥ 美国公理会又译作美部会，创建之初就是为了配合伦敦会开展辅助工作。

（David Abeel）和裨治文（Elijah. C. Bridgman）从美国去往中国，一位从事对华贸易的美国商人奥立芬（D. W. C. Olyphant）资助了他们的旅行费用。他们二人在 1830 年 2 月抵达广州。① 雅裨理由于很快工作期满，他只在中国南方做了一次调查就返回了美国，但这次调查极大激发了他对于中国的兴趣，回国后继续推动新教在华的传教事业。裨治文则在广州定居，开始学习汉语，并且创办了一所华人男校，开始进行文字工作。② 1832 年 5 月，《中国丛报》开始发行。③ 这份报纸致力于向外国人传播关于中国的法律、风俗、历史、文学、时事等各种信息，不仅限于传教方面的新闻。随后，又有史迪芬（Edwin Stevens）、杜里时（Ira Tracy）、卫三畏（Samuel Wells Williams）、伯驾（Peter Parker）众多杰出的传教士加入在华传教士。其中，伯驾作为新教第一位来到中国的医疗传教士，他于 1835 年在广州开设了一家眼科诊所④，治疗了很多华人的眼疾，华人对于传教士的怀疑和偏见也随之烟消云散了。此后，直到 1842 年之前，美国浸会（General Missionary Convention of the Baptists）、美国圣公会（The Domestic and Foreign Missionary Society of the Protestant Episcopal Church）、长老会（Presbyterian church）也陆陆续续进入了中国。总的来看，从马礼逊进入中国到 1842 年，广州涌现了一些传教团体和慈善组织专门服务华人，1830 年下半年，马礼逊、雅裨理、裨治文等七人还创立了"广州基督教协会"（Christian Union at Canton），这是新教第一次成立具有鲜明传教性质的组织。后来，新教传教士们加强联合，又成立了"中国益智会"（Society for the Diffusion of Useful Knowledge in China）、"马礼逊教育协会"（Morrison

---

① Abeel, David. *Journal of a Residence in China and the Neighboring Countries with a preliminary Essay on the Commencement and Progress of Missions in the World* [M]. New York, 1836：31-32.

② Bridgman, Eliza J. *Gillett. The Life and Labors of Elijah Coleman Bridgman* [M]. New York, 1864：43-47.

③ *American Board of Commissioners for Foreign Missions.* "China" [M]. Boston, 1867：6、89；Bridgman, Eliza J. Gillett. *The Life and Labors of Elijah Coleman Bridgman* [M]. New York, 1864：74.

④ 《中国丛报》，卷 2：271；Stevens, George B. *The Life, Letters, and Journals of the Rev. and Hon. Peter Parker, M. D., Missionary, Physician, and Diplomatist, the Father of Medical Missions and Founder of the Ophthalmic Hospital in Canton* [M]. Boston, 1896：106—119.

Education Society）等团体，不过随着中国内地局势日趋复杂，他们的发展也变得缓慢，只有一些捐赠确保了工作的继续。不过，新教传教士在这一发展阶段，清朝采取的依然是闭关锁国的政策，所以他们只能逗留在澳门与广州十三行。新教在华传教的第一阶段到此基本告一段落，他们已经开始了皈化华人的过程，但是接受洗礼的人数应该超不过 100 人①，这些受洗者大多来自与外国人有商业往来的阶层，而不是出自帝国的统治集团。

伴随着 1842 年与各国条约的签订，传教士们乘势去往香港和五个通商口岸，有越来越多的教派和传教士来到中国，虽然他们在传教中还没有完全实现合作，但他们在某些具体工作，如翻译《圣经》上达成了协作，共同推进新教在中国的活动。

1860 年第二次鸦片战争之后的几十年，新教的传教事业进入了迅速发展阶段。1860 年只有 60 位新教传教士，到 1900 年已经有 2500 位传教士（包括他们的妻子儿女），其中 1400 位来自英国，1000 位来自美国，100 位来自欧洲，主要是北欧国家。② 他们在中国的活动特别注重福音传播，通过各自布道、个人友谊及印刷品来传播福音，因为这种方式发起的成本更低，比较容易实现。在他们的努力下，中国本地的各派教会慢慢建立起来了，有些教会甚至可以不依靠外国资助而自立。直到 19 世纪 70 年代，新教在中国活动的范围逐渐铺开，他们也通过多种较为亲民的方式取得了民众的信任，特别是在丁戊奇荒期间，他们尝试让自己在思考方式和生活方式上更为贴近中国人，解决民众的实际问题，而不急于改变他们的思想，这种传教方式让他们迅速和灾区民众和中国的各级官员打成一片，逐渐被认可。

新教在整个进入中国的过程中，特别注重在文字材料的准备和散发上下功夫，他们认为文字出版物是公开接触绝大部分非基督徒的唯一渠道，可以有效避免方言各异的问题，他们还编写了辞典、语法书以及其他一些介绍中国的一般性书籍，1848 年，卫三畏发表的《中国总论》（*The Middle Kingdom*）

---

① Medhurst, W. H., *China. Its State and Prospects. With especial reference to the Spread of the Gospel* [M]. London, 1842: 361-362.

② Thompson, Larry Clinton William Scott. *Ament and the Boxer Rebellion: Heroism, Hubris, and the Ideal Missionary Jefferson* [M]. NC: McFarland Publishing Company, 2009: 14; Hunter, Jane. *The Gospel of Gentility* [M]. New Haven: Yale University Press, 1984: 6.

是其中的代表性读物。此外，学校也是新教传教士采用的最早的传教方法之一，作为一种赢得皈依者、培养华人助手和牧师、培训基督教社团的场所，学校成为新教传教中不可或缺的一部分。医疗传教是另外一种有效传教手段，他们运用自己的专业技能减轻华人的身体痛苦，使华人有机会了解西方医学的精华，从而消除华人对传教士的偏见。新教传教士虽然来中国的时间不长，但是从多个角度接触到了中国的生活，并且把西方文明很多有益方面介绍给中国，这也决定他们会在后面的发展中对中国社会文化带来更多影响。

三、反思与讨论

在 18 世纪中叶以前，中国普遍受到西方人的倾慕，这主要是因为天主教，特别是耶稣会传教士的著作和书信在西方广为流传，这些传教士在庞大的中国人口中看到了传教事业的远景。从 1583 年到 1610 年，利玛窦一直居于中国，对中国人民特性、中国的官僚制度、中国文化传统都十分了解。康熙年间的法国在华耶稣会传教士亦是持同样观点，他们积极向西方宣传中国，希望可以说服路易十四为他们出资出人。他们的观点是，以儒家为伦理基础的中国是一个深具道德情操的国家，而且曾信奉某种形式的一神论，这与犹太教——基督教传统的精神相去不远，只要稍加努力，就可以使中国人恢复其信奉"正确"的价值观。[①] 虽然，在康熙末年，耶稣会传教士在中国的影响力大幅滑落，而且在 18 世纪，耶稣会在欧洲的势力也逐渐式微并最终在 1773 年遭到解散，但耶稣会士对中国政府与社会的叙述仍是欧洲人所能读到的最详细的资料。所以总体上，以利玛窦为代表的传教士在中国的活动达到了了解中国的目标，实现了与中国文化对接的初步尝试，但是并没有实现二者的融合渗透，更达不到改变中国传统文化的目的。

如果为早期传教士的活动寻找一条轨迹，那就是他们始终致力于将自己的价值信仰和对普遍真理的认知与追求带入了中国，在这个过程中，他们自上而下遭遇到中国人不同程度的顽强抵抗，尤以得到底层民众的接纳较为困难。这让传教士们认识到，基督教的宗教绝对性特质显然无法突破文化对冲

---

① 史景迁：追寻现代中国（1600—1949）［M］. 成都：四川人民出版社，2019：166.

中的价值壁垒，当时的传教士只好做出妥协，不得不从器物层面寻求突破口，逐步消除中国人的排斥和恐惧心理，但这个过程因缺少强有力的外部干预和契机，一直推进的较为艰难。

与之相比，鸦片战争后基督教的行为结果有很大不同，在强大的异端文化的逼迫下，引起了中国各思想流派的重视，这也为日后基督教的传播和革新之士的吸收埋下了伏笔。那么，为什么17世纪的耶稣会传教士们当时在中国进行文化输出时没有实现这个效果呢？首先是17世纪时进入到中国的耶稣会传教士要比鸦片战争后在人数上少得多，而且他们只能利用自己的知识博得朝廷的赏识，他们也成为中国官僚系统的一份子，这种被捆绑的思想是不可能对当时的主流思想文化带来多少刺激。最重要的原因是，在某种程度上，耶稣会士利用他们的西学作为一种对儒学的有意识的刺激，以树立自己作为受过教育的绅士地位，希望可以得到与儒家士大夫相同的权力和尊重。耶稣会士在很大程度上满足了儒生这样一种愿望，即这些耶稣会士被儒教所驯化，成为中国社会中受过教育的一份子，这也在无形中扭曲着他们的初衷。同时，就他们自己而言，他们是在披着中国的外衣努力去了解和适应中华文明，他们一直没有意识到自己在中国才是被皈化者。直到1840—1842年的鸦片战争改变了中西之间的地位和格局，那些从通商口岸进入到中国的西方人，完全不需要顾忌中国人的感情，抬着高傲的头颅来到中国。如果说早期的耶稣会士给中国带来的是一种纯粹的外来文化，丰富了中华文明，那么19世纪中叶来到中国的西方人则是用铁蹄践踏着中华文明，是强加给中国的异端文化。

在实践中，耶稣会士在文化上搞调和，是因为那时的中国社会还相当稳定，他们只能先通过当时的统治者及其成员进行资格审查后才有可能继续留在中国。既然17世纪的欧洲还不能对中国社会的稳定构成威胁，因此对于中国士大夫来说，西方知识还是一种不必要的剩余物，它和权力或成功没有任何的直接联系。① 所以，在这一时期，这些耶稣会士们其实只是完成了一个"讨好"的过程。

因此，西方科学在17和18世纪只是在观念上对儒家构成潜在的威胁，

---

① 列文森. 儒教中国及其现代命运［M］. 郑大华、任菁，译. 桂林：广西师范大学出版社，2009：41.

而没有构成实际威胁。其原因就在于受到商业力量潜在威胁的儒家官僚的社会地位仍然十分稳固，没有感受到实际的危机，封建王朝通过对自上而下一整套系统的强力控制维护了统治的稳固。

然而，在鸦片战争后，中西方实力对比随着欧洲工业化和商业化的蓬勃发展而发生根本性变化，他们的思想文化也开始成为改变中国传统社会的催化剂。① 这种情形在19世纪中叶就已初见端倪，但它数量少，影响小。儒教、科举、行政机构和帝国朝廷仍然在通商口岸行使着他们的权力，并维持着其威严。但是，随着西方列强不断用他们的轮船大炮攻破清王朝的防线时，中国官僚系统的统治能力逐渐退化，中国的思想防线也被撕开了口子，为西方传教士的思想渗透提供了空间。但是，基督教本身也存在多个流派，并非他们的传教士在中国的工作都进行得很顺利，相较于天主教和罗马公教，新教的方式更能被清政府和民众所接受，是因为他们从根本上是一种嵌入式的传教方式，而不是植入式或颠覆式的。因此，本书的后半部分也将分析重点主要放在新教传教士的活动上，探讨他们与其他不同权力主体间的互动关系。

本章小结

中国对1876—1979年华北饥荒的对策，反映出中国千年以来对于饥荒成因的传统思维。如同康雍时期的处理方式一样，1870年代的清朝统治者和官员呈现出仁慈的父母模样，将饥饿的人视为需要国家帮助的受苦孩童。他们进行一系列仪式，借由展现诚意以及对人民的痛苦的深切关怀，祈求感动上苍，使天下雨。② 清政府还依靠历史传承下来的赈灾策略，例如，在灾区，以低于市场的价格出售国家粮食，以稳定粮食价格，减少或者取消课税，调查受影响地区，根据房屋的受灾程度做分类，并与当地精英合作，开设厨房与收容所。③ 身为中国海关官员和历史学家的马士（H. B. Morse）计算出1876

---

① 列文森. 儒教中国及其现代命运 [M]. 郑大华、任菁，译. 桂林：广西师范大学出版社，2009：42.

② 参见 Jeffrey Snyder-Reinke. *Dry Spells：State Rainmaking and Local Governance in Late Imperial China* [M]. Cambridge：Harvard University Asia Center，2009，chapter 4.

③ Li. *Fighting Famine* [M]. chapter 8；Will，chapters 7-8；Will and Wong，chapter 3.

年至1878年间，清朝政府给予受旱灾的山西，河南，陕西，直隶地区1800多万两的减免税，超过国库一年总收入的五分之一。中央政府还拨款500多万两，直接援助救荒，并命令饥荒地区以外的省份让干旱省份借贷额外的救济金。① 然而，与康雍时期不同的是，1970年代的政府不再有资源和意愿，将大量粮食运送给受灾群众。例如，在饥荒最为严重的山西，政府救灾办事处共发放一千零七十万两的救灾金，但救灾粮食只有一百万石。官赈的严重不足给其他力量参与赈灾提供了空间。随着鸦片战争后，条约的签订和通常口岸的开放，基督教也随之再一次进入中国，但这一次的进入与前一次大不相同，清王朝开始走向衰落，而传教士作为外国人具有特殊保护和优待，附着了其他权力主体不可比拟的政治权力，他们的进入也成为必然，这就给他们下一步在灾荒中的深度嵌入提供了环境和条件。

---

① H. M. Morse. *The International Relations of the Chinese Empire* ［M］. London：Longmans Green, and Co., 1918, vol. 2：312；何汉威. 光绪初年（1876—1879）华北的大旱灾 ［M］. 香港：香港中文大学出版社，1980：4.

第四章

嵌入何以发生？——新教传教士的"入场"

　　本书在前三章已经详细论述了丁戊奇荒发生前后中国社会各阶层发生的裂变，以及当时国内外力量的此消彼长，这种变化为基督教的嵌入带来了不可多得的良机，传教士也借此次灾荒完成了从观望者到参与者的角色转变。在丁戊奇荒中，新教传教士在受灾的五个主要省份中主要活动在山西和山东两个省份，其他省份表现得并不十分突出，这是与新教传教士最先进入中国的地区选择以及传教士与清朝官员的关系建立有关，本书在论述传教士的嵌入过程也主要以山西和山东两省为研究对象。

　　基督教与中国社会之间的相互作用体现出一个基本特征：中国的文化具有实用主义特质，如果能够证明基督教对于统治社会是有效的，并能带来超凡的回报，就会毫不犹豫地接受它。面对实用主义文化，基督教传教士发现将传教和饥荒救济相结合，他们的传递的价值和信息更容易被接受。但是，传教士对于皈依者的动机并不仅仅用实用主义来衡量，因为他们认为皈依者所追求的利益，比如接受教育，是十分必要的，这样才能更好地学习基督教知识和其他先进科学文化。而中国社会的各个阶层对于传教士的看法也不仅是功利主义这么简单，无论是官府还是士绅，他们都会尽力压制传教士"以夷变夏"的苗头，而传教士的普世主义情怀驱使他们面对抵抗排斥不会轻易退缩，这就在本土和外来文化之间形成了一种张力，对文化主导权的争夺始终贯穿于中西双方的互动行为中。但是，文化或意识形态的竞争在不同历史阶段的地位不尽相同。在丁戊奇荒中，意识形态权力的竞争经历了从紧张到逐渐趋缓的过程。

　　我们很难用一个词来描述传教士、中国基督徒和非基督徒之间的复杂互动过程。诸如"适应""迁就"或"灌输"这样的术语通常是有问题的，因为它们对文化身份、媒介和历史影响的性质进行了假设，这些假设可能适用于某些情况，但不适用于其他情况。例如，上面提到的三个术语，都代表了传教士在中国传播基督教的方式，把重点放在传教士在中国设立的机构及其对中国皈依者的影响上，而不是试图说明西方传教士和他们的"听众"之间的交流。本书中选择使用"嵌入"来表现丁戊奇荒中传教士与救荒的其他行为体之间的关系，一方面是为了说明传教士开展的是扎根于中国土壤中的活动，并没有试图使中国完全"西方化"，最多只是为中国培植了诞生西方观念的种子；另一方面传教士在此次灾荒与其他行为体，特别是与清政府之间的互动，是从冲突到妥协再到功利性合作的过程，二者关系的特殊性在于在自上而下的中央集权体制中出现了一对非从属关系，上述两个方面是本研究中理解"嵌入"一词内涵的关键点。

第一节　嵌入的前期准备

1866 年西方兴起了一场向中国传教的运动，这代表着传教运动向中国内地的新起航。戴德生（Hudson Taylor）发表了一些文章，被称作是《不定期报》，他在其中阐释了他的传教原则——相信上帝一定会供应我们一切所需要的；相信上帝会用特殊带领来回应我们的祈祷，而非通过出发传教前的特殊学习；愿意到内地传教；着当地服装；住当地房屋；吃当地食物；并做好一生奉献自我的准备，而非一生在口岸享乐，尽管一些别的传教士会沉溺于此。① 这次传教运动在浸礼会②中引起极大反响，对后面丁戊奇荒中众多传教士参与救荒活动中起到了重要的引领作用。在丁戊奇荒中发挥作用的多名传教士中，最为著名的莫过于李提摩太。本节就以他的行为活动为线索，探讨

---

① 李提摩太. 李提摩太在华回忆录［M］. 陈义海，译. 南京：江苏凤凰文艺出版社，2018：4.

② 英国浸礼会是由嘉利（Carey）及其支持者所成立的协会，该会直到 1859 年才正式来到中国。

传教士如何在灾荒中发挥作用。

在戴德生发起的向中国传教运动进行得如火如荼时，李提摩太当时刚刚从西哈维津神学院毕业，他便向浸礼会提出申请，希望被派到中国北方，这是因为他认为"中国是非基督教国家中最文明的国家，中国人皈依后可以将福音传到较为落后的国家"。而且，"欧洲人比较能适应中国北方的气候，并且中国的统治中心在北方，中国北方人成为基督徒后，能带动整个清帝国的国人皈依"。①

1869 年 11 月 17 日，李提摩太乘坐"霍尔茨蓝烟筒"航运公司的"阿基里斯"号从英国利物浦启程，他先途经香港和后来成为主教的慕稼谷牧师（Rev. George Moule）一同去往上海，最后在 1870 年 2 月 12 日抵达上海。到达上海后，托马斯先生（Mr. Thomas）在一家旅馆找到李提摩太并坚持让其搬到他家。托马斯先生从前属于伦敦传教会，后成为新天安堂（Union Church）的牧师。李提摩太在他家一直住到 2 月 24 日才前往芝罘（今烟台）。1860 年，各国公使馆在北京成立之际，芝罘、天津、牛庄（后改为营口）成为首批川埠港口。1870 年 2 月 27 日李提摩太到达芝罘，受到同事劳顿先生（Mr. Laughton）的热烈欢迎，这时已经有数个在上海和宁波的传教会移往北方，部分原因是对那里的气候更适应，还有部分原因是为了接近中国的权力中心。在烟台，李提摩太开始了他在中国的传教历程。

一、消除敌意的"群众路线"

李提摩太抵达烟台后，用了一年多的时间做了五次旅行，其中四次在烟台附近，第五次是从六百里外的满洲到朝鲜。当他 1872 年回到烟台后，最初两年，他每天都到小教堂去布道，或者尝试街头布道，但是效果都很差，因为他得知很多当地商人发誓绝不会进入小教堂支持他们。所以来听他布道的，大部分都是从乡下来的，或者是路过的流浪者，这些人也只是出于好奇来看看蛮夷的服饰。

为了更好的传播福音，李提摩太想了很多方法，还曾到山东东部最盛大

---

① 李提摩太：李提摩太在华回忆录［M］. 陈义海，译. 南京：江苏凤凰文艺出版社，2018：4.

的庙会之一——回龙山庙会，用他不太流利的中文给那里的人发表了一次长长的演讲，然而，他知道，这些人来听是出于好奇，想要听到更多关于西方国家和宗教的事，并非虔诚相信。

所以，李提摩太首先从自己的外表做出了改变，他一直在思考假如他穿上中国传统服装，会不会拥有更多的上流社会的客人呢？于是，有一天他穿上了当地人的服装，剃了头，还在脑后披挂了一条假辫子。他像往常那样走出客栈去散步时，碰到了卖饼的男孩，他习惯每天来客栈里兜售一番。只见他头上顶着一托盘的饼子走了过来。见他穿着中国服装，小男孩吓了一大跳，一托盘的饼子哗啦一下散了一地，把过路的人逗乐了。他顺着街道走下去时，消息像电流似的，传遍了家家户户，男女老幼纷纷跑出来，瞪大了眼睛看这一奇观。他听见有个人对另外一个人说：“哈！现在他看起来像个人了。”

就在那天下午，他被邀请到一个房子里去喝茶了。现在他终于明白，以前不被邀请不是没有原因的。如果穿着外国人的衣裳，他的样子一定是很怪异的，当他在一个屋子里的时候，各种各样的围观者会趴在纸糊的窗户上。外面的人一个个会不声不响地用口水沾湿手指，在窗户纸上戳一个小洞，然后把眼睛凑在上面。每次到一个人家去拜访，都害得主人修补一回窗户纸。服装一换就不一样了，当这个外国人穿上了中国人的衣裳，他看上去就跟中国人一样，也就不值得去盯着看了。李提摩太穿着中式服装、吃着中国菜，尽量缩减个人开支，购买更多的先进科学仪器，他认为这些东西可以开中国人之心智，实实在在地影响中国人的灵魂。

此外，行医因其解救人于苦难之中的价值理念一直就是慈善的重要活动之一，也是最容易得到人们信任的方式之一。19世纪来华的西方医师似乎不大可能消弭中国人对其“慈善”背后的动机的怀疑；相反，他们提供的免费医疗服务可能会招致新的敌意——可能是来自地方士绅，他们担心自己在地方的影响力遭到侵蚀；可能是来自同行的中国医师，他们担心自己的生计受到威胁。[①] 中医本身是一项非常复杂的技能，而西医的免费医疗服务有可能会打破已有的平衡。有很多证据显示这样的困扰确实存在：据一些外国医师记

---

① 史景迁：中国纵横［M］. 成都：四川人民出版社，2019：242.

载，有"恶作剧者"打电话请医生去看病，使用的往往是假地址，医生到了才发现是一场闹剧，而要看病的人家对医生也非常冷漠；① 还有一些医师与中国同行的关系处于紧张的停战状态中。有一名医生只能在他曾经治好了病的中国患者的陪同下才能出诊，还必须要穿上"中国的服装"。② 要评价这些外国医师的角色，需要充分认识到"令人尊敬的医生"与"受害的局外人"的不同，还要考虑到更多不同的影响因素。而李提摩太和威廉·布朗（Dr. William Brown）还是借助行医的方式打破了传教失败的窘境，在山东开始了一次奇特的旅程。他们在山东东部的每个县城和集市停留，布朗医生行医，李提摩太在候诊室布道，他们每到一个县城主动向地方官报告，希望可以指派两名衙役来维持秩序，地方官总是很爽快地答应，还不时有衙门的人来看病。有些治疗立竿见影，有个男人肚子疼得腰都直不起来，布朗医生给开一剂药，十分钟后患者就能直起身子，他和其他患者觉得这就是奇迹。在他们夜以继日的工作中，救治了很多人，当地的民众也对他逐渐消除了敌意。不过，直到丁戊奇荒发生之前，可以说他的传教成果并不明显，山东只有十五人接受了洗礼③，但是他在民众中做的善事已经为他后面的传教奠定了较好的群众基础。和他进入时间几乎差不多的英国圣公会传教士史嘉乐（Charles Perry Scott），1874 年来到中国，他选择的根据地也是芝罘（烟台)④，他们则致力于在芝罘训练年轻人成为传教士，但是计划并未成功，受洗者寥寥。

二、找"好人"的精英路线

后来李提摩太受到《马太福音》的启发，里面讲到："你们无论到任何一个城镇或农村，首先要打听在那里谁是好人，然后就选择一直住在他家，直

---

① 林嘉善（Edgar Woods）. *The Two Extremes*，《中国博医会报》7（1893）：11—13.

② A. M. M. *Cases Illustrating What May Be Done for Chinese Patients in Their Own Homes*，《中国博医会报》9（1895）：62.

③ 李提摩太. 亲历晚清四十五年——李提摩太在华回忆录［M］. 侯林莉、李宪堂，译. 天津：天津人民出版社，2005：77.

④ Pascoe，C. F. *Two Hundred Years of the S. P. G. : An Historical Account of the Society for the Propagation of the Gospel in Foreign Parts*，1701—1900［M］. London，1901，Vol2：705—709.

到离开。"① 他受到这段经文的启发，认为先寻找"好人"是比自己直接传播福音更为有效。在他看来，最有可能成为"好人"的是当地的官员、士绅、宗教领袖、宗族首领等，因此，他开始主动接触山东的各界领袖、官员、知识分子，试图通过他们来帮助他传播福音。② 然后，他开始在各地的官绅中进行讲演，努力让中国有知识的人对西方的科学感兴趣，同时，他还和林乐知等传教士共同创办了《万国公报》，影响了康有为、梁启超等许多中国先进的知识分子。

不过，他寻找"好人"的道路并不平坦。有一次，他想接触山东一个很有影响的教派领袖，当他特意步行到二十英里外的山中找到这位领袖时，得到的却是这个领袖的一位传道人的最为敌视的接待，那个人见到他一直喋喋不休地诋毁基督教，将外科手术和人体解剖作为证据指责基督教的残酷和非人道。转天，李提摩太向他的拜访对象表达了不满，这位教派领袖向他道歉，并和他继续谈论神圣的话题，这才让他感受到他去找"好人"的工作是有价值的，可以把追求最高真理的人团结到一起。③ 之后，在他寻找的路途上，遇到了很多善良的村民、朴实虔诚的妇女、寻求宗教的道教隐士等等，他发现有很多虔诚善良的人愿意迎接他，听他讲道，这些人更加激发了李提摩太在中国继续传教的决心和信心。

1874 年李提摩太从济南回芝罘的途中，他和苏格兰长老会差会的马安仁在潍县住了一天，潍县是山东大型商贸中心之一，且有许多殷实人家，家庭成员在帝国各地出任不同官阶。因此这座城市不但是商贸中心，也是政治中心。马安仁先生租了间小房子，作为传教工作的伊始，整个城市都反对，就像捅了马蜂窝一般。这件小事引发了极大的骚乱，如同是叛贼头子或残暴的强盗闯到了他们中间。他们使用各种暴力手段威胁，让外国人立即离开潍县。

---

① 《圣经·新约》，南京：中国基督教协会发行，1998：11.
② 李提摩太. 亲历晚清四十五年———李提摩太在华回忆录［M］. 侯林莉、李宪堂，译. 天津：天津人民出版社，2005：68—75.
③ 李提摩太. 李提摩太在华回忆录［M］. 陈义海，译. 南京：江苏凤凰文艺出版社，2018：42.

那时，当地一位绅士突然拜访了马安仁先生。他是一位真正的哥尼流①，一个虔诚的人，常行善事。他告诉马安仁先生对民众的威胁不必惊慌，因为他们无知，不知道在做什么，他将亲自向他们说明他们犯了大错。

几年前，这位绅士就听说北京来了一个外国人（伦敦传教会的乐克医生）知道如何预防天花。那时，天花之灾如此严重，致使许多地方的小城镇和村庄失去了半数人口。他很高兴听到有预防天花的办法，于是奔波十天来到北京看望乐克医生。乐克医生向他传授了如何接种牛痘。他还派两名妇女带着她们接种过的孩子，同他一起赶到潍县。一到那里，他就给朋友和邻居接种疫苗，直接从那两个孩子身上取种。最后，人们都认识到了种牛痘的价值。并且许多年来，一直到马安仁先生到潍县，这位中国绅士切实地每天义务为人们接种牛痘。作为回报，人们在他的大门上挂了一块精致的牌匾以示感激。现在发现他去拜访外国人，人们变得非常气愤，说把牌匾送给他可不是为了让他和危险又可恶的外国人交朋友的。他们应该把牌匾拉下来。他答说："我给你们种痘，并不是为了得到这块匾。你们要取下来，那就请吧。我想告诉你们的是，你们误解了外国人。预防天花上，我能做的所有善事都是从善良的传教士乐克医生那里学来的，而且我知道这位传教士除了行善，别无他图。因此我将尽我所能款待他。"

在李提摩太住旅馆的一两天里，马安仁先生带他去见了这位中国朋友。他很想知道，一个善良的中国人第一次读《新约》时，会产生什么样的印象。得知这位中国朋友已经把《新约》通读了三遍时，李提摩太便问他："当你读的时候，印象最深的是什么？"他回答前考虑了几秒，然后说："也许这是最美妙的想法——一个人应该成为圣灵的殿堂。"②

李提摩太在宣教中还注意对中国文化中的优秀成分予以介绍和赞扬，他希望能够以比其他传教士更有效、更自然的方式向中国人传教，并且使用那些"高贵"人士所熟悉的语言（文言文）来宣讲福音，以获得中国人虔敬而

---

① 哥尼流是非常虔诚的该撒利亚人，是最早皈依基督教的非犹太人之一。参见《新约·使徒行传》第十章。

② 李提摩太 . 李提摩太在华回忆录［M］. 陈义海，译 . 南京：江苏凤凰文艺出版社，2018：27—28.

高尚的灵魂。在面对 19 世纪这次大饥荒时，他深深被触动了，他希望通过他的行动使中国与文明中的积极因素相接触而得到升华和改造，以致饥荒的悲剧不会重现。他和利玛窦一样，希望通过接触上层阶层来达致整个国民；但是他在选择工作方法时，比利玛窦更加自由和灵活，他的主要目的不是将更多的中国人引入某个教会的行列，而是要全面改造中国人的方方面面，使他们在经济和思想上更加富足。①

三、文字布道的知识储备

李提摩太最早在来上海的途中，就开始学习中文，当时慕稼谷牧师建议他不要尝试通过发音来学习中文，因为不同方言的发音差别太大，建议他从212 个部首②学起③，打开中文的学习通道，在他的不懈努力下，当他抵达山东时，他的中文已经取得了飞速的进步。1875 年，李提摩太在青州安顿下来后，在理雅各（Dr. Lcgge）翻译的儒家经典基础上，开始研究一些虔诚教派常用的宗教书籍，这些书籍中最重要的当数《近思录》，该书是汉语中最常见的儒家和道家思想的汇编。当他向别人询问哪本书能体现佛教最核心的内容，有人告诉他是《金刚经》（*Diamond Classic*），一个中国朋友便送给他一本很漂亮的书，书分为两卷，是手抄本。书本身装订得非常整齐美观，其书法美不胜收，让李提摩太爱不释手，并决定用它做他的习字字帖。于是，他每天花大约一个小时的时间去研究并抄写这部经典书籍。每抄一段，后面还要附上对一些术语的简要的解释。

这种训练，以及他对《近思录》的研究，使他掌握了一套中国人能理解的宗教术语，这不同于传教士在翻译《圣经》时所采用的方法。李提摩太在吸收了这些书籍中的宗教思想以及宗教词汇后，用中文写了一本《教理问

---

① 参见 Richard Timothy. *Forty-Five Years in China：Reminiscenses* [M]. New South Wales：Wentworth Press, 2016；William E. Soothill. *Timothy Richard of China* [M]. Seeley, Service & Co. Ltd., 1924；Rev. B. Reeve. Timothy Richard, D. D. *China Missionary, Statesman and Reformer* [M]. London：S. W. Partridge & Co., [n. d.]

② 《辞海》中记录部首共 250 个，这里使用 212 个可能是作者书写错误。

③ 李提摩太. 李提摩太在华回忆录 [M]. 陈义海，译. 南京：江苏凤凰文艺出版社，2018：6.

答》，其中，他尽量避免使用外国的术语。同时，他在这期间还翻译了《拯救之道》，是伦敦圣教书会（Religious Tract Society）的一本书，还有耶利米·泰勒（Jeremy Taylor）① 的《圣洁生活》的第一部分，以及弗朗西斯·德·索尔斯（Francis de Sales）② 的《虔诚人生》。③ 李提摩太为了满足当地教派的需求，他把手边所能找到的教理问答集中在一起，不管是英语的，还是威尔士语的，并从中选出最好的。他还对流传最广泛的当地宗教的小册子加以利用，删掉偶像崇拜的内容，加进唯一真神崇拜的条文。除了编写教理问答，他还挑选了约三十首赞美诗，这些赞美诗对于非基督教徒来说，即便不解释，也很有感染力。④

　　在这里还要指出的是，尽管基督教对中国社会群体的影响往往更为明显，但二者之间的影响仍然是双向的，中国的文化和宗教也对基督教产生了各种各样的影响。比如，基督教传教士很多都熟悉中国的经文，他们从这些经文中借用短语，甚至有时在书报刊上印刷模仿。在《中国记录者》（Chinese Re-corder）和《传教士杂志》（Missionary Journal）等出版物上进行摘录，向西方感兴趣的公众传播中国的文化和宗教。这在一定程度上表明，中国的传统文化和基督教形成了活跃的互动关系。

第二节　嵌入中的妥协与竞争

一、传教士的投机和妥协

　　鸦片战争后，来中国的外国人日益增加，1850 年时在华的外国人大约有

---

① 耶利米·泰勒（Jeremy Taylor，1613—1667），英格兰基督教圣公会教士、著作家。

② 弗朗西斯·德·索尔斯（Francis de Sales，1567—1622），日内瓦大主教，死后被罗马追认为圣徒。

③ 李提摩太. 李提摩太在华回忆录［M］. 陈义海，译. 南京：江苏凤凰文艺出版社，2018：41.

④ 李提摩太. 李提摩太在华回忆录［M］. 陈义海，译. 南京：江苏凤凰文艺出版社，2018：46.

500 名，其中商人和传教士占绝大部分。① 他们不仅为中国带来了商品和教义，而且开始寻求和中国传统文化的嫁接，在中国社会生发出畸形的产物——买办阶级和教民，似乎一个新的社会阶层在中国生根发芽，他们的枝蔓也开始与其他阶层互相缠绕。

丁戊奇荒可以说是为传教士在华工作提供了大好时机，在危难状态下，外部的救助和精神寄托显得尤为重要，这些传教士通过为灾民发放赈灾款，进一步取得民众的依赖和信任，让他们相信基督教是好的。李提摩太在山东的救济活动就是一面宣扬"祈求真神"向灾民传教，一面为他们发放赈济款，成果显著，他在救济工作里结识了大大小小很多官吏，而且在一年之内就招收了 2000 名教徒。他认为："布道方法从官绅入手是自上而下，感力及人，或更容易，比如水自上下流，较比使水上流，为势自顺，所以决定先引领上等人入道。"② 他在回忆录中写道："我觉得我不能为了救自己而离开这个地方，上帝派我来这里，不能在穷人挨饿的时候只留下钱。"③ 一般农民都在当地的寺庙里祈祷，李提摩太把福音写在黄色标语上，并悬挂在青州 11 个镇的城门上，规劝人们"与其去崇拜毫无生气的神明，不如向永生的上帝祈祷，并遵从他生活规则和条件"。④ 正如《旧约全书》里上帝对他的选民所说："你们若留意听从我今日所吩咐的诫命，爱耶和华你们的神，尽心尽性侍奉他，他必按时降秋雨春雨在你们的地上，使你们可以收藏五谷、新酒和油。也必使你吃得饱足，并使田野为你的牲畜长草。你们要谨慎，免得心中受迷惑，就偏离正路，去侍奉敬拜别神。耶和华的怒气向你们发作，就使天闭塞不下雨，地也不出产，使你们在耶和华所赐给你们的美地上速速灭亡。"⑤ 没想到结果出乎意料，成群的中国人（主要是年老的人），响应他的精神劝告，

---

① 陈旭麓．近代中国社会的新陈代谢［M］．北京：生活·读书·新知三联书店，2018：59.

② 苏慧廉．李提摩太传［M］．梅益盛、周云路，译．上海广学会，1924：34.

③ Richard Timothy. *Forty-Five Years in China：Reminiscenses*［M］. New South Wales：Wentworth Press，2016：102.

④ Richard Timothy. *Forty-Five Years in China：Reminiscenses*［M］. New South Wales：Wentworth Press，2016：98.

⑤ 柯文．历史三调［M］．杜继东，译．南京：江苏人民出版社，2000：73.

纷纷找他来求助。

除了正常的宣传布道外，传教士们还不失时机地利用民间的各种传言和流言扩大转化为自己所用。1876 年农历七月初二，民众谣传有个测字先生复活了，预言今年会有三分之一的人会死掉。假如有一个人把这个谣言传给十个人，这十个人再把他传给另外十个人，这些人分别再传给十个人，用不了多久，全国人都会感到自己岌岌可危。于是李提摩太利用谣言传播的机会，像亚伯拉罕对所多玛、约拿对尼尼微人讲话那样，对民众进行讲道，敦促他们为自己的罪忏悔，并心向上帝，只有这样上帝才有可能怜悯他们。官员们没有意识到，正是他们的无知导致了民众的死亡。① 这在无形中激化了灾民和官府的对抗，但是灾民是敢怒不敢言，只能将怨气诉诸上帝的宽宥和怜悯。

不过，传教士们也深知当时并没有到与官府对立起来的时候，他还需要借助地方政府来完成救灾活动，适时地妥协和对民众怨气的排解也是必要的。青州府东面约八英里处有个地方叫凤凰亭，七月初三晚上，有个人从那里来拜访李提摩太。他说，那里的民众已经准备起来造反，问是否愿意跟他一起去并做头领。李提摩太直接拒绝了这个人的要求，但是那个人继续极力劝说，就在这时，一个马车夫走了进来，他便和那个人说："我明天去济南府，到了济南后，我会去拜访巡抚大人，并请求他为老百姓多提供些帮助。"在这个人离开之前，一直追随李提摩太的一个小男孩告诉他，很多人早已聚集在外面，正等着这个人把他带走。这个人终于走了，并临走时告诉他会再一次来拜访。李提摩太当天下午在城里各处张贴海报，上面印的是"主祷文"以及一些解释和劝人向善的文字。由于李提摩太经常给穷人们一点接济，第二天一大早便有妇女把他的态度与官员们的态度作比较，说官员们对穷人不闻不问。他意识到，如果人们继续这样议论下去，一旦有人传言他在谋划造反，官员们必定信以为真，于是他决定立即离开这座城，这也是李提摩太为了长远的传教事业进行的策略性妥协。

---

① 李提摩太. 李提摩太在华回忆录［M］.陈义海，译. 南京：江苏凤凰文艺出版社，2018：49.

二、传教士对士绅的补充和刺激

在当时的中国，在国家权力和基层民众之间有一个中间地带——士绅阶层。士绅是一个特殊的知识阶层，扮演着社会权威和文化规范的规制者角色。地方政府日常处理事务时都必须要寻求与这个阶层的密切合作，二者在竞争和合作中共存着，形成微妙的权力平衡，共享地方事务的支配权，都将维护一方稳定作为自己的行动目标。士绅阶层的特殊之处在于它不同于西方社会的"公共领域"，也不是纯私人领域，在官民之间发挥中介作用。而传教士作为一种外域力量借助灾荒这一非常态事件介入到地方社会中，无形中打破了基层社会长期以来形成的权力平衡。传教士们通过发放赈灾款、开设学堂、行医施药等多种方式赢得了民众的好感，而且依靠条约的保护，迫于中央政府的压力，地方官员不得不给予通融和保护，这就意味着在当地打破了地方官员和士绅的垄断，势必会造成原有的权力结构紧张，当地的权力结构和社会规则也面临着洗牌和重组的过程，这一定会引起既得利益者的不适和排斥。这种心态在赈灾中具体表现为：开始时对外国人的猜疑，担心外国人占据他们在当地的地位，并借机对中国进行文化侵略，之后由于自身赈灾能力不足而不得不吸收国外资源，但依旧是半推半就的状态，不甘心他们的地位被超越或取代。他们还一度提出"跟踪赈济"①，不甘落后追随外国人的步伐并监督他们的工作。传教士与士绅在丁戊奇荒中的竞争分为两个部分，一个是与本地士绅，一个是与江南士绅。

（一）本地士绅的自保行为

在此次灾荒中，华北本地的士绅也发挥了一定的作用，主要体现在利用个人的能力和威望积极劝赈，动员富户、地主和商人参与救济活动中，他们起到了中坚纽带的作用，士绅作为一种非正式制度为官方赈济做了有力补充。他们的赈济行为主要分为两种，一是亲自施赈，比如山西的王含章、张振家、苗作三人都是考取过功名的读书人，他们的救助对象多是自己的亲族、近邻和村子里的人，起码做到了保自家和亲邻的生计，还有其他稍富裕的士绅，

---

① 黄祐. 晚清时期民间义赈活动探析 [J]. 广西社会科学, 2008 (12).

如洪洞李兆骙、平遥郝生仁等还救助了邻村和逃难的饥民。综合来看，他们的行为基本做到了"各保各村"，维持了本村的稳定和生活需要。但是，如果将视野稍稍扩大到全省就会发现，一个省内各个地区的经济发展程度差别很大，比如晋中地区较为发达，而在一些偏僻的县乡则十分捉襟见肘，难以做到自给自足，以至于地方官被逼迫自尽。二是"劝富室济贫乏"，就是由士绅出面积极动员当地的富商大户捐出钱粮救济灾民，这项工作的作用在这次灾荒中体现得尤为重要，因为晋商作为中国商界的一支辉煌力量，其影响不容小觑，一些中小商人能够尽其所能接济同族、照顾邻里，赢得了村人和族人的广泛赞誉。还有的商人收留了背井离乡的饥民，提供了很多无私的帮助。①不过，有一些商人的捐赈也实属无奈之举，他们经受连年战争和饥荒的双重打击下，已经走向没落，曾国荃不得不多次下令统计本地商人数量，按照名册劝捐，官府再以授匾的形式加以表彰。

而山东士绅的表现还没有山西的可圈可点，这和当地的经济基础密切相关。李提摩太就曾评论道："听说潍县的绅士十分慷慨好施，可惜只在城里散赈，对于乡民来说往返起来十分不方便。"② 实际情况不仅仅是往返不便，而是乡民听说城里在施赈，络绎不绝的人来到城里，但是规定有牌者才能发给，沿途在路边还有很多饿死的人。③ 可见，当时的官赈和士绅义赈都已经不能满足灾区的赈务需要，这就为传教士的介入提供了空间。

（二）江南士绅的外部呼应

灾难的严重性和范围不仅激起清朝朝廷以及负责纾困北方省份的官员采取行动，西方传教士以及生活在江南地区（扬子江南部）的中国慈善家也跟着行动。江南士绅相较本地士绅，其并没有直接参与救济工作中，善款大多通过救济委员会进入受灾地区，可以说为传教士在当地的行动间接地提供了物质支持。1877 年 3 月 9 日、10 日，山东饥荒救济委员会成立，该委员会的

---

① 郝平.丁戊奇荒：光绪初年山西灾荒与救济研究［M］.北京：北京大学出版社.2012：240—249.

② 《申报》，1877 年 5 月 4 日。

③ 常之英、刘祖幹.民国潍县志稿［M］.民国三十年铅印本.

第一个行动是响应传教士的援助呼吁，游说外国人捐助救济金。[①] 最初的捐款总额约为 3000 两，存入了香港和上海银行，以便随后汇给李提摩太。[②] 到 1877 年秋，委员会的工作结束时，它已经从中国、日本、新加坡和其他地方的外国人那里总共接收了 30361.65 两的援助。[③] 在这笔捐赠款中，有19 119.80两拨付了给李提摩太。[④] 倪伟思报告说，到 1877 年 6 月，他已经在高密周边 45 里范围内的 383 个城镇和村庄向 32539 人分发了 7074 两。[⑤] 1878 年 1 月，中国饥荒救济基金委员会在上海成立，进一步扩大在海外的筹款活动，同时负责监督 30 名外国救灾分配员（主要是英美新教传教士）将委员会募到的现金发放给山西、山东、直隶的饥荒灾民，委员会共收到并分发 204560 两的救济金，还吸收了至少 40 名与上海委员会没有直接关系的天主教徒参与救济工作。[⑥] 这使得传教士的救济工作逐步摆脱了散兵游勇的状态，开始向组织化方向发展。

晚清时期，清朝无力为北方干旱省份提供充足的救济，加上西方媒体对于丁戊奇荒的批判报道[⑦]，如纽约时报、泰晤士报、北华捷报等，再加上《申报》的报道在江南地区的广泛传播，刺激着江南地区的士绅、商人和官员，逐步在江南自发形成了广大的饥荒救灾网络。朱浒曾在《地方性流动及其超越》一书中描述了江南的士绅行动，详细阐释义赈从江南到华北的转战过程及他们在赈济中的活动。学界对于晚清义赈的实践特质一般认为是"民

---

① Paul Richard Bohr. *Famine in China and the Missionary*：*Timothy Richard as Relief Administrator and Advocate of National Reform*，1876—1884 ［M］. Cambridge：Harvard University Press, 1972：89—90.

② Wan-kuo kung-pao, April 14, Shanghai, 1877：270.

③ Richard Timothy. *Forty-Five Years in China* : *Reminiscenses* ［M］. New South Wales：Wentworth Press, 2016：119；*North-China Herald and Supreme Court and Consular Gazette* ［M］, July 28, 1877：87—88.

④ *North-China Herald and Supreme Court and Consular Gazette* ［M］, July 28, 1877：87—88.

⑤ *North-China Herald and Supreme Court and Consular Gazette* ［M］, July 7, 1877：12；Wan-kuo kung-pao, August 4, Shanghai, 1877：701b—702b.

⑥ Paul Richard Bohr. *Famine in China and the Missionary*：*Timothy Richard as Relief Administrator and Advocate of National Reform*，1876—1884 ［M］. Cambridge：Harvard University Press, 1972：187—189, 113—114.

⑦ 丁戊奇荒是第一场被西方媒体报道的中国灾荒。

捐民办"和"跨境赈灾"。但是，在晚清不同时期的义赈仍有其自身特点，在嘉道时期之前，义赈整体上是以官赈的附庸角色出现的，归于官赈体系筹。① 而到了光绪年间，义赈的形式和地位都发生了变化。在丁戊奇荒中，以西方传教士为代表的赈灾力量刺激近代民族国家意识的形成，也使跨境义赈行为的组织化实现国家指向的跨越。

到了1876年的夏天，筹划救灾的士绅与商人在上海、杭州、苏州和扬州，设立特别救济办事处（协赈公所）。在接下来的三年，这些网络相互交织合作，募得一百多万两的救灾费用。虽然江南士绅名义上接受天津的官方救灾办事处管理，但在行动上仍保持独立性。② 但是在赈灾伊始，江南士绅基于地方本位主义，其内部就对于山西和河南进行义赈的目标持有不同态度，因此也在他们中间产生了两种不同的声音，一种是倾向于把华北的灾荒与当地的某些行为相连，基于"守望相助"的观念，从外部为这场灾荒建构一种因果关系促使更多人参与救灾活动中；另一种是认为参与救荒的根本目的是以此为鉴进一步保护江南的利益，防止华北难民潮对江南有所波及。虽目的有所不同，但在赈灾期间士绅形成了官赈之外的制度化义赈力量已成事实。

随着西方传教士如火如荼地开展救济工作，对于正在崛起的具备近代民族意识的中国绅商产生了强烈的刺激。正如郑观应在《筹赈感怀》一诗中揭露清代一些贪官借赈敛财、侵吞善款后感叹道："且为异族消，抚膺诚可差。何如行善举，慷慨法欧洲。筹赈设公所，登报乞同俦。乞赐点金术，博施遍神州。"③ 鉴于此，郑观应便联合经元善、李金镛、严佑之等绅商在上海创设了筹赈公所，模仿传教士在华设立赈灾委员会的办赈模式，为救济北方旱灾开展了大规模的义赈。表面上，活跃的义赈力量为此时官赈能力的下降所留下的缺位进行了补足，实质上却使他们在自觉不自觉中担负起了地方赈灾的主要力量，承担了本属于国家的救济职责。随着西方传教士参与活动的日趋深化，救荒力量越来越多元，赈灾的主体也开始下移，这一方面表现出民间

---

① 参见夏明方. 在民主与专制之间：明清以来中国救灾事业嬗变过程中的国家与社会 [M] //夏明方. 新史学（第6卷）. 北京：中华书局，2012：236—237.

② Mary Rankin. *Elite Activism and Political Transformation in China：Zhejiang Province*，1865—1911 [M]. Stanford：Stanford University Press, 1986：142—147.

③ 夏东元：郑观应集（下）[M]. 上海：上海人民出版社，1988：1278—1279.

赈灾力量的增强，义赈逐渐上升为中国慈善事业中的中坚力量，获得了政府和社会的高度合法性认同，也凸显出中国一直引以为豪的荒政制度开始走向衰败，对官赈体制造成制度性冲击。

正如兰金（Mary Rankin）等学者所述，饥荒对于江南地区的士绅阶层产生了重大的影响。在那里，这场灾荒使得中国慈善家们跨越了地域边界，他们不仅仅关注本地区内的穷苦者，还将眼光投向了华北地区正在挨饿的"陌生人"。他们与传教士的救济活动既竞争又合作，在国家无法养育人民时担负起政府官员的职责。[①] 清政府救灾工作的迟滞让江南士绅们感到非常失望，也引起了他们对于清政府的批评和强烈的改革呼声。面对外国对清政府救灾工作不断地抨击批评，以及传教士在受灾省份发放救援物资引发的民众质疑，江南士绅们开始认为这次饥荒是国家的耻辱。越来越多的社会精英们认为这次饥荒是 19 世纪中国最主要的危机之一，他们的思想和行为也从"文化主义"向"民族主义"转变。现代的民族主义在 19 世纪 60 年代开始进入中国，不同于早期的中国身份形态，现代的民族主义既强调国家之间的竞争，而且拒绝以往构成中国身份的方式。[②] 其本质上是现代民族国家意识在中国社会中的觉醒。例如，在上海，来自国外报道的批评以及传教士在中国赈灾的新闻铺天盖地，迫使当地精英不得不重新思考中国与世界的关系，接受了中国可能只是世界上"众多国家之一"的事实，而中国长期以来的荒政制度也并非救灾唯一之法，只是救灾的众多方式之一。[③]

三、底层反抗闹剧："传教士的奇遇"

基督教的反对者很多来自深受封建思想教化的知识分子，传教士也只能

---

① Mary Rankin. *Elite Activism and Political Transformation in China*：*Zhejiang Province*，1865—1911［M］. Stanford：Stanford University Press，1986，chapter 4；Andrea Janku. The North-China Famine of 1876—1879：Performance and Impact of a Non-Event［J］. *online publication*，2001.

② Henrietta Harrison. Newspapers and Nationalism in Rural China，1890—1929［N］. Past and Present 166（1999）：182.

③ 参见 Kathryn Edgerton-Tarpley. *Tears from Iron*：*Cultural Responses to Famine in Nineteenth-Century China*［M］，chapter 8. Berkeley：University of California Press，2008.

先通过发放救济款的方式接触到他们。例如，在山东昌乐县，李提摩太向县里的所有秀才每人发放一两银子的救济，目的是通过行动向他们证明基督教的价值。当陆陆续续有更多救济款运来后，李提摩太在对当地的穷人进行摸底后，先对灾情最严重的村子发放救济。但是，当李提摩太在昌乐县的救济事业开展得如火如荼时，当地的知县开始怀疑他的动机，认为他给秀才发放救济是贿赂县里的地方官员，而现在给最穷的人发放救济是在煽动民众造反。于是，当知县听说他运着三大车现钱经过县城时，故意向外散播消息给他制造障碍。

有一次，当李提摩太抵达县城的南郊，在那里的一处客栈吃饭，他们刚刚吃完饭，就有一大群杀气腾腾的人围了上来，并动手拿车上的钱。他意识到情况非常严重，便叫车夫们调转车头，回到客栈里去。在客栈里，他与他的助手商量了一下，感觉在这样的情况下，他不可能到村子里去发放救济款了，因为那些村子还有几英里远。于是，他把三辆马车留在客栈里，让他的助手看管，他自己则骑着马去最中心的那个村子解释情况。事情远不是像他想象中的这么简单。在那个处于中心的村子里，从周围地区积聚到那里的几千人等着救济，已经耐心地等了一整天，很多人手上还抱着孩子，他意识到这些民众不可能耐心听他解释，而且如果他把实情一五一十地讲出来，是昌乐知县不许他把救济款运来，那民众一怒之下很可能冲到城里，局面一定会很危险。于是他决定在门上张贴一个告示，告诉民众由于没有预料到的特殊情况，很遗憾未能如约于当天把救济款带来，并劝村民们尽快回到各自的村子去，免得站在那里受冻；同时，他叫每个村子留下两三个年长的，来安排他们尽早把救济的钱送到村子里。不到十分钟所有的人都安安静静地散掉了，然后，他跟那些年长者商定了一个时间，让他们到青州府去，再把救济款给他们，让他们回到各自的村子里发放。这才使得危机暂时平息了下来。第二天，李提摩太回到了昌乐。他刚到城郊，就有人冲出家门，一边束着裤带一边大声喊着："Lai-le! Lai-le!"（意思是"他来啦！他来啦！"）。他们刚刚进入客栈，那些人就想强行打开客栈的门，没有成功之后，他们又不停地往屋里扔石头和砖头，助手们只好冒着生命危险躲来躲去。

后来，一名官员提出希望和他见面并给他出了一些主意，但这些主意并非完全出于善意，随后这个军官匆匆离开了。客栈外面聚集的人越来越多，气势也越来越凶。然后，他决定让助手坚持二十分钟，照顾好马车，让他的助手带着五吊钱离开客栈到通往青州府的大路上约六英里的地方等他。李提摩太说着就推开客栈大门快步走向城门，整个人群"哗"地跟了上来。进城之后，他直奔衙门，那些人叫了起来："他到衙门去啦！他到衙门去啦！"在衙门的门前，他顾不上门卫的劝阻径直冲进知府衙门，对知县说："你一定知道城南郊外发生的事情，装现钱的马车正困在客栈里。我叫我的助手在那里照管二十分钟。"然后，他掏出怀表。"二十分钟后，他就要离开那里，不跟任何人交代一句。现在，几百人已经把客栈围住，而且威胁要动武，我告诉你，我的人离开后，不管发生什么事情，全算在你的头上。在他离开客栈之前，你现在有足够的时间派人去那里维持秩序，保住马车。"知县听后十分冷漠，表示这笔钱与他无关。李提摩太只回应道："这个地方的治安跟你有关。"这种强硬的态度也使得知县有所忌惮，立刻派人到客栈去。于是，李提摩太手下的人便把马车交由他们负责。外面的人群见他从衙门里出来，叫了起来："他回客栈啦！"这些人叫着便转身冲到了他的前面，拼命地跑着。跑到一个十字路口时，他们全都转身向南城门跑去，而他却穿过一段比较空旷的地方，径直朝西城门走去。

这时，天已经黑了。在西门外他看到两个推手推车的车夫在休息，吃着硬邦邦的麦饼当晚饭，便问他们是要到什么地方去，他们说是要到姚沟去。他正是要往那个方向去，于是就请他们带上他一起走。能揽到活他们自然喜出望外，于是他爬上了手推车，他们一个在前面拉，一个在后面推。他们走得很快，李提摩太为自己终于摆脱了那帮暴徒而庆幸。

可是，没走多远便听到身后传来兴奋的喊叫声，当他们来到一个村子时，有六个人赶上了他们，把他抓住非要把他带回到昌乐的客栈去，把钱现场分给他们。面前这六个凶狠的家伙，车夫也开始感到恐惧，劝李提摩太跟那些人一起回去。

事情就这样胶着时，李提摩太把他们叫到附近的一个打谷场上。针对他们贪小便宜的心理，便对他们说："假如我跟你们一起回去，我回到城里消息一传开，就会有几千人聚到那里去要钱，一定会发生踩踏事件。很多人会受伤，会断胳膊断腿，有的人甚至会送命。你们敢担保，你们自己的亲戚朋友甚至你们自己不会在受害的人当中吗？我已经跟我的助手说过，叫他在前面几里处的一家客栈等我。他会随身带五千文现钱去。假如你们跟我一起去，我会把这些钱分给你们。这样，你们既可以得到你们的钱，又不会有受伤的危险。你们是不是觉得这样要比跟我一起去城里更好呢？"一阵周旋后，李提摩太终于摆脱了险境。

但不可思议的是，离昌乐约五英里的窑口村的村民听说他在昌乐这边遇上了麻烦，过来搭救他。他们有的拿着棍棒，有的扛着草耙，有的带着更加危险的武器，还有的人则骑着骡子，打着灯笼。发现他安然无恙，他们便让他骑上骡子，一队人马原路返回，沿途上还遇到了另外一些迎接他的人。等他们到达窑口的时候，由各色人等组成的庞大队伍正聚在那里，一派欢天喜地。村子里的长者们则在一个规模较大的当铺（那里最主要的建筑）里准备了一场特别的欢迎宴会。

第二天，李提摩太回到了青州府，并拜见了知府，他把昌乐知县的失职行为原原本本地讲给知府听，并解释道，马车上的那些钱并不是他本人的，是设在港埠的赈灾委员会募集来的，他必须对这笔钱负责。首先要找知县索要这笔款的收据，还要把这些钱发给县城里贫穷的老人和妇女们。昌乐城里的百姓听说那些钱将要发放给他们，便到知县那里去要钱。可是这些贫穷潦倒的人们却因这样或那样的借口被支走和拒绝。

一天，一百名妇女拿起厨房里切肉的刀子和砧板来到了衙门，在衙门的院子里坐了下来，跟班的问她们有何公干。她们说有话要跟知县说。知县心里有数，他必须出来，听听她们究竟有什么话要讲。他刚一露面，一个被选出来作为代表的妇女便叫道："穷人们都快饿死了，可是知县却把本该给我们的钱偷去了，他就该像这样被剁成肉酱！"然后，一百名妇女用刀子在砧板上有节奏地剁着，并一齐有节奏地喊道："谁要是偷了钱，就被剁成肉酱，像这样，像这样！"那官员现在终于明白，他再也没有退路了，只好答应第二天中午发放救济款。

事发之后，李提摩太立即写了封信给一个在华的美国人，把近期所看到的、所做的一切林林总总地讲了一遍，这封信后来在美国的一家报纸上发表。

很多报纸又对它进行了转载，最终它甚至传过了大西洋到了英国，出现在《星期六评论》（Saturday Review）①或者《蓓尔美公报》（Pall Mall Budget）②，其标题是"传教士的奇遇"。正如顾卫民在《基督教与近代中国社会》中对传教士做出的评价，在有些时候、有些地方，传教士确实遇到过反对，但这种反对是排外政策及统治阶层、自由阶层的对外态度所致，而不是中国民众的感情所致。中国民众一般是和平友好的，只有受到其他阶级煽动时，才和传教士作对。他们虽不抱任何特殊的感情，但也不反对和传教士进行友好的交往。③虽然传教士对于在中国这样的社会环境中如何开展工作还没有较为成熟的想法，但这个事件让他们深刻感受到中国官僚系统与民众思想的截然不同，更让他看到了中国社会各层级间的缝隙和矛盾。

第三节　嵌入中的"上下周旋"

很多传教士认为这场灾荒中之所以有数百万人丧生，是因为中国的官员过于傲慢，认为西方才是象征着"文明"的国度。但事实上，灾荒的蔓延并非中华文明的衰落，而是荒政在晚清逐步僵化导致的资源失衡。当时的一个政府官员发布过这样的告示，禁止民众迁往粮食较为充足的地区，同时周围省份的官员禁止向山西输送粮食，④限制物资流通无疑大大加剧了饥荒的严重程度。李提摩太认为这场饥荒本可以避免，就是因为儒家的傲慢自大，佛家的碌碌无为，道家和风水先生们的信神弄鬼，增加了罪过，才使这个国家生灵涂炭，而最好的赈灾方法就是清政府可以吸取其他国家的经验，中国和外国的精英们走到一起通力合作。李提摩太还敦促当地官员要记住，中国古代的圣贤之所以得到敬重，是基于一个事实：为了苍生的福祉，他们发明了新

---

①　《星期六评论》（Saturday Review）是 1855 年内创刊于伦敦的一张报纸。

②　《蓓尔美公报》（Pall Mall Budget）可能是指 1865 年在伦敦创刊的报纸 Pall Mall Gazette，怀疑李提摩太把 Gazette 写成了 Budget。

③　顾卫民. 基督教与近代中国社会［M］. 上海：上海人民出版社，1996：201—202.

④　李提摩太. 李提摩太在华回忆录［M］. 陈义海，译. 南京：江苏凤凰文艺出版社，2018：74.

的技艺；神农发明了农艺，仓颉创造了文字。因此，在当下中西方交汇的时代，为了万民的福祉，官员们应该采取新方法。① 培养孤儿中最聪慧的孩子学习西学和英文，对于不甚聪慧的孩子，则教他们新式技艺，从而避免让那么多的人在老行当中彼此竞争。

但是在百姓心中，地方官员代表着皇帝的意志，自然成为灾荒发生时首先要求得帮助的对象。尽管这些人从省级或中央政府直接得到或可支配的资源可能非常有限，但当时的惯常工作方式仍是由府州县地方官进行正式审批和监督，并担任民间慈善活动的动员者和协调者，还可以皇帝名义赐予荣誉头衔来驱动当地富人和士绅的行为。此时的社会依旧植根于中国自上而下集权式的官僚体制中，社会秩序是由官员、士绅等地方精英共同维系的。虽然苦难无所不在，但令人称奇的是，没有出现打劫富人的现象。这是因为村子里到处张贴着告示，内容是官府有令，凡企图抢劫、实施暴力，镇上或村子里的官长有权将抢劫者立即处死，无需向上级禀报。曾国荃发现有一个官员挪用了赈灾款，他立刻下令把他处决，这一果断的行动也对其他官员起到了威慑作用。而且与太平天国不同的是，此时的中国并没有直接从自身社会中生发出新的反抗团体。所以，传教士们在开展救济工作时自然也绕不开地方官府，和他们处理好关系是开展活动的关键环节。

一、基层的敌意与偏见

1875 年，李提摩太刚刚进入山东时，他在空荡荡的村子里骑马穿行，一个人一边穿着不整的衙役服，一边用锐利的眼光打量着他，问他从哪里来。

> 李提摩太答道："从青州府来"。
>
> 那个人又问道："但你不是中国人，你是个洋人。"
>
> "是的，我来自英格兰。"李提摩太说。
>
> 那个人大喊起来："英格兰！就是那个背叛我们的国家！"②

---

① 李提摩太. 亲历晚清四十五年——李提摩太在华回忆录［M］. 侯林莉、李宪堂译. 天津：天津人民出版社，2011：64.

② 这里指的是第一次鸦片战争。

李提摩太反驳道："英国没有背叛，因为她根本不属于中国。"

"她曾经属于中国，在她成为中国的进贡国之前就属于中国了。"① 那个人义愤填膺地答道。②

这段对话反映出当时清政府及其民众对于西方的认知和态度。

后来，太平天国起义使得中国人对宗教宣传产生了恐惧之心，将其看作危险的政治运动。因而，即使在宗教宽容条约签署之后，中国政府还是晓谕各级的政府官员在自己的管辖范围内尽最大努力给传教士们的进入设置障碍，以防他们笼络人心。在江苏，有一个出租房屋的屋主，只是因为身上被搜出一封外国人的信件，就被判处死刑。出租房屋给"洋鬼子"的屋主都被逮捕、判了重刑，这些政策也可以解释一个事实，那就是为什么在中国传教点的建立总是伴随着暴乱，这些暴乱其实就是官员和乡绅发起的。

不过，事实上，每个地方不同层级的官员对于传教士的态度有很大区别，有恐惧、有默许、也有爱恨交加。例如，李提摩太在山东青州时租住在警察局长的房子里，青州城里有一位已经退休的前任知县，他对外国人怀着强烈的偏见。于是他去拜访警察局长时，狠狠地把他骂了一通，说他居然敢把房子租给一个洋鬼子。而这位警察局长是一个很聪明的人，对这件事处理得也非常公道。他回答说，道台最近有令，警告老百姓不要欺负外国人，以免引起国际麻烦，所以他不能拒绝把房子租给外国人，道台会找他的麻烦。这个前任知县在警察局长（以前曾是他的下属）那里游说失败后，非常生气，便跑到现任知县那里，大发牢骚，说外国人走到哪里就在哪里制造麻烦，并要求他把李提摩太从城里赶走。知县给他的答复是，他的上司知府大人现在就住在城里，如果有意见最好去拜见他，如果他下令，那么，他作为知县便可以采取行动，赶走这个外国人。

于是，这个前任知县便去拜访了知府大人。不过，他得到的答复却是："北京城里住了那么多的外国人，但那里并没有什么麻烦，我听人说，这个外

---

① 这里指的是马戛尔尼及其他使节给中国进献礼物，这被视为英国向中国的进贡。
② 李提摩太. 李提摩太在华回忆录［M］. 陈义海，译. 南京：江苏凤凰文艺出版社，2018：90.

国人把药送给别人，为穷人做了很多好事。如此说来，无缘无故地找人家的麻烦没有道理。当然啦，如果你听说他做了什么错事，要让我知道，我会过问的。"很快这个前任知县碰到钉子的事便在当地传开了，他的无理取闹被现任官员制止住了，却没有人同情他。这起风波之后，普通民众也就不敢刁难李提摩太了，他也就获准平平安安地住在城里。

后来，这个前任知县又要找李提摩太的麻烦，说他在发生饥荒的时候拐卖儿童，他的文书当面进行了反驳。这个退休官员在大庭广众之下受了侮辱，暴跳如雷，当即就跑到知府那里去打小报告，说外国人在拐卖儿童。警察局长把这件事告诉了李提摩太。为了把事端扼杀在萌芽状态，李提摩太给知府写了封信，声明有人在挑拨离间，企图挑拨民众来与他对抗，并请求知府对于这些为恶者给予制止。

第二天上午，知府签署的一份告示便在城墙上张贴出来了，上面写得很清楚，凡是收容在饥荒中死去父母的孤儿的人，都是社会的慈善人士，对这样的人，全社会应该抱感激之情；任何居心叵测，散布谣言的人，必将受到严惩，这便把那个退休官员的嘴堵住了。① 这种来自基层的敌意与偏见不在少数，但地方官员在非常态状况下的"妥协"为传教士提供了调整的时间和空间，这也意味着传教士想要真正嵌入当地百姓的社会生活还有很长的路要走。

二、朝廷大臣的功利性接纳

随着灾情的日益扩大，山西的灾情超过了山东，伦敦会（London Missionary Society）的慕威廉博士（Dr. Muirhead）受山西赈灾委员会的请求给李提摩太写信希望他到山西分享山东的赈灾经验，李提摩太和他的同事阿尔弗雷德·G. 琼斯收到信件后深信这是来自上帝的直接引导，认为"中国人或许不能从文字上接受基督教的真切性，但是，帮助他们摆脱苦难则可以显示宗教无可争辩的善良动机"。② 李提摩太受上海教会赈灾委员会的委托到山西组织

---

① 李提摩太. 李提摩太在华回忆录［M］. 陈义海，译. 南京：江苏凤凰文艺出版社，2018：40.

② 李提摩太. 李提摩太在华回忆录［M］. 陈义海，译. 南京：江苏凤凰文艺出版社，2018：67.

救灾。他在去往山西的途中看到了很多惨绝人寰的景象令他大为哀恸，这种恐怖的景象令他的两个同伴丧胆，便有回山东之意。但当他们回乡之后，其他的人都埋怨他们，说道："你们想想看，你们都是中国人，都习惯了本国的天气，却把一个不适应气候的外国人丢下，让他一个人面对寒冷、死亡、困顿。你们真可耻！好丢人啊！"于是，这两个人受到这样的羞辱后决心回到山西和李提摩太会合。这个时候，山西并没有新教的传教士，只有一个天主教的主教以及十多名牧师分散在山西各地，他们继续开展着耶稣会的传教工作。后来，李提摩太开始向英国筹集善款，共筹集了6万英镑，将之兑换成白银后，由李鸿章派兵押至山西。

李提摩太第一次接触李鸿章是在1875年，当时，他正在烟台签署《烟台条约》。而李提摩太正在和一个当地助手一起，负责教会医院，他发现李鸿章的许多士兵因为患有疟疾和痢疾纷纷被送到他们的医院，他便把奎宁和止痛药作为礼物送给了这位高官，让李鸿章分发给他的随从和警卫人员，为此，李鸿章还特意送来一封感谢信。[①] 李提摩太吸取了利玛窦在中国传教的经验，十分关注与中国的高层统治者打交道，通过影响李鸿章、曾国荃、张之洞等高官，进而影响慈禧太后、光绪皇帝，以期实现拯救民族灵魂的目标。

对于灾民而言，传教士的救济无疑是雪中送炭，但对于经历过太平天国和两次鸦片战争的清政府而言，他们对于传播基督教的外国传教士自然心存忌惮。一是怕他们寻衅滋事，再引起外交和军事风波，二是怕他们借赈灾笼络人心，再挑起推翻清政府的活动。传教士开始在直隶开展赈灾活动时，李鸿章就曾派人秘密跟踪，河南省则是不允许传教士进入，而传教士在山西的活动也并非一帆风顺的。李提摩太一到山西就拜访曾国荃，但显然这位当地大员对于他的出现是不欢迎的，因为在中国，造反常常发生在饥荒的时候，官府的行动很难满足老百姓的需求，不满情绪集聚，所以曾国荃认为，李提摩太到这里来就是要从官府那里争夺民心。当李提摩太和曾国荃见面时，表明态度，希望把准备好的2000两银子发放给饥民，并出示了直隶总督李鸿章给的通行证，但曾国荃就认为传教士的救济活动是在"盗窃中国人的心"，仍

---

① 李提摩太. 李提摩太在华回忆录［M］. 陈义海，译. 南京：江苏凤凰文艺出版社，2018：35.

对他处处设阻，控制他在当地开展活动。

由于曾国荃的哥哥曾国藩在镇压太平天国运动时曾表达过对于罗马天主教和新教的看法，认为这两派势不两立，以至于他们的影响力可以在内斗中互相抵消，这就省得官员采取干涉行为去对付他们。于是，曾国荃便建议李提摩太去找当地的罗马天主教①，因为这位天主教传教士前几天提出要一批粮食救助他开设的孤儿院，刚好可以拿出其中的一些钱去资助他。李提摩太接受了曾国荃的建议去拜访那位主教，但李提摩太提出了一个要求，要派一个助手和这位天主教主教一起发放这笔救灾款，保证善款可以落到实处。然而，这位主教一时间不肯接受他的建议，李提摩太只好在三者之间不断周旋，事情也是一拖再拖。

后来，李提摩太设计了十几个问题委托天主教的主教发放给省内的其他同行，以便更加了解灾情和当地的紧迫需求。这些问题主要包括：往年粮食的正常价格是多少，饥荒期间的粮价有多少变化，当地死于饥饿的人数占总人口的多少，有多少人已经移民到别的地方，还有多少牲畜没有被吃掉，还剩下多少妇女。主教很爽快地答应了他的要求，这为日后李提摩太更好开展救荒活动提供了详细信息。

李提摩太也决定利用这段时间实地去考察灾情究竟到了何种程度，他从太原南下一直到了平阳府，灾区的凄惨景象使其感到无比震惊，也为自己不能亲自赈济灾民而深感不安。沿途中李提摩太发现，天津到山西南部的蒲州府距离是八百里，这段路程由官府承担粮食的运输，这是因为饥荒核心区方圆八十里的区域内已经没有粮食，个人也已经没有能力自己驮运粮食，他们的牲口已经全部被吃掉，而且山区的路非常差，一支六七头骡子的运输队一次运半吨粮食都很困难。一路上他便带上了一只袖珍气压计，沿途测量地势的起伏情况，返回太原府后他就绘制了一幅记录地势起伏的地图。在他看到沿途的悲惨情境后，他决定返回省府太原，继续劝说曾国荃允许他到地方散发筹集的赈银。经过多次游说，最终得到许可，但只允许其在地方官的合作

---

①　当时，山西并没有新教传教士，只有一名天主教的主教和十几名牧师分布在省内各地，他们所做的工作是耶稣会传教工作的继续；大约在两百年前，耶稣会曾独揽北京的传教事业。

下，先在阳曲县的数个村庄开展赈济。自此，曾国荃在对待传教士赈济的态度上，逐步发生了转变。虽这种转变是迫于灾情的逐渐加重和李鸿章书荐传教士来晋赈济，但更重要的是李提摩太能够服从官方安排，这种"顺从"的态度赢得了山西巡抚的认可。

李提摩太向巡抚提出了三点建议①：

1. 向满洲和其他粮价便宜的地方大规模移民。

2. 开始修建公共设施，比如铁路，这除了可以提供就业机会，解决民众的生计问题，对于将来避免饥荒也有着永久的价值。

3. 向未受饥荒侵扰的省份征收饥荒税。

几个候补道台受曾国荃委派讨论上述建议，他们认为修建铁路有利于人员流动，外国人的数量也会随之增加，必然会引起麻烦，所以这一建议遭到了他们的拒绝。

在山西，随着救灾款从国外陆续进来，李提摩太非常希望能够尽快把钱分发给饥民，于是他主动和一直持拖延态度的曾国荃联系，派人捎信给他，告诉他打算在五天之内给最需要救助的村子发放救济金。这使得曾国荃不得不做出回应，他立马派人和李提摩太商谈，并建议把一些村子划分出来，让传教士去发放救济金，派地方官员和士绅们协助他，当然这也是一种监督他的方式，李提摩太也对这个安排表示认可。官府在城里和中心集镇设立了施粥点，比如在太原府的某个施粥点，每天都有两万多人去那里领一碗小米粥。在偏远的村庄，登记在册需要救济的人则被集中起来，他们每人每月可以获得一百个铜子②或每天三个铜子的救济。③赈济工作在山西阳曲等多个县乡有序开展，地方官也"诸称平顺"④，认为传教士对他们的工作提供了帮助。曾

---

① 李提摩太. 李提摩太在华回忆录. 陈义海，译. 南京：江苏凤凰文艺出版社，2018：75.

② 当时，20个铜子相当于一个英国便士。

③ 李提摩太. 李提摩太在华回忆录. 陈义海，译. 南京：江苏凤凰文艺出版社，2018：75.

④ 上总理各国事务衙门［M］. 曾国荃书札（卷11）.

国荃听闻后，慢慢放下了对传教士的敌意，适时调整政策，将平阳等地的赈济工作也交由传教士配合完成。

光绪四年四月，李鸿章寄谕中也提道："光绪元年山东青州等属旱灾，各口流寓洋人捐集银数万两，由英国教士李提摩太带往散赈办理，颇协舆情。上年晋豫旱灾，迭经驻津英领事佛礼赐函报，西国人已集有银五万两助赈晋省饥民，仍请李提摩太前往，会同该地方官绅查户散放。业据三次解送银四万两，因系善举未便劝阻。节经臣分咨总理衙门及山西抚臣在案嗣准，曾国荃函称该教士等在晋查放尚属妥协。"① 曾国荃对于传教士在赈济活动中的态度是随着事态发展而变化的，先是以多种理由劝阻他们的行为，不希望他们介入到地方管理中，传教士也是小心翼翼的进入，自筹资金积极配合地方官的赈济工作，没有做出任何挑衅或者过激行为，也赢得了当地民众的信任，因此，曾国荃允许他们的赈济范围扩大也是正常现象。

三、与地方政府的合作

各地的灾情随着季节变化而持续发展，冬天的临近使得灾情变得越发严重。有的村子本来有四十名居民，最后只剩下十名幸存者。粮食的价格飞升到平时的三四倍。很多人听说满洲的粮价便宜，他们便渡过渤海湾移民到满洲去。那些承受不起旅途开销的人，不得不把自己的房子拆掉，把房子上的所有木头统统当作柴火卖掉，希望卖点钱去买小米。等这点资源也耗尽了，他们便把原来用来盖房顶的但已腐烂的高粱秸秆和草籽、麸糠煮了吃，聊以充饥。

深冬的时候，这些可怜的人为了取暖，他们在地下挖了很深的坑，二十、三十，甚至是五十个人在坑里挤在一起。由于空气污浊，加之没有吃的，这种地洞导致了大量人的死亡。一开始，活着的人没有办法给每一个死者都挖一个墓穴，于是他们就挖了两个大坑，一个用来埋男人，一个用来埋女人，那些死者不过是被扔进去而已。后来，死者是在哪里倒下的也就给留在原来的地方了，任野狗、饿狼、老鹰吞噬，场面惨不忍睹。

---

① 国家图书馆藏清代内阁六部孤本档案·筹办各省荒案：18747—18748.

更有甚者，在山东青州府东南方山区的一个乡下竟然出现了一个出卖妇女的市场，买主是从东面海边来的男人，没有被买走的妇女苦苦哀求有人把她带走，哪怕分文不取，因为这总比卖不出去、活活饿死要好些。所幸的是，山东的灾情结束时，山东巡抚发出一项通告，前一年所发生的土地买卖和妇女买卖被宣布一律无效。这样一来，不公平的交易便得到了偿还，这对很多家庭来说，是一个不折不扣的福音。

后来，李提摩太给烟台方面写了一封信，描述了当地的可怕图景，后来这封信被寄到上海的《每日新闻》（Daily News），同时这封信还被海关的豪威尔先生翻译成汉语刊登在《申报》上。之后不久，从北京到广东成立了若干个赈灾委员会。山东巡抚把七个受灾最严重的县的情况向皇上作了禀报。饥荒最严重的中心就是在益都县，也就是青州府城所在地。该城的知县是江苏人，他为民众已经尽其所能。除了接受官府的救济款外，他还号召主流的士绅捐款；于是，在城里，五万灾民每天便可以吃到一顿像样的粥。① 为了避免本地官府的救济金、江苏来的救济金、外国的救济金重复发放，同时，也为了避免老百姓对捐赠数目的多少进行比较，扰乱社会秩序，李提摩太跟管辖十一个县的青州府的知府以及益都县的知县商量了一下，为的是找到一个发放救济金的最佳办法。最终，益都县划成几个片区，让江苏来的士绅发放一些村子，传教士去发放另外一些村子，为了避免受助人不满，各处发放的数额全都一样。

在为山东制定赈灾方案时，李提摩太面临着三个问题：一是资金不足，除了自己微薄的积蓄外，没有其他的赈灾资金；二是缺乏经验，他以前没有任何分配救济的经验；三是官员抵制，他提供的任何形式的援助都可能引起当地官员的愤怒。第一个问题的解决相对容易，他号召中国和西方的外国人伸出援手。在解决第二个问题时，他充分考虑政府能力的不足和民间慈善的弱点来进行赈灾物资的分配。他听说一个青州的谷商想把钱和粮食分给一群饥民，结果引起了骚乱，一个小女孩不幸被踩死，还有许多人受伤。发生骚乱后，当地官员禁止了其他的民间慈善活动，因此李提摩太意识到有组织、

---

① 李提摩太. 李提摩太在华回忆录［M］. 陈义海，译. 南京：江苏凤凰文艺出版社，2018：56—62.

有系统地分发物资非常重要。首先，在发放的内容上，他决定分发现金而不是粮食，而清政府则是以分发粮食为主，这主要是因为他没有足够的运输和分发粮食的工具。在李提摩太第一次尝试分发现金时，他站在城里最贫困的一条狭长小巷的尽头，让申领救济金的饥民一个个排好，然后在每个领取完现金的人的手掌上用油墨做上标记，有的人想把标记洗下去重新排队再领一份，他们脏脏的手掌就会变干净，因此，这些想重复领取的人就会被辨别出来，这样才能保证发放的公平。① 之后，李提摩太又在新约里发现了一个发放救济金的好方法，他让十几个饥民到一个打谷场上，让他们安静地一排一排坐好，他告诉这些饥民，如果他们能安静地坐着，他愿意把他仅有的钱都分给他们，就这样把钱一笔一笔的发了下去，他们安静地仿佛是一次圣餐礼。②李提摩太不仅在寻找自己的系统救济方法，而且还尝试向当地官员建议，敦促他们立即采取措施调动更多的粮食储备。为了消除官员们对外国人在饥民中煽动叛乱的疑虑，并避免外国援助和政府援助的重叠，李提摩太试图补充而不是对抗清政府的救济计划，他坚持认为只有与官员密切合作，才能减少他们的排外，发挥西方救济的作用。虽然他在与当地官员合作方面做了很多努力，但是仍有一些县对于传教士的进入采取坚决抵制的态度。比如，青州县令担心大饥荒时期发生大的骚乱，禁止了一切民间慈善捐赠，传教士就无法发放这些资金，他只好把这些外来捐款交给地方官，由他们来分配。

随着捐款越来越多，各受灾地区接收到的物资差别也在变大，李提摩太请求在最贫困的村庄分发救济物资。当地官员批准了这个请求。但是他很清楚，能把物资发放到最需要的人手中并不是一件易事。有些人通过贿赂官员把自己的名字列入政府救济名单里，救济往往发不到最贫穷的家庭，李提摩太希望通过他的努力可以弥补这种不公平的现状。于是，他设计了一个方案，派了几个诚实可靠的人，在村里了解情况后，把那些最需要帮助的人的名字登记在新的救济名册上，李提摩太给每个登记在册的人一张票据，让他们去

---

① Richard Timothy. *Forty-Five Years in China：Reminiscenses* ［M］. New South Wales：Wentworth Press，2016：101.

② Richard Timothy. *Forty-Five Years in China：Reminiscenses* ［M］. New South Wales：Wentworth Press，2016：102—103.

固定的救济点兑换成现金。① 后来，青州府慢慢也允许李提摩太在当地一半的镇里分发救济金，他也小心翼翼地不超过限制范围，因为他知道只有取得政府的合作和信任才能继续他的救济事业。

随着山东饥荒的蔓延，捐助已经满足不了当地的需求。因此，李提摩太不得不向外界寻求帮助。1876 年初夏，他请他的朋友、上海联合教会的牧师詹姆斯·托马斯在上海外文报刊上发表他记录下的饥荒情况。与此同时，李提摩太在烟台的一些朋友又把这些记录送到上海，发表在《华北日报》和《申报》上，用文字来唤起身处上海的西方人的同情心：

> 我祈求的不是施舍穷人，而是为挽救他们的生命，一刻也不能耽搁：在我写作的时候，成千上万的人正在死去，在这封信到达你这里之前，已有成千上万的人死去，并且死亡人数每天都在增加。政府现在非常无助，希望我们外国人能做出更好的榜样来帮助我们的同胞。②

传教士在赈灾中不同程度的嵌入呈现出功利性和价值性交织的状态。处于变革前夕的中国，社会中竞争势力的存在并不一定意味着导致国家的崩溃，也不一定代表政府的完全失控。③ 这种共存也可能反映出弱政府主动尝试在外围寻求与其他力量形成伙伴关系。在合作关系的维持和西方教会的持续支持下，他们的赈灾和传教工作继续如火如荼地展开，进一步向中国社会的深层结构中迈进。

本章小结

从李提摩太的工作方式上可以看出，他和戴德生代表着对于传教事业的两种不同立场，这些观念之间既存在一致的地方也有冲突。他们两个人都把事业大胆着眼于中国整个社会，期望找到一种比前人和同行更为有效迅速的

① William E. *Soothill. Timothy Richard of China* [M]. Seeley：Service & Co. Ltd. ，1924：93.

② Baptist Missionary Society Archives, Richard to the B. M. S. , London, February 12, 1877.

③ Barkey. *Bandits and Bureaucrats：Ottoman Route to State Centralization* [M]. Ithaca, NY：Cornell University Press, 1994：19.

传教方略。他们的不同点在于，李提摩太将其传教的终极目标放在中国人的生活因西方文明优秀成分的传入而得到升华，而戴德生更加专注于新教所理解的福音传播上。可见，李提摩太的神学思想更为自由和灵活，因而他也更容易看到非基督教信仰中的积极成分，也对于中国传统文化持更加包容的态度，这也决定了他的传教活动在赈灾过程中更容易被民众和官员所接受，可以迅速嵌入到中国社会结构中。在很多官员和士绅看来，这种开放包容的态度也是传教士的一种妥协，在粮食和资金都极为短缺的社会环境下，李提摩太被广泛接纳也是一种必然结果。此时，传教士的经济资源对于社会资源绝对匮乏的补足作用超过了意识形态的竞争。为了能够向更多的民众传播福音，新教传教士开始寻求制度化的发展道路，逐步向中国乡村社会网络渗透，希望形成一个以教会为载体的新网络，这在无形中冲击着中国传统社会结构。

传教士在中国的赈灾行为和赈灾对象的选择也改变着中国传统的慈善理念。教会力量进来之前，无论是官赈还是士绅义赈都意在透过救济来重新整合社会价值，运用慈善来缓解财富带来的社会分化所引起的焦虑，但是这正反映着经济地位和社会身份地位这两种分类规则之间的矛盾和紧张。传教士来到中国的最原初目标并不是赈灾，他们希望通过传播福音影响人们的心智和伦理，大灾荒的发生实质上是加速了社会秩序和社会价值重塑的过程，最直接的影响是解救民众逃脱饥荒的苦海，而其深层次影响则在于西方的价值理念和组织形式嵌套在中国传统社会结构中，并始终伴随着之后中国的现代化进程。

但有一点必须要指出的是，本章所选取的案例多是新教传教士在山西和山东所做的工作，总体来看取得一定的效果。如果将范围扩大到整个华北地区并不都是如此，如传教士在河南的工作并不顺利，受到刺激的江南士绅对传教士形成了围攻之势，共同抵制"异端"，认为传教士是打着救灾的幌子，暗地里是收买人心的阴谋，会导致民心流失。有些灾民宁可饿死也不肯接受赈济，在丁戊奇荒中奇怪的"民族主义"浇灭了起义的火种，这也就意味着排外情绪依旧深植于社会土壤中，灾荒后义和团运动的发生就是例证。

第五章

嵌入何以深化？——传教士力量的接续

近代西方人想象的中国，除了充满神秘的东方色彩，还被旅行家赋予物产丰饶、国泰民安的形象，譬如《马可波罗游记》（The Travels of Marco Polo）称中国是世界上最富庶的国家。到了 19 世纪中期，游记里的论述开始遭到怀疑和挑战，西方国家怀疑中国是否还是如此强大和美好，还是在故步自封、自我膨胀，其实早已落后于西方国家。尽管西方对于中国的观察不免存在偏见，但是还是深刻影响着西方的传教士希望向中国推销他们的经验，进而改造中国，使中国符合外国通商贸易的需求，其中最著名的有海关总税务司赫德（Robert Hart）的"局外旁观论"，主张通过条约的签订将外国经验移植到中国，对中国政府提出各种改革建议，在华建立中外共同利益，逐渐形成国际共治的政治结构。① 事实上，他们也是这样做的，通过条约的签订倒逼清政府开放，为传教士的大规模行动提供了可能性。在此之前，传教士们的活动范围几乎完全局限于五个通商口岸和香港。此时，他们拥有了正当的权利，他们可以在整个帝国中活动并传播他们的信仰而不受政府的干预。

第二次鸦片战争以后，基督教（特别是新教）的发展空前迅速，他们通过各自布道、个人友谊以及印制印刷品来传播基督福音。从 19 世纪 60 年代到 70 年代这十余年间可以说是"个人传奇"诞生的时代，李提摩太、史嘉乐等是其中的代表，但还没达到"制度化"的时代，直到丁戊奇荒的发生给教

---

① 参见 Katherine F. Burner, John K. Fairbank and Richard J. Smith eds., *Robert Hart and China's Early Modernization*: *his Journals*, 1863—1866 ［M］. Cambridge, Mass: Harvard University Press, 1991；John K. Fairbank. *Trade and diplomacy on the China Coast*: *The opening of the Treaty Ports*, 1842—1854 ［M］. Stanford: Stanford University Press, 1953: 465.

会在华的制度化发展带来了契机。

第一节 赈灾工作制度化

灾害作为一种非常态事件，事后的秩序化显得尤为重要。秩序化的可能一方面来自政府的管理和引导，另一方面来自民间力量的自组织。丁戊奇荒发生后，清政府的救灾根据已有的荒政制度在其官僚体系中努力而又艰难地运行着，而新教传教士作为新生的救灾力量，内部积极协作，外部吸纳资源，逐步建立起自己的组织化网络参与赈灾行动中并嵌入到既存的中国传统社会之中。

一、赈灾前的组织化尝试

新教传教士规模的壮大首先体现为人数的增加。据统计，1858 年时全国共有 81 位传教士，代表着 20 个团体。① 1864 年时，全国共有 24 个新教差会和 189 位传教士。② 1874 年，新教的传教士数量已经达到了 436 位。③ 1876年，全国共有 29 个团体以及 473 位传教士。④ 1881 年，传教士人数达到了618 位。⑤ 1889 年，团体数已经增长到 41 个，共有 1296 位传教士（其中有589 位男传教士，391 位他们的配偶，以及 316 位单身女传教士）⑥。这些数字只能反映出来华传教士的增长趋势，并不是所有来华的传教士数量，因为有的传教士可能来的时间很短，或者因为一些原因未能记录在内。

① 《教务杂志》（The Chinese Recorder），卷 39，1911：287.
② 《教务杂志》（The Chinese Recorder），卷 9，1911：5.
③ 《教务杂志》（The Chinese Recorder），卷 6，1911：342.
④ MacGillivray，D. *A Century of Protestant Missions in China*（1807—1907）［M］. Being the Centenary Conference Historical Volume；Shanghai，1907：667.
⑤ 教务杂志（The Chinese Recorder），卷 12，1911：395.
⑥ 上海会议报告（1890）：732.

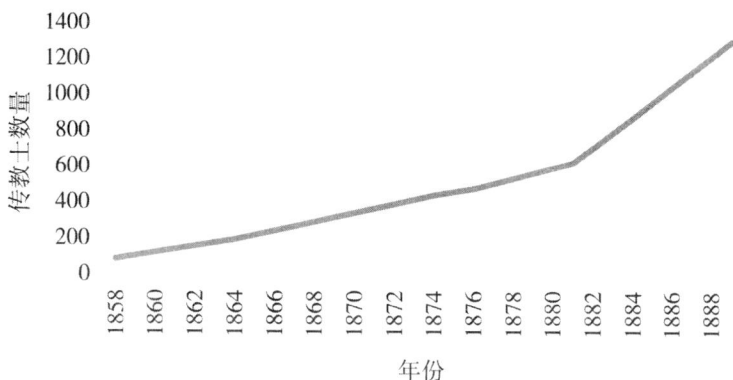

图 2　1858 年后新教传教士数量变化趋势图

这些新教传教士在来华之后都为他们的传教做了很多准备，学习中文书面语和口语，但是他们中的很多人对于中国的社会制度、文化习俗和思维方式都知之甚少，很多还以一种批判和不欣赏的眼光来看待周围的人和事，不过很多传教士在待过一段时间之后，就能慢慢了解他所在的城市和地区生活，能够更加深入了解中国的文化。一般教会在选择来华传教士时，要求他们的性格要坚毅而独立，而且要具备多种能力，因为他们往往要身兼数职：宣讲者、老师、医生、管理者、建筑师等①。

不同教会的传教士来到中国，他们的工作确实会有不必要的重复或竞争，但是总体上还是尽量避免冲突。一般每个主要的口岸、较大的城市、人口相对稠密的地方通常都有几个团体活动，让传教士得到了足够的活动空间。在大城市周边的小城镇一般就只有一个团体活动，其他团体也不会贸然进入避免重复。② 在 1860 年之前，差会之间的深入合作并不是很必要，因为如果由一个机构负责调配所有人员，在辽阔的清朝土地上，这样反而不利于效率的提高。后来，随着传教工作的巩固和发展，各团体之间需要在越来越多的领域进行统一行动，如印刷品编制和教育领域，因此，他们的合作日益密切。

---

① 赖德烈. 基督教在华传教史 [M]. 雷立柏，等译. 香港：道风书社，2009：350.
② 参见 Donald Macgillivray. *A Century of Protestant Missions in China* 1807—1907 [M]. Germany：Nabu Press，2014：367.

通常，他们的合作有两种合作方式，一种是一个联系紧密的派别与教会形成某种事实上的联盟。例如，在 1862 年，美国荷兰归正会（the Reformed Church in America）与英国长老会在厦门附近形成了一个统一的长老会团体，一个华人教会应运而生，它既不是美国的又不是英国的。① 在中国，爱尔兰长老会和苏格兰长老会一方面保持各自组织的特色，另一方面联合起来共同建设那里的华人长老会。② 他们甚至还讨论建立全国统一的长老会的可能性。③ 然而这只是个别现象，在大多数的传教团体中，甚至在同一派别的不同分支中都没有类似的联盟，他们各自保持着自己的方式，彼此之间没有有机的协作。这也成为很多团体可望而不可即的梦想。第二种合作方式是不同团体的成员每星期聚在一起参与统一的宣讲和礼拜。在一些大的口岸城市出现了一些"协和教会"（union churches）④。例如，1864 年在天津成立的一个协和教堂。在灾荒之前，不同教会的协作还较为松散，缺少核心机构进行统一的调度，人力和财力资源也是分散在各个团体之中，产生于丁戊奇荒中的中国赈灾基金委员会则是将这些原子化的个体进行整合的一次尝试，也切实在救荒中发挥了重要的作用。

二、中国赈灾基金委员会的成立

最初提倡救灾合作观念的根源，是 1865 年英国驻华公使阿礼国（Rutherford Alcock）依照使馆参赞威妥玛（Thomas F. Wade）的意见向中国政府提出"新议略论"，倡议中国应与外国合作，解决政府失权的危险和政治封闭的弊端。⑤

1876 年，在丁戊奇荒发生之际，卸任公使职务后的阿礼国以私人身份在伦敦号召英国工商界重要领袖和外交界人士，成立中国赈灾基金委员会

---

① Matheson, Donald. *Narrative of the Mission to China of the English Presbyterian Church* ［M］. London，1866：28.

② Ross, John. *Mission Methods in Manchuria* ［M］. New York，1903：123-124.

③ 上海基督教传教士 1877 年和 1890 年大会特别强调了这一点——归正基督教会 1926 年在芝加哥举行大会的会议录：185-186；世界传教期刊，卷三：693.

④ 赖德烈. 基督教在华传教史 ［M］. 雷立柏，等译. 香港：道风书社，2009：353.

⑤ 参见王曾才. 中英外交史论集 ［M］. 台北：联经出版事业有限公司，1991：65.

（China Famine Relief Fund）。1878 年初，随着饥荒的范围从山东和直隶扩大到河南、陕西和山西，对外国慈善事业的需求也随之增加。中国赈灾基金委员会于 1878 年 1 月 26 日在上海成立，也是山东赈灾委员会的前身，负责人是魏德卯（W. S. Wetmore），委员会的事务先由詹姆斯·托马斯牧师（Rev. James Thomas）负责，后来由慕威廉（Dr. Muirhead）博士负责，慕威廉是委员会主要的筹款人和决策人。为了保证救灾资金能够顺利从英国拨到上海，1878 年 2 月成立了中国赈灾基金会伦敦委员会，由阿礼国（Sir Rutherford Alcock）担任主席，该委员会的 31 名成员中还包括威妥玛（Sir Thomas Wade）、麦都思（Walter Medhurst）、理雅各（James Legge）等①，为了唤起英国民众的同情，委员会出版了一本名为《中国的饥荒》的小册子，里面用 12 幅插图描绘出河南饥荒的悲惨可怕景象，还附上了理雅各的中文翻译。伦敦委员会，连同英格兰、苏格兰、爱尔兰的其他委员会每周通过亚格拉银行（Agra Bank）向上海拨款 600 至 1800 英镑，同时他们利用各类媒体宣传中国饥荒状况的惨状，呼吁西方为中国提供人道主义援助。② 在英国的主导下，中国赈灾基金委员会在这场华北灾荒中切实履行了援助中国的职责，通过上海和天津两地的委员会向灾区转运资金，一直给灾民发放到 1879 年秋收时节结束。

在救灾活动中，中国政府可以利用其强大的官僚网络动员成千上万的官员和民众开展赈济活动，但当 19 世纪晚清政府正处于内忧外患之时，他们没有足够的能力进行救灾，这就给传教士提供了很好的机会，教会凭借相对的财力优势以及科学理念，在一定程度上取代地方政府提供赈济服务。③ 不过西方传教士的活动范围主要局限于山西、直隶西南、山东西北部这些比较容易到达的地方。这是因为当时在中国并没有一个实体负责资源的组织运作，负责实际工作的只是大约三十位长期驻华，分属不同地方基督教会的外籍传教

---

① *Committee of the China Famine Relief Fund*，*The Famine in China*，London：C. Kegan Paul and Co.，1878：i.

② *Committee of the China Famine Relief Fund*，*The Famine in China*，London：C. Kegan Paul&Co，1878：7.

③ Baird，George Burleigh. *Famine Relief and Prevention in China*［M］. Chicago：M. A. thesis paper of Chicago University，1915：10.

士。教会也将精力越来越多的从影响政治改革转向影响公共卫生、教育领域。

表14　中国赈灾基金委员会人员分配一览表（山西）①

时间	姓名	教派
1877—1879	Timothy Richard（李提摩太）	英国浸礼会
1878	Whiting（韦理）	北美长老会
1878—1879	David Hill（李修善）	英国循道会
1878—1879	Joshua Turner（德治安）	中国内地会
1878	Jasper Mcllvaine（文壁）	北美长老会
1878—1879	Charles P. Scott（史嘉乐）	英国圣公会
1878—1879	Capel	英国圣公会
1879	George Clarke（花果香）	中国内地会
1879	Henry Taylor（戴亨利）	中国内地会
1879	Francis James（秀耀春）	中国内地会
1879	W. C. Hillier（禧在明）	英国公使馆

表15　中国赈灾基金委员会人员分配一览表（山东西北部）②

时间	姓名	教派
1878	C. A. Stanley（山嘉立）	美国公理会
1878	A. H. Smith（明恩溥）	美国公理会
1878	H. D. Porter（博美瑞）	美国公理会
1878	D. Z. Sheffield（谢卫楼）	美国公理会

① Report of the Committee of the China Famine Relief Fund, Shanghai, 1879：157.
② Report of the Committee of the China Famine Relief Fund, Shanghai, 1879：158.

时间	姓名	教派
1878	C. Goodrich（如富善）	美国公理会
1878	W. N. Hall	英国卫理会
1878	John Innocent（殷诺森）	英国卫理会
1878	W. B. Hodge	英国卫理会
1878	J. Robinson	英国卫理会

表 16 中国赈灾基金委员会人员分配一览表（直隶西南部）①

时间	姓名	教派
1878	Jonathan Lees（理一视）	伦敦传道会
1878	J. S. Barradale（巴勒戴尔）	伦敦传道会
1878	H. H. Lowry（刘海澜）	美以美会
1878	J. H. Pyke	美以美会
1878	J. Pearson	美国公理会
1878	W. S. Ament（梅子明）	美国公理会
1878	Charles Budd（巴德）	中国内地会
1878	E. Farrago（法来格）	中国海关
1878	H. B. Morse（马士）	中国海关

除了常驻在山西、山东、直隶的传教士外，还有其他一些传教士带着上

---

① Report of the Committee of the China Famine Relief Fund, Shanghai, 1879：159。除上述所列，英国圣公会的 Collins 对直隶亦有贡献；另外，除中国赈灾基金委员会之外，还有大约 40 名罗马天主教传教士向饥荒地区分发救济物资。

帝的使命来到中国以解燃眉之急。中国内地会的特纳和詹姆斯先生于 1877 年初到了山西，整个夏天和秋天，他们给受灾的民众传播福音并分发经文与宣传的小册子。可是，他们两个都染上了斑疹伤寒，而詹姆斯先生的身体更是衰弱得不行，只得离开。于是，特纳先生也只好和詹姆斯先生在十一月离开了太原，到沿海地区去。此外，在汉口的伦敦会牧师阿诺德·福斯特（the Rev. Arnold Foster）则前往天津，调查山西的灾情状况。穿过直隶后，他又在山西境内逗留了一两天，目睹到的景象，使得他做出决定：尽快回到英国，筹集赈灾款。在他抵达英国时，英国驻华公使威妥玛（Thomas Wade）爵士正好在伦敦，于是，福斯特先生便把这件事在他面前做了陈述，并提出请求，呼吁在英国成立一个赈灾基金会。可是，英国的公众希望了解有关灾情的更为详细的情况。就在这时，李提摩太的日记以及罗马天主教牧师们的报告经由上海送到了伦敦。① 于是，威妥玛公使和坎特伯雷大主教联合市长，在市长官邸开设一个赈灾基金会。基金募集起来后，一般的下拨方式是通过电汇，汇到上海。可是，由于当时中国还没有电报业务，于是这些银子只能用船运送，五十两为一银锭，每箱装一千或两千两。这些装满银子的箱子到达中国后，再由李鸿章转运给传教士，李鸿章派了一些军官和卫兵保护这批银子的安全。

1878 年 3 月 8 日，上海委员会要求英国驻天津领事富礼赐（R. J. Forrest）、美国驻天津领事德尼（O. N. Denny）和德国驻天津海关关长古斯塔夫·德璀琳（Gustav Detring）组织成立天津赈灾委员会，② 富礼赐为负责人，协调上海委员会和饥荒地区的救济活动，总共运送了 125485.858 两救济金。③ 到 1878 年 9 月，根据资料记载，该委员会总共将 32303 英镑的捐款转交给上海委员

---

① 李提摩太. 李提摩太在华回忆录 [M]. 陈义海，译. 南京：江苏凤凰文艺出版社，2018：74.

② North-China Herald and Supreme Court and Consular Gazette, Shanghai, April 4, 1878：345.

③ For the Tientsin committee's financial statement, see Report of the Committee of the China Famine Relief Fund, Shanghai：American Presbyterian Mission Press, 1879：130—131 and Forrest and Hillier, China Famine Relief Fund, 10.

会。① 在英国的差会共捐款约 16000 英镑，② 主要是由伦敦会的富世德（Rev. Arnold Foster）宣传组织的，因为他曾目睹了中国华北地区的饥荒情形，还在曼彻斯特、爱丁堡、格拉斯哥、阿伯丁和都柏林设立了救济委员会，③ 而其余大部分则是来自中国内地的捐款。

表 17　中国赈灾基金委员会募捐清单表④

大英帝国	伦敦电报汇款	113320.00 两
	伦敦的杂项收入	10042.47 两
	爱尔兰	31.30 两
	苏格兰	108.22 两
	曼彻斯特	729.00 两
	伯明翰	200.00 两
	合计	124430.99 两
美国	杂项收入	2511.36 两
	纽约	2430.28 两
	合计	4941.64 两
加拿大	多伦多	608.73 两
	合计	608.73 两
澳大利亚	墨尔本	14676.32 两
	阿德莱德	6310.98 两
	合计	20987.30 两
新加坡	杂项收入	3766.78 两
	合计	3766.78 两

---

① Wan-kuo kung-pao, Shanghai, February 8, 1879, 341—342

② Arnold Foster. *Memoirs*, *Selected Writings*, *etc* [M]. London：London Missionary Society, 1921：20—21.

③ China's Millions, 1878, iii：120.

④ 除表中的捐赠信息外，还有槟城、印度、塔斯马尼亚岛、新西兰有小额捐赠，据报告显示捐赠额总计为 204560.39 两，Report of the Committee of the China Famine Relief Fund, Shanghai, 1879：29—31.

续表

大英帝国	伦敦电报汇款	113320.00 两
	伦敦的杂项收入	10042.47 两
	爱尔兰	31.30 两
	苏格兰	108.22 两
	曼彻斯特	729.00 两
	伯明翰	200.00 两
日本	长崎	95.20 两
	神户	1207.75 两
	横滨和东京	2530.48 两
合计		3833.43 两
香港	杂项收入	14553.82 两
合计		14553.82 两
中国	上海	17066.74 两
	广东	2884.18 两
	福州	3367.75 两
	厦门	1172.65 两
	汕头	645.15 两
	宁波	185.54 两
	绍兴	149.46 两
	台湾	99.05 两
	烟台	94.18 两
	牛庄	313.90 两
	汉口	567.45 两
	九江	263.80 两
	镇江	104.28 两
	宜昌	15.88 两
	武昌	20 两
	杭州	117.97 两

续表

大英帝国	伦敦电报汇款	113320.00 两
	伦敦的杂项收入	10042.47 两
	爱尔兰	31.30 两
	苏格兰	108.22 两
	曼彻斯特	729.00 两
	伯明翰	200.00 两
中国	温州	1.82 两
	芜湖	76.35 两
	扬州	31.79 两
	滕州	29.16 两
合计		27207.10 两
总计		200329.79 两

中国赈灾基金委员会的成立是传教事业组织化和制度化的一座里程碑，它的成立帮助赈灾资金实现国外到国内的无缝衔接和赈灾款的有序发放。在饥荒肆虐期间，1877 年，新教传教士们还围绕全国性协作的议题在上海召开了一次大会。在这次大会上，人们首先统一了《圣经》的术语翻译问题，还讨论了他们在传教中所遇到的各种形式的教育、医疗、文化问题，以及如何对待本地宗教、妇女裹脚、祖先崇拜、传统习俗，对待吸食和贩卖鸦片的态度、宣传福音的方法、入教的标准等等一系列大家共同关心的话题。大会还做出了两项决议①：第一，请求欧美的教会、学校以及差会派遣更多的传教士来华；第二，请求《圣经》协会为汉语《圣经》增加一些解释说明，并请求允许与《圣经》一同出售一些小册子。

三、赈灾资金的发放方式

由于工作者是外国人，他们不可避免地要受到怀疑和防范，他们被认为

---

① 《教务杂志》（The Chinese Recorder），卷 6，1911：66；卷 8，1911：239.

怀有邪恶的企图，人们拒绝他们的慈善行为，甚至他们的生命也受到威胁。因此，他们希望采取最为直接的方式完成他们的工作，而当地官员也把一些重灾区交由他们负责赈济。在中国赈灾基金委员会成立之前，在华的传教士们已经募得了一些救灾款，当时在华北工作的两位主要的传教士，倪文思博士和李提摩太在传教上是分区的，李提摩太发现在倪文思负责的区域灾情非常严重后，也转到这片区域投入到赈灾工作中。在赈灾工作进行的同时，宗教活动每个星期日在很多中心也在正常进行，这样，物质上和精神上的慰藉便协同起来了。但由于在组织上缺乏整体的协调机制，发放情况不如人意，基本还是各司其职的状态。

中国赈灾基金委员会成立后，这种情况发生了很大改善，这个组织的赈灾方式主要分为募捐、解赈、放赈，设有相对独立的机构，各有专人负责，分工协作，形成了一种全新的救灾机制，在当时取得了很好的效果。在这场灾荒中，各商埠和英国国内募集到的赈灾款总数大约是白银二十万两，约合六万英镑，外国经营的中国赈灾基金委员会在灾害中全部发放出去，总共分发了 204560.39 两白银。其中十二万两是由李提摩太、特纳和希尔亲自发放的；其余的则分成两个部分，一部分由天津的盛宣怀道台发放，海关职员布德（Budd）协助，另一部分则由直隶的新教传教士以及华北的天主教传教士发放。1877—1879 年间有 11 名英美新教赈济工作者以委员会的名义在山西分发赈济，均为男性。1878 年 10 月三名中国内地教会的女性传教士到达太原救助饥荒孤儿。根据《伦敦传教会编年史》记载，1878 年有 30 个不同的新教传教士团体和 7 个罗马天主教团体在中国工作，当时在中国吸纳了约 13035 名新教徒和 404530 名天主教徒。[①] 与受灾人民将这次灾难看作是对儒家传统蔑视的惩罚不同，传教士将此次灾难看作是传播福音的机会，也可借此证明科学、铁路和资本主义经济的意义。

在发放过程中，传教士们遇到了困难——当地没有足够的钱庄把银子兑成可以直接购买粮食的钱。于是，他们只能给每户两三盎司的银子，让他们自行兑成现钱，再去购买粮食，和草籽、麸皮混在一起充饥。他们首先把所

---

① London Missionary Society Records, London, 1878：257.

有村民登记在册，把他们集中到一起，然后找当地的铁匠把每锭（五十两，约合66盎司）的银子放到火中熔化，再锻打成薄薄的银板，接着再截成一英寸见方、四分之一英寸厚的银块。①

传教士在村子里发放赈灾款主要采取两种方法：第一种方式是"批发法"，目的是把救济金快速地分发下去，让更多的人得到救济，他们根据当地政府和村里提供的最贫困家庭的花名册，挨家挨户走访后，让他们到临时救济点（通常是寺庙）领取救济金。这样，在一天内救济金就可以发给好几个村庄。这样的分发方式虽然迅速但是缺乏精准性，因为由于一些人为原因或者贿赂行为，他们拿到的名单并不准确，有些最需要帮助的人往往拿不到救济金。第二种较为准确，但是速度较慢的分配方法是"零售法"，他们的目标是把救济金分发给最需要的人，这就需要传教士和他们的助手挨家挨户的走访调查，给最需要的家庭一张票据，让他们自己再到救济点去兑换钱。这样平均下来，通过"批发"和"零售"两种方式，每人每月可以拿到250—1000钱不等②。

表18　传教士在灾区的部分赈灾活动整理表③

传教士	地点	数目	人口数
Timothy Richard（李提摩太，英国浸礼会）	太原府所辖若干	86810.85两	40201人
David Hill（李修善，英国循道会）	徐沟县（37村）平阳府（458村）	36500两	45440人 18205户
Jasper Mcllvaine（文壁）	泽州周边	3800两	15000人
Luigi Di Massagotta（江类思，罗马天主教）	（无信息）	14416两	15000人 2800户

① 李提摩太. 李提摩太在华回忆录［M］. 陈义海，译. 南京：江苏凤凰文艺出版社，2018：80.

② China's Million，1878：116 and 1879：63.

③ Report of the Committee of the China Famine Relief Fund，Shanghai，1879：89-107.

续表

传教士	地点	数目	人口数
John Innocent（殷诺森，英国卫理会）	乐陵	1100 两	4449 人 2177 户
S. Gabrielli（加布里埃利，罗马天主教）	武城等周边 8 县	50000 钱①	900 户
P. P. Demarchi（迪玛西，罗马天主教）	灵丘	1800 两	2860 人 650 户
Jonathan Lees（理一视，伦敦传道会）	衡水、沧州、蓟州等 118 个村	4333.13 两	14691 人 4617 户
Charles Budd（巴德，中国内地会）	潮县等 458 个村	10000 两	28332 户
C. A. Stanley（山嘉立）A. H. Smith（明恩溥）H. D. Porter（博美瑞）D. Z. Sheffield（谢卫楼）（美国公理会）	安州、平泉等 115 个村	8555.34 两	22000 人 4700 户
Bishop Tagliabuf（罗马天主教）	顺德、青州等直隶西南部	4800 两	2280 人 820 户
H. H. Lowry（刘海澜）J. H. Pyke（美以美会）	南宫、清河等 44 个村	2640 两	5377 人 1508 户

当更多赈济款运来时，李提摩太便和曾国荃所委派的官员一起到灾情更为严重的平阳府发放救灾款。在平阳府、临汾、洪洞等地，他们共在 145 个村子发放了救济金，村子人口从 63 人到 1267 人不等，平均每户人口是 3.1 人。洪洞县本来有 25 万人，但是在他们救济时已经有 15 万人死亡，当地的牲口也已所剩无几。② 有意思的是，当地的官民面对饥荒都还是各信其神、各

---

① 原文中是"cash"。

② 李提摩太. 李提摩太在华回忆录［M］. 陈义海，译. 南京：江苏凤凰文艺出版社，2018：78.

自祷告，他们听说直隶的一口井有一块铁碑，具有神奇的魔力，于是，曾国荃便派人到直隶把这块碑借来用于求雨。罗马天主教和新教的人也都在他们各自的教堂里继续祷告，祈求降雨。终于，全省普降喜雨，民众喜出望外，但是他们都和以前一样，相信是自己所诉求的神灵最灵验。可见，民众对于传教士的认同最多从功利层面到达道德层面，而非信仰层面。

直到饥荒快到结束时，1879 年 2 月 6 日，上海赈灾委员会的账目还有 9764 两，决定将其中的 6 000 两分拨给李提摩在太原分发。① 1879 年 4 月 2 日的会议上，委员们认为饥荒的影响已经逐渐减退，外国援助可以撤离中国的饥荒地区。委员会的最后一次会议于 1879 年 6 月 9 日举行，威妥玛建议编写一份委员会的活动报告和经费审计表以便审核和留存。②

上述资金是通过中国赈灾基金委员会筹集和发放的款项。事实上，传教士在华的资金来源除了从教会直接获得外，还有一些是外国私人作为弥撒钱捐赠给传教士的，还有些是在华募得的。另外，在第二次鸦片战争后，修会还在华获得了一些房产和地产，其中有一些教会没有直接使用，而是出租给别人，教会从中获得了租金。在丁戊奇荒中，教会在援助非基督徒的过程中，有时会以被援助者土地作为抵押的方式进行。土地所有者仍被允许继续耕种其土地，在收获时交出一部分出产。然后，以此得来的收入被分配到教会的宗教工作中。此外，在灾荒中，教会偶尔也会以较低的价格购买一些地产，其中的收益维持他们在华的日常开支。③ 这种"羊毛出在羊身上"的行为也是教会被一些官员和民众诟病的重要原因之一。

---

① *Report of the Committee of the China Famine Relief Fund*［M］. Shanghai：American Presbyterian Mission Press，1879：26.

② *Report of the Committee of the China Famine Relief Fund*［M］. Shanghai：American Presbyterian Mission Press，1879：27.

③ 参见 Becker，Emile. *Un demi-siècle d'apostolat en Chine*［M］. Le Révérend Père Joseph Gonnet de la Compagnie de Jésus；Third edition；Ho-kien-fou，1916：126—128.

第二节　嵌入乡村社会传统网络

新教传教士在深入到乡村社会的过程中，其行动出发点是尽快扩大其信众范围，更好地传播福音。但他们在行动中发现，过于浓重的宗教色彩反而成为他们救灾工作开展的桎梏。因此，他们开始采取迂回的宣教方式，以救助为本位，在饥荒救济中集聚本土力量，渗透到乡村社会传统网络之中。

一、宣教中的迁就与规制

传教方法在很大程度上取决于传教士对自己目标的理解，当时在受灾地区的新教传教士并不是以维护基督教正统而传播福音的，而是让他们感受到自身因基督教而发生改变，这样可以尽快扩大其信众范围，达到"星星之火，可以燎原"的目标。在1856年之前，传教士们认为他们在华的主要目的就是宣讲福音，吸引更多的华人成为基督徒。在实践中，他们发现这不仅仅要使他们能够背诵基督信条，而是要让他们从内在拥有改变和提高的能力，以减轻人们身心的痛苦以及纠正传教士们认为的传统社会和思想上的劣根性。因此，新教传教士们开始了随机布道、集市布道、巡回布道和设立传教站作为主要的宣讲福音的方式，同时还为身处困苦又渴望改变的人们开设学校、医院，翻译新书籍向中国人介绍西方的思想和知识。此外，这些新教传教士本着帮人们解除困苦的目的，积极参与赈济饥荒的活动中，从物质和思想上力求给人们以改变。

所谓随机布道就是一种简单而零散的传教方式，比如广泛散布宣传基督教的散页传单、张贴小海报、治病扶困等，这种方式一般来说效果不是很明显。巡回布道是很多传教士经常使用的方法，它常常与集会布道一起进行，他们在沿途或在某个乡镇中选择一个地点召集人们过来听取他的宣讲。在救荒过程中，李提摩太就先通过散布宣传基督教的散页传单，把虔诚的人不断吸引到青州府来。来到青州府的人员数量一度达到六十人，李提摩太把自己的房间让给他们住，他们则自带铺盖和吃的。然后，他还组织了一个妇女的集会，指导她们背诵部分内容。在每个中心同时还出现了一个礼拜日学校。在这些学校里，基督徒们给追随者们提供辅导，听他们背诵教理问答和赞美诗，他们还聚在一起祷告。不到一年时间，便有两千多名追随者正常集会祷告，在东、西、南、北各个方向出现了十几个传教的中心。在教育和宗教教义的传播方面，中国人有一套自己的方法。他们的团体是自足并且是自我管理的。① 第三种布道方法是集市布道，这种方法是非常符合中国传统社会特点的宣教方式，因为很多乡村的村落布局较为分散，巡回布道只能走马观花，他们就利用集市人流量大、人员稳定的特点，发放宗教小册子，让更多的人有机会接触到基督教。这种方式不仅有效快速地传播了福音，而且向人们生活的细微之处进行渗透，比如，传教士利用集市除了售卖宗教书籍，还售卖没有灶神的日历，② 以减少地方神对于人们日常生活的影响。

因此，这些新教传教士通过长时间深入到乡村社会中，他们发现，他们的救助工作"从一开始就带有宗教色彩"③，相信"饥荒救济为消除对于基督教的偏见具有强大的影响力，铺平了传教的道路……"④ 基督教本土化的最好办法就是采用中国人自己的传播方法，让中国人相信，基督教比他们固有的任何东西都更好。此后，其他传教点也复制这个方法取得了很大成功。倪文思还以此为主题撰写了系列文章，先是在《教务杂志》（Chinese Recorder）上发表，随后又出版了小册子单行本。这个小册子在美国和英格兰的教会领导层中传阅，并被命名为"倪文思博士传教法"，在这个方法中，本国人是传教的主体，而不是外国传教士。

除了正常的崇拜之外，加入教会的必须发誓，履行侍奉主的一些特别规定：

---

① 李提摩太．李提摩太在华回忆录［M］．陈义海，译．南京：江苏凤凰文艺出版社，2018：54.

② 转引自李楠．丁戊奇荒前后华北乡村社会网络的重塑——以美国公理会在鲁西北的活动为个案［J］．清史研究，2019（4）；参见 A. H. Smith to Judson Smith, p'ang chia chuang, Dec. 8th, 1890, ABC 16.3.12, V. 21, No. 114, ABCFM Archives.

③ Helen S. *Coan Nevius. The life of John Livingston Nevius*［M］．New York：Fleming H. Revell Company, 1895：329.

④ Helen S. *Coan Nevius. The life of John Livingston Nevius*［M］．New York：Fleming H. Revell Company, 1895：329.

（1）为印刷、传播基督教书刊募集资金。

（2）献出专门的时间传播福音。

（3）看望并治疗病人。

（4）抚慰心灵受伤的人。

（5）冬天给需要帮助的穷人们接济，给他们捐献保暖的衣物。

（6）为埋葬死去的穷人提供帮助。

（7）免费发放药品。

（8）关爱老人、寡妇和孤儿。

当时，《旧约全书》还没有翻译成中文，已经翻译过来的《律中律》被用作它的替代品。所以，参加教会的那些骨干们便接受培训，使用《律中律》；这样，他们便渐渐熟悉《旧约全书》中的英雄和先知。以前大字不识一个的六七十岁的老太太，现在也能把这些书背诵。星期天的时候，她们虽然都是小脚，但还要步行十英里路来参加基督教的礼拜。有一位问道者还带着三十多名村民向上帝求雨。还有一次，一名妇女也带着她的邻居们求雨。尽管有人表示怀疑，报以嘲笑，但实情是在上述两个例子中，天真的下了雨，这也给基督教赋予了神圣的力量。

1877 年 7 月，李提摩太起草了一些教会的纪律条例，主要参考了史密斯的《古代基督教史》中的内容：

（1）中国的基督教徒应该拿出自己的一些钱资助寡妇和孤儿、受挫折的人和生病的人。

（2）不管是在基督教团体内部，还是在非基督教群体中，宽容隐忍都是基督之爱的显示。

（3）侍奉上帝既需要用智力，也需要用金钱。

（4）基督徒既要致力于使他人得到救赎，也致力于使自己得到救赎。

（5）教会中的任何人，在先向本地牧师询问之前，都不得直接诉诸法律。

当前来求教于基督宗教的人渐渐多起来的时候，李提摩太把他们组织成一个个小组。男人和女人分别选举出他们的带头人。那些被选出的人必须是口碑好、维持安宁的人，必须乐于牺牲自己的时间去把自己的同胞从罪孽中拯救出来，并引领他们心向上帝。对于表现好的，发给基督教小册子和赞美诗作为奖品。传教士还在他们当中教授音乐，还要求习教者必须对花费时间教他们的人友善、慷慨。

而对于他们的传教造成最大阻碍的就是风水迷信。当时，在向风水先生请教之前，没有人敢砌房子、筑篱笆、挖井。传教士认为破除这些迷信的最好方法就是教他们自然科学，比如天文学、物理学、化学，对科学的崇敬和对宗教的崇敬是同等重要的，因为科学就是研究上帝的律法。于是，李提摩太计划要为中国人编写一批自然科学方面的教科书。此时，李提摩太给浸礼会写了一封信，让他们关注此次灾荒并指出，上帝正在给英国教会一个传播基督教的千载难逢的机会，可以通过四个方面帮助中国：

（1）立即启动赈灾工作。

（2）教给中国人基督教文明的真理，包括传授医学、化学、矿物学、历史学。

（3）引进新式工业。

（4）传教精神上的真理，以及讲授崇拜上帝的过程。①

但是在赈灾过程中，在中国的新教各差会缺乏恰当的组织和合作，各差会在工作上互不相干，所办的学校、医院彼此之间互相冲突。比如，在同一个街区，使用着不同的传教方法，或者宣传手册没有统一使用和落实。这种各主其政的情况直到三十年后，1907 年召开的基督教来华百年宣教会（The

---

① 李提摩太. 李提摩太在华回忆录［M］. 陈义海，译. 南京：江苏凤凰文艺出版社，2018：66.

Centenary Conference)① 上才被重视，各个差会联合起来共同建立大学和医院。新教在传教的组织性上，传教士们普遍认为应该向天主教学习，他们把方济各会（Franciscans）、耶稣会（Jesuits）、遣使会（Lazarists）的传教士安排在中国各个不同地方进行传教，给各个教派划定相应的传教范围。所以，新教也应该这样，分配给各个教派不同的活动区域。因此，以李提摩太为代表的新教传教士建议将当时已有的新教各教派整合起来，成立联合的中国教会（United Chinese Church），对他们的传教范围进行重新分配。这种设想具有先进性，但由于经费有限，而且各个教派之间缺乏宽容，很难将他们联合起来。李提摩太、希尔、特纳也对自己的传教内容进行了反思，重新研读《新约全书》，认为他们到中国来不是为了谴责，而是为了拯救；不是来摧毁，而是要充实；不是要让人悲伤，而是让人快乐。他们还在其中发现了一个让中西方民众都快乐的福音：在上帝的国度中住着正义、人间的和平、人和人之间的善良。②

当时在中国流传着两种布道的小册子，一种是对偶像崇拜的批判，另一种是对祖先崇拜的批判。这些小册子往往对中国的很多传统习俗横加指责，认为这些崇拜是有罪的，而没有起到崇拜的积极作用。所以，这些小册子传到哪里，哪里就爆发反教冲突。李提摩太认为这并非因为中国人生性邪恶，而是宣教者的无知，他到中国的第一年就有一个传教士朋友拿着当地的一个基督徒家里的祖先牌，非常得意地找他炫耀成果，告诉他有个人已经成为基督徒，家里还有祖先牌，这是典型的祖先崇拜，所以要把这块祖先牌烧掉。而李提摩太问他到："你想把他的祖先牌烧掉，那么你是不是也会把你父母的照片烧掉呢？"③ 他恍然大悟，明白了其中的道理。这个小小的例子反映出传

---

① 1907年是基督教首位新教传教士马礼逊来华100周年，基督教在华各宗派差会于4月25日至5月7日，在上海召开第三届传教士大会——百年大会（前两届分别于1877年和1890年召开）。本次大会目的在于讨论百年来在华宣教的得失，提出更适合中国社会的传教方针。当时在华传教士的总数达到3833人，大会的出席者共1179人。
② 李提摩太. 李提摩太在华回忆录［M］. 陈义海，译. 南京：江苏凤凰文艺出版社，2018：82.
③ 李提摩太. 李提摩太在华回忆录［M］. 陈义海，译. 南京：江苏凤凰文艺出版社，2018：83.

教士的错误观念，他们对中国人没有罪的地方也指责其有罪，这才造成了一大批中国人疏远并仇视基督教。

1879 年赈灾任务完成之后，新教传教士便开始考虑怎样才能更好地给中国人提供"生命的粮"（Bread of Life），为了达到这一目的，他们提供了对不同群体都有吸引力的基督教文学作品，包括儒生、佛教徒、道教徒等以及其他信奉神秘教派的信徒们。传教士希尔便亲自手写汉字，撰写基督教相关书籍和宣传手册，其他传教士在各县征集承担发放工作的志愿者补充人手，按照绘制好的大地图发放福音书、小册子和宣传单，避免之前发生过的反教骚乱。

二、教会网络的初步形成

如前文所述，传教士无论是与中国的官僚系统还是乡村社会，之间都存在难以逾越的界限，所以在传教初期就表现为对于传教士的防范与排斥。中国的乡村社会的运转长期以来是依赖于地缘、血缘、亲缘形成的熟人社会网络，所以熟人引荐或当地宗族领袖的认可就成为传教士打开乡村布道的"钥匙"。一般来说，他们会通过两种途径，第一种是通过直接结识的村民邀请，第二种是通过乡村巡回和定点布道间接获得机会。丁戊奇荒的发生给了传教士创造了不可多得的时机，一方面他们可以利用此次灾荒中基督教形成的强大的制度性力量提供较为充足的财力保障，另一方面灾荒对于社会秩序和伦理的冲击破坏了乡村社会稳定的网络结构，传教士的出现恰好可以成为其中的补足性力量。

例如，美国公理会在山东西北部的赈灾就充分发挥了教会的制度化优势，传教士山嘉立（C. A. Stanley）用"用系统的赈济工作来辅助系统的福音工作"[1]。在当地形成了教会区域网络。公理会以庞庄为赈灾总部，让当地的民间秘密教门——离卦教头目侯圣青及其助手做辅助，依靠侯圣清在当地的地位及其亲缘关系，迅速发展很多亲属成为教徒，传教范围有序逐步扩大。各

---

[1] Relief Work-Its Influence, Missionary Herald: Relating to China and the Chinese, 1876—1881, Vol. 8 September 1878 (1915), p. 295; C. A. Stanley to N. G. Clark, Tientsin, Jan. 24th, 1878, ABC 16. 3. 12, V. 5, No. 199, ABCFM Archives.

村负责人每天负责登记本村需要救济的家庭及人数，然后由传教士及其教徒挨个核实，再按照每天每人 15 钱（15 岁以下儿童每人每天 8 钱）的标准发放给村里，由此当地受助人口持续增加，从而奠定了传教士在那里的基础。传教士依靠在当地的民间首领迅速进入到乡村社会网络中，再依靠美国公理会给予他的充足支持，很快打开了局面，开拓了一定范围的传教空间。如下图所示，当地的传教活动中心由庞庄向外扩散，又形成了史家堂、周全庄、张官寺、王村店、第七屯五个传教点，这些传教点均位于庞庄周边约 25 公里范围内①，六个活动中心会定期开展布道和指导活动。

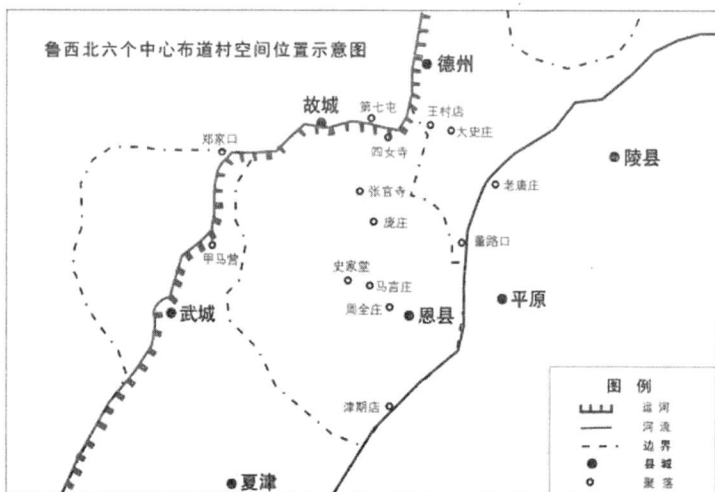

图 3　鲁西北六个中心布道村空间位置示意图②

这种传教模式在当地十分有效，教徒人数在短时间内迅速增长。1878 年底，在两个半月内，公理会的明恩溥（A. H. Smith）施洗的信徒已经覆盖了当地的 33 个村庄，达到了 63 人，而之前当地只有 2 个村有信徒。从 1878 年 4

---

① 参见 A. H. Smith to N. G. Clark, Tientsin, Dec. 31st, 1878, ABC 16. 3. 12, V. 5, No. 84, ABCFM Archives.

② 李楠 . 丁戊奇荒前后华北乡村社会网络的重塑——以美国公理会在鲁西北的活动为个案 [J]. 清史研究，2019（4）.

月到 1879 年 4 月，鲁西北的信徒数量也从 44 人增长到 185 人。① 不过，要清醒认识到的是，信徒的大幅增加更多是来自民众对于传教士赈灾的感激之情，其中有多少真正的信仰成分我们很难判断，这与后文赈灾结束后李提摩太和李鸿章的对话不谋而合。

三、教会对于社会网络的重塑

上述论述可以呈现出一个基本事实：当宗教供给大于宗教需求时，中国乡村社会的民众对于宗教的选择可以由于个人原因选择信仰或改变信仰，但受到其所处社会网络的约束和影响。其中的影响因素主要表现为四种可能②：第一种是当这一地区内的成员基于对同质身份的信任，容易形成一种建立在人际网络上的社会压力，往往会对传教工作造成阻碍，但当其中一位领袖成员做出改变时，这个网络又最容易被攻破；第二种是个人基于效用最大原则进行选择，效用既包括对于世俗产品的支配和消费能力，也包括对于宗教产品的持有和支配能力，这个因素在饥荒时期表现出的作用尤为突出，也成为教民和非教民之间的区隔，有利于教民群体意识的塑造；第三种是教会内部生发出的社会资本，可以巩固他们的共同体意识，增加相互间的依恋，进一步使其成为一个有机整体；第四种是教会可以为其成员提供一种"社会保障"，这既是对于潜在参与者的激励，也可以赋予他们的成员更多的安全感或是优越感。如果对于基督教和中国传统民间宗教就会发现，中国的民间信仰中宗教成员对于宗教团体的依赖度很低，对于自己的信仰基本是获取型心态，而不是奉献型心态，一旦其信仰失灵时，他们的信仰选择就极易发生动摇。

丁戊奇荒期间，基督教进入到中国传统社会网络中，其实很多民众对于基督教的态度也是一种获取型心态，并不存在完全的虔诚。虽然，他们也阻

① 参见 Tientsin Station Report, 1878—1879, ABC 16.3.12, V.3.1, No.87, ABCFM Archives, p.8

② 参见阮荣平、郑风田、刘力. 宗教信仰选择一个西方宗教经济学的文献梳理 [J]. 社会, 2013（4）; Azzi C. Ehrenberg R. Household allocation of time and church attendance [J]. *Journal of Political Economy*, 1975, 83（1）: 27—56; Chen D. L. Club goods and group identity: Evidence from Islamic resurgence during the Indonesian financial crisis [J]. *Journal of Political Economy*, 2010, 118（2）: 300—354.

止教徒烧香祭祖，期望切断教徒与其社会网络的关系，但在当时的社会环境下，教徒们对于民间信仰的不信任也不一定能转化为对基督教的虔诚。传教士也只能通过物质给予或者身份提升的方式吸引更多的教徒，同时通过在固定地点和固定周期的礼拜来强化他们的身份认同，形成一种嵌套在以地缘和血缘关系为基础的乡村社会大网络中的小网络，应该说饥荒中传教士对于乡村社会网络的嵌入在一定程度上实现了他们的预期目标，但是也并没有从根本上改变中国的乡村社会结构。

第三节　赈灾后的工作延续

纵观丁戊奇荒发生前后的历史，可以发现，赈灾仅仅是为新教传教士的进入提供了有利契机，是他们"通往中国道路"的开始。灾荒后，传教士们一方面进一步巩固既有成果，积极为当地官员建言献策，为中国现代化道路添砖加瓦；另一方面，他们也借助条约签订带来的有利条件，积极与清朝官员开展交往，传播福音和西方理念，特别是在教育方面留下不可磨灭的印记。

一、探索预防灾荒之策

山东赈灾工作结束后，那里的人民送给曾在那里开展过赈灾工作的倪维思博士（Dr. Nevius）一件礼物：一顶上面写着一万个感激者的名字的红色"万民伞"，中国的各级政府官员出行时，前面通常都要撑这种伞；在中国以及东方的其他地方，它也是显示尊贵的一种方式。李提摩太所救助的地区人民也想送给他这样一把伞以表达感激之情，但由于要动用救灾款被他劝阻住了，但山西人还是用各种不同的方式表达了他们的感激，人们立了一块石碑，但是，从碑文中的文字还是能够看出中国人对于外国人的看法已经根深蒂固，难以改变，上面写道："吾皇万岁，恩庇群生，光播四海。荒天僻野之民，咸来投诚，共舒民艰。"还有一些民众找李提摩太、特纳、希尔要照片，希望把他们的照片放在当地的庙里供奉，永表感念。①

除了民众之外，当地的官员也对他们表达了感激之情。山西巡抚曾国荃给李提摩太送了一封充满赞美之词的信，表达他个人及全体山西子民的谢意。另外，曾国荃和阎敬铭还向朝廷上报了奏章，请求为参与救荒的人员授予匾额和顶戴，以示奖赏。② 1880 年 9 月，李鸿章派人通知英国领事佛利斯特，希望见到曾经在直隶赈灾过的伦敦会的江奈生·里斯和李提摩太，他们分别对对方在赈灾中提供的帮助表达了诚挚的谢意。但李鸿章也提醒李提摩太："你们的信众之所以聚集在你们的周围，那是因为他们以及他们的亲朋替你们做事，并因此生计有着落。收回你们发给这些本地代表的酬劳，你们在这里就不会再有基督徒了。而且在这个国家的知识分子阶层并没有基督徒。"因此，李提摩太他们更加坚定官员和文人们对于传教的重要性，他认为当地的领导阶层学习西方科学，才能消除灾难的根源。

在救荒期间，李提摩太还发现华北的一个特点是，地面由数百到数千尺厚的黄土覆盖，暴雨在黄土中冲出一道道沟壑，并最终形成了难以逾越的浅沟深谷，这样，要想穿越乡野几乎是不可能的。他们认为在这些纵横交错的沟壑，建造铁路在工程上会遇到很大的困难，要是能发明出飞机，那么飞机一定是最合适的交通工具，会给这里的人民带来巨大的福利。于是，李提摩太把一部分时间花在研究鸟和昆虫的飞行上，记录它们身体的重量与它们飞翼的面积之间的比例，并根据一些昆虫飞行时所发出的音调，来计算飞翼每分钟的振动次数。③ 1882 年，张之洞被任命为山西巡抚，他大力推行各种富民政策、采取各种措施防备饥荒，在太原府衙门的旧档案里，他发现李提摩太给前任巡抚曾国荃的一些建言，建议政府修铁路、开煤矿、办工厂、兴实业、建立现代化学堂。张之洞下令召集下属的主要官员一起审阅我的陈词表，并请求李提摩太放弃传教工作，直接参加到中国的政务中来。李提摩太婉拒

---

① 李提摩太. 李提摩太在华回忆录［M］. 陈义海，译. 南京：江苏凤凰文艺出版社，2018：81.

② 李提摩太. 李提摩太在华回忆录［M］. 陈义海，译. 南京：江苏凤凰文艺出版社，2018：81.

③ 李提摩太. 李提摩太在华回忆录［M］. 陈义海，译. 南京：江苏凤凰文艺出版社，2018：88.

了张之洞的请求，建议他招募更多专业人才实施改革措施，而他不能完全放弃传教这种高尚的事业去做世俗的工作。不过，李提摩太还是帮助张之洞开展了考察开采矿山的机械以及探测太原府周围地形以应对洪水的危险等一些活动。

其他的传教士在灾后也和李提摩太所做的工作差不多，李桂白（Gilbert Reid）于1886年向山东总督提出了一项治理黄河的计划。① 倪维思和其他同伴引进了一些新的果种和植物，② 为当地的恢复生产提出了诸多建议，还有一些人则探求新方法来帮助那些贫弱者自立，③ 但是总体上传教士还是缺少可以利用的资源，很难从根本上为当地解决贫困饥荒问题。

从客观上看，传教士力量的嵌入倒逼着近代荒政的转型，丁戊奇荒后义赈的兴起激发着国民性和自主性，民间救济力量也开始出现并独立于政府管理体系，全国性具有一定规模的义赈发挥着越来越大的作用，义赈与官赈并行并举，甚至超过了传统社会赈济，西方的赈灾模式和理念得到广泛传播和应用，传统荒政的转型也是中国近代化的特征之一。

二、对清政府的评价和现代化的讨论

新教传教士清醒地认识到，英国的鸦片贸易导致了中国人对外国人的强烈不信任，为他们传播福音设置了很大障碍，认为这种买卖"使得人类三分之一的心灵不能接受福音"，"中国人以奚落的眼光看待他们，因为他们一手拿着福音，一手拿着鸦片"。④ 但是，"通过勇敢和正义的传教士们向受灾民众分发基金的善举，使得中国真正对我们开放，这带来的效应比几十场战争还有效。"⑤ 这也是传教士在此次灾荒中表现得尤为积极的重要原因。另外，

---

① Gilbert Reid. *Der Kampf um Chinas Freiheit*，*Leipzig*［M］. K. F. Koehler，1923：141.

② Helen S. *Coan Nevius*，*The life of John Livingston Nevius*［M］. New York：Fleming H. Revell Company，1895：429-430；Arthur Brown，New forces in Old China，An Unwelcome but Inevitable Awakening［M］. New York：F. H. Revell. 1904：226.

③ Daniel W. Fisher. *Forty-Five Years a Missionary in Shantung，China*［M］. Philadelphia：The Westminster Press，1911：22.

④ 鸦片影响在中国的传教［N］，传教先驱报，1880年7月1日，第224—226页.

⑤ 永久控制罪恶［N］，传教先驱报，1878年8月1日，第211页.

传教士还是肯定了清政府对于控制罂粟种植所做的努力,李修善写道,"……当地政府非常努力地抑制罂粟种植……这无疑是一次道德原则对金钱利益的胜利,因为罂粟的收成是普通粮食作物的两倍。"① 而且传教士认识到了鸦片的危害,帕罗特记录了他在 1880 年前穿越河南时看到的场景,粗略估计在这个地区吸食鸦片的人口至少占到一半。② 但是他们的着眼点并不是鸦片对于中国政治和经济的冲击,而仍是要表明鸦片对于传教事业的阻碍,而非罂粟种植与饥荒的因果关系。诸如李修善和李提摩太这样的传教士赈济工作者还是鲜明的表达出对于英国对中国输出鸦片的不满,认为鸦片会导致伦理和生理上的沦丧以及金钱的浪费,这不符合基督教的理念,也不利于福音的传播。

"雨量缺乏中国政府不须为此负责,但是饥饿和干旱的后果只能够归结于清政府的无能"③,《北华捷报》在 1877 年 7 月的首页社论中写道。一篇对《北华捷报》1877 年到 1879 年间饥荒报道的综述表明:并非清政府赈济不力激发了英国人的愤怒,而是官方赈济的态度,他们还将当时的官吏称为"人形的蝗虫"。报纸从三方面论述了从粮食匮乏到全面饥荒的转变原因:清政府对于自由贸易的干预,不要求回报性工作的赈济发放,以及政府不愿意修建铁路和其他现代化形式的交通运输。但是,他们不愿意承认外国侵略耗干了清朝国库,从而限制了政府保持谷仓系统和水库的能力,这对北方省份来说至关重要。其次,由于两次鸦片战争中多个不平等条约的签订,多个港口被卷入到鸦片贸易中,其他商品的流通能力大大下降。另外,山西官员在罂粟种植和粮食短缺之间摇摆不定也是导致灾荒全面爆发的重要原因。

1878 年 6 月申报发表了一篇社评,批评了当时的清政府官员和知识分子,认为他们固执僵化,对旧法抱残守缺,没有认清事实。作者回应了《北华捷报》关于铁路等基础设施落后致使谷物运输困难的问题。因为在山西和河南饥荒区域的许多人不缺钱,但是他们难以买到需要的谷物,这大大加重了灾情。他还谴责了太平天国运动对于漕运系统的破坏,他认为,大运河运输缓

---

① "给 J. R. Hill 的信,平阳府,1879 年 5 月 1 日",见 Rev. W. T. A. Barber, M. A., B. D. David Hill. *Missionary and Saint* [M]. London: Charles H. Kelly, 1898: 211.
② 从帕罗特日记看河南《圣经》贩卖 [N],亿万华民,1880 年,第 110 页。
③ 《北华捷报》,1877 年 7 月 27 日。

慢、昂贵且运力不足，官员应该考虑革新的方法。同时，他建议要建设一条铁路干线，将赈济的谷物运输到华北内地的几个关键地点作为枢纽，再通过公路运送到饥荒地区。① 同时，为了取悦李鸿章和其他海防支持者，他还做了一个分析判断，认为外来侵略者如果要到达内地必须要先占领中国沿海地区，所以为了抵抗侵略，拒绝建设铁路不是根本之策，提升国家的海防系统更为重要。②

在某种程度上，《申报》对于灾难的报道可以被看作是意识形态殖民的一个例证。当报纸的编辑肯定英国在印度的赈济工作，并支持铁路建设作为预防饥荒的手段，但对中国在赈灾历史上的成就和经验视而不见，事实上就是表明了他们对于两种文明发展的态度。但是，有趣的是，《申报》编辑和中国南方的善士在筹集赈灾捐赠时，确实充分运用了儒家仁政思想，以及积德和善有善报的大众信仰，与前文中刘姓的《荒年歌》所表达出的态度居然有异曲同工之处，只是对于官员腐败的讨论被铁路和改革的号召所取代，对于家庭伦理的批判被吸收西方科技所取代。在上海的环境中，饥荒的恐怖激发了一场批判性对话和寻求改革的呼唤。

传教士们与《北华捷报》中英国政府的观点相同的是，认为中国需要向西方敞开大门吸收西方科学技术，重视铁路运输的作用，这也有助于更加迅速地向中国传播福音。李提摩太在其回忆录中也认为，中国贫穷的根本原因与未吸收西方先进技术有关，西方更青睐于在自然中发现上帝的作品，根据自然法则创造出服务人类的发明。③ 李提摩太在饥荒中先后会见了山东巡抚和陕西巡抚，提出修建铁路、开矿山、建设公共设施等改革方案。他一直强调中国要充分尊重自然规律，发展新的科学技术来促进农业和工业，修建覆盖面更广的铁路系统，推行自由贸易和现代银行，等等。④

---

① "论转运莫善于筑火车马路"，《申报》，1878 年 6 月 29 日，第 1 页.
② 参见《申报》，1878 年 6 月 29 日；《申报》，1877 年 6 月 7 日.
③ 李提摩太. 亲历晚清四十五年———李提摩太在华回忆录［M］. 侯林莉、李宪堂译. 天津：天津人民出版社，2005：158.
④ Paul Richard Bohr. *Famine in China and the missionary：Timothy Richard as relief administration and advocate of national reform* 1876—1884［M］. Cambridge：Harvard University Press，1972：148-153.

不过，传教士和赈济工作者没有用《北华捷报》那样轻蔑的口吻来介绍中国的文化和官僚制度在这场灾荒中的作用，而是更多地愿意承认清政府开展的广泛的赈济工作，并且对英国的在华政策进行了批判。李提摩太曾在《传教先驱报》（*Missionary Herald*）肯定了清政府为山东和山西灾荒赈济做的工作。"与中国政府本身的工作比起来，外国人的努力最多不过是桶中的一滴水"，"清政府在山西赈灾中减税和直接拨款至少有 200 万英镑。"[1] 李修善给循道会（Wesleyan-Methodist Missionary Society）还写了一封信，认为这场饥荒不仅给中国也给英国带来了警示。"一个英国中产阶级家庭的奢侈品可以拯救 10 个中国人的生命，……只有意识到财富的责任，英国人民才能规避奢侈所导致的灾难。"[2] 另外一名来自中国内地会（China Inland Mission）的传教士帕罗特（A. J. Parrott）也阐述了与前文刘姓和梁培才相似的观点，"孩子们，当你们仁慈的老师给你们一顿丰盛的基督教晚餐的时候，永远不要浪费一小片面包，或者吃的比你需要的多，但要时刻想到还有很多可怜的异教徒，他们没有任何东西吃。"[3] 总之，无论是英国记者所代表的的英政府、传教士、清政府或是置身于其中的人，对于丁戊奇荒的回应都是源于他们所依赖的文化资源，他们将饥荒所导致的大量死亡和破坏看作是对各自文化传统的威胁或忽视，其第一反应是保护和重新确认他们固有的价值理念。

三、开创中国近代大学教育的先河

将丁戊奇荒纳入历史的长河中，它既是处于动荡的晚清中国社会状况的一个集中缩影，也是中西文明碰撞、交融、互动中的众多事件之一。新教传教士在灾荒救助中起到了无法抹去的作用，也和当地官员、民众结下了不解之缘。李提摩太在中国工作生活的 45 年，目睹了中国的巨变，也成为助推中国政治变革的一份子，通过赈灾、办学校、办报等方式与李鸿章、张之洞、康有为等中国上层官员和重要人物交往密切。康有为公开承认"信仰维新主

---

[1] 中国近代饥荒中的李提摩太教士，传教先驱报，1880 年 1 月 1 日，第 7 页.

[2] 李修善致循道会，1878 年 5 月 16 日，第 18 箱，721 页，李修善文件与信件。

[3] 致年轻人：山西来的一封信，见《亿万华民》，1879：145—146.

要归功于两位传教士李提摩太牧师和林乐知牧师的著作"。① 还有学者评价李提摩太是"集传教士、学者、政客于一身，传教、译书，进行广泛的政治活动，样样搞得有声有色……与达官显宦的交往之多，与各种政治力量的接触之广，对中国政局的影响之大，是晚清任何传教士都不能相比的"②。不过，李提摩太在中国的活动中还是切身感受了民众、官员和乡绅对于教会的排斥和误解，他也确实在为中国改变对传教士的看法而努力着，并没有一味以居高临下的态度将责任全推给中国的腐朽愚昧上。他认为导致中国民众对我们产生误解的一部分原因也来自传教士对身份的自我定义存在严重误区，中国民众认为他们是各自为战的个体，没有意识到他们是力图在全世界推行新教福音的一个庞大机构的代表，外交、民政和军事官员有他们自己的级别定位，可以直接跟中国同等级别的官员打交道，但他们却很难和中国的上层对等接触。因此，他特别重视加强与上层的交往和教会的组织化建设，成立了福音同盟专门代表传教士就宗教迫害和保障传教自由等问题与中国政府进行交涉。

为了使福音能够更好传播，新教传教士从进入中国就把办学和发展现代教育作为重要方式之一。他们尝试过开办多种类型的学校，有些是专门为基督徒开设的，有些专门为非基督徒们准备，有些则是二者兼顾；有些是日间学校，有些则是寄宿学校，等等。③ 而且，学校内的课程设置也差别很大，但绝大多数学校都兼顾汉语和西方课程。④ 新教在教育上的工作成绩已经比罗马公教好很多，但是由于中国的科举制决定只有通过科举考试才能拥有官职、财富、社会地位，所以选择传教士学校的只有那些基督徒家长、不能为孩子在传统学校支付学费的家长以及那些希望自己子女在海关、洋行工作的家长。在1897年之前，教会在中国开办的学校大多还处于中等学校水平。不过，在

---

① 杰西·格·芦茨. 中国教会大学史 [M]. 曾巨生，译. 杭州：浙江教育出版社，1987：39.
② 熊月之. 西学东渐与晚清社会 [M]. 上海：上海人民出版社，1994：587.
③ 《中国传教手册》（*The China Mission Hand-book*；Shanghai，1896），第二部分，第324页。
④ 《在华新教传教士大会，上海一八九〇年五月七一二十日》（Records of the General Conference of the Protestant Missionaries of China Held at Shanghai，May 7-20，1890），第490—509页。

19 世纪 80 年代的时候，相继有传教士向母会提出在中国开办学院（大学），李提摩太也是在其中一个，他向英国浸礼会建议，为了能更好地影响帝国的统治者并使其接受基督教信仰，各个差会应该联合起来，从沿海的省会开始，在各个省会城市建立高档次的学院。1886 年，他回国休整后重新返回中国，他手写了一本关于"现代教育"的小册子，介绍世界上最先进的七个国家的教育进展，他在北京的官员中散发这本小册子，还把其中一本作为礼物送给在天津的李鸿章。在小册子里，他建议中国政府每年投入一百万两白银进行教育改革，但是李鸿章认为中国政府承担不了这么大一笔开销，而且短期内看不到效果。而且当时，李提摩太申请在太原和济南开设学院的建议也都没有得到差会总部的同意和支持。不过，其他新教教会却是在这个问题上做出了表率，比如 1879 年，在上海，在美国新教教会的资助下，杰思威（Jessfield）购置了一块地皮，圣约翰大学（St. John's College）的第一座教学楼建了起来，19 世纪 90 年代有了第一批毕业生；① 美以美会在 1888 年在北京和南京开设了两个教育性机构，都以"大学"命名，② 等等。

随着中国政府对于基督教徒的排斥愈演愈烈，李提摩太也表现得日渐焦虑，希望向皇帝上书改变这一现状。就在此时，1890 年 7 月，李提摩太接受了直隶总督李鸿章的邀请，成为天津《时报》的编辑，次年又经过赫德的推荐，主持《万国公报》。他利用文字阐明了世界各国关于商业、工业、科技等方面的信息，这也成为促使中国知识分子倡导改革的助推力之一。1900 年，义和团运动爆发，山西省的传教士和几千名本地教徒被杀害，教堂被毁，酿成了著名的"山西教案"。危机之下，1901 年庆亲王奕劻和直隶总督李鸿章邀请李提摩太参与协助处理山西教案。就此机会，李提摩太从中斡旋，提议省政府拿出五十万两白银，每年五万两，分期十年，在太原建立一所西式大学，旨在消除人们的无知和迷信。十年后，这所大学的所有管理权交还给山

---

① *Spirit of Missions* [M]. Burlington, N. J., & New York, 1836 et seq, Vol49：321；Mosher, Gouverneur Frank, Institutions Connected with the American Church Mission in China, New York, 1914：2.

② 在南京、北京成立的"汇文大学"，现通常又称之为"汇文书院"。

西省政府。① 李鸿章对这个建议深表赞同，同时将课程安排、教师任命、经费管理等事宜全权交给李提摩太处理，并让时任山西巡抚岑春煊协助办理。李提摩太回到太原后，和岑春煊协商，将先期创建的山西大学堂与中西大学堂合并办理，避免省内竞争，并起草相关章程，还将大学分成了两个部分——中学部和西学部，中学部完全由中国人负责，纯粹进行中国文化的研究和学习；西学部由他负责，开展纯粹的西方课程的教授和学习。

1902 年，一份关于教学、行政用房的建筑合同也得以最终签署。建筑项目包括：大礼堂、图书馆、体育馆、博物馆、招待用房以及供工程学、绘画、化学、物理、实验、医学、数学、法律和文学学科的教室。学校安排设置了为期三年的预备课程的学习。在此期间，所有教授的课程都与伦敦大学入学考试的必考科目相一致。接下来三年设置了毕业课程的学习，学生可以选择法律、科学、医学、工程学、语言学或文学中的任何学科进行研习。在毕业考核中获得毕业资格的学生将被授予政府认可的学位证书。获得毕业学位的学生享受和中文部毕业生（不管他是秀才还是举人）同等的待遇，并由学校行政部门或本省的巡抚选拔任用。每位学生每月都将会得到二至八两不等的生活经费补助。这些资金补助并非来自西学部本身，而是来自省财政。还规定所有的教学用语为中文，这样才能确保教学在最短的时间内收获最大的成效。

李提摩太提出建立一所现代教育的大学来解决教案问题，以永久真正意义上解决东西方之间存在的隔阂与纠纷的观点，得到全权大臣的大大赞许。三个月后，朝廷诏书下令在全国的每个省会城市都建立一所现代化的大学。这一时期，西学热潮遍布全国，很多寺庙也被改建成了各种学校和学院，可以说他对晚清中国启发民智大有裨益。1906—1907 年，山西大学的招生人数达到历史最高的 339 人，学校还在那一年派出了 25 名学生到英国学习铁路建设和采矿工程，其中 23 人的留学经费都是由山西省政府承担。② 山西大学堂在当时与京师大学堂、北洋大学堂齐名，成为中国仅有的三所官办大学，三

---

① 李提摩太. 中国的教育问题［M］//陈学恂. 中国近代教育史教学参考资料（下册）. 北京：人民教育出版社，1987：245.

② 李提摩太. 李提摩太在华回忆录［M］. 陈义海，译. 南京：江苏凤凰文艺出版社，2018：205.

所大学各以其独特的办学模式和教育实践载入史册，开创了中国近代大学教育的先河。不过，随着 1911 年辛亥革命的爆发，山西巡抚丁宝栓的继任者被杀，城市遭到大面积破坏，虽然山西大学的校园没有遭受损失，但是在一片混乱中，因为缺少资金来源，学校的教师和学生无法得到安置，只好流落四方，大学也开始走向没落。可以说，李提摩太作为一名新教传教士在中国孜孜追求着他的传教事业，但是他却是在救荒、教育等世俗领域取得了更大的成就，甚至为中国社会变革提供了丰富的思想资源。

本章结语

自鸦片战争以后到 20 世纪以前，基督教传教士逐渐扩散到全国各地，渗透到中国的乡村社会网络中，他们的活动足迹比任何其他西方活动群体的更为广泛。我们在此无法评判传教士的活动是否加速了中国的政治和文化变革，但是传教士将西方的伦理规范和精神力量带给了中国人，在一定程度上改变了变革的质量。也就是说，在当时的情形下，新教传教士来到中国的目的不是摧毁传统秩序，而在于当中国的传统社会架构近乎崩溃时，帮助中国人确立一种对丧失的东西的补偿意识。有时，我们经常将传教士的行为与欧洲列强的帝国主义阴谋联系在一起，个别的传教士也许思想狭隘而固执，但不可否认的是他们来华传教士都付出了巨大的个人牺牲，也为中国的民众创造了不可泯灭的福祉。他们通过个人关系从中斡旋或借助组织力量改变对他们的偏见，抑或是借助教案赔款实现开办大学的目标，可见，他们除了完成传播福音的本职工作外，还在世俗领域，特别是在民生和教育方面为中国走向现代化发挥了巨大的推动作用。

结　语

　　灾荒的发生从根本上是由于人、自然、社会三者之间不和谐所致，而灾荒对于国家和社会的影响则主要通过政治、经济、文化等不同维度加以呈现。丁戊奇荒的发生正值光绪初年，外部入侵和内部损耗共同给清王朝的统治带来沉重的负担，此次灾荒可谓是雪上加霜。各个主体在灾荒中的行为表现更是当时统治秩序和社会结构的缩影。灾荒对于政治的最大影响在于考验统治者的治理能力以及官僚体系的管理效能，需要管理者迅速将所持资源和灾民需求进行对接，尽快恢复当地的自给自足能力。一旦制度失效或资源供给不足，灾民就会将积怨转移到统治者的身上，对于其政治合法性造成难以衡量的挑战，这是因为，中国传统的政治合法性中强调"天人感应"，人们在这种灾异观的指导下就会很容易将灾害解读为上天对于统治者过失的惩罚，从而失去其卡里斯马特质。"卡里斯马权威应被理解为对人的一种统治，被统治者凭借对特定个人的这种品质的信任而服从这种统治。他们统治的合法性建立在对非凡的、超越常人品质因而受到推崇的东西的信仰与献身上面，也就是建立在神秘信仰、启示信仰和英雄信仰上，这些信仰之源是由奇迹、胜利和其他成就，由被统治者的信从考验出来的卡里斯马品质。一旦未能经受住考验，或者有卡里斯马资格的人显现出被他的神秘力量或被他的神遗弃了，这种信仰就会连同所需要的权威一起消失，或有消失的危险。"① 建立在传统主义权威②的基础之上、其合法性仰仗传统的那种统治的最重要的形式是家长制。家长制或世袭制的统治特点是："它有一种坚不可摧的规范系统，这些规

---

① 马克斯·韦伯. 儒教与道教［M］. 王容芬，译. 北京：商务印书馆，1999：35.
② 建立在不可更动的行动规范的日常习惯的精神适应与信仰的基础之上的统治关系叫作"传统主义权威"。

范之所以坚不可摧，是因为它们被视为神圣的东西，触犯它们，会带来巫术的或宗教的祸害。"① 而中国的官僚体系和社会规范是严格依赖这种政治合法性的，一旦失去就会如多米诺骨牌一般殃及整个帝国统治。

反思基督教在中国的演变和发展，我们不难发现，中国传统社会之所以对它一直十分恐惧，就是因为基督教带来的是对维持统治的价值文明的对冲。按照马克斯·韦伯的说法，"任何政治官僚阶级都怀疑作为从国家机器役使下解放出来的根本出路的个人救赎追求和自由结社，也怀疑那些竞争的、道貌岸然的慈善机构，尤其从心里看不起对彼岸功利精神目标的不切实际的幸福的追求。宗教义务对于一切官吏来说不过是职务的或社会的国民义务与等级义务：宗教信仰符合规定，因而具有官僚制决定的仪式主义的特征。"② 也就是说，在统治者眼中，宗教从来就不只是与官僚体制脱节的精神层面的意义。太平天国运动的发生更是让统治者看到了外来思想所带来的巨大隐患，甚至发展出了一条与儒家思想相对立的思想路线，并据此以反对那些占有上层文化和很高政治地位的儒家官僚。但是，统治者的政权是否稳固取决于外部冲击和内部治理两个方面，诸如战争、大灾害、大动乱是消耗内部治理资源的最大威胁，再加上官僚制度的低效和腐败，导致在丁戊奇荒发生之时清王朝的统治已经非常脆弱，这就给传教士的嵌入提供了契机。

历史学家保罗·格瑞诺夫（Paul Greenough）认为："洪水和饥荒等灾难激发的是对文化终极价值的讨论，关于好与坏、合法与不合法的讨论。"一场大饥荒测试并延展了任何一个社会的价值和假设，但那些描述一场饥荒的图像以及回答饥荒迫使人们采取的不可能的抉择时，什么行动是道德的，文化和文化间的回答是不同的。生活于特定社会条件下的人们的思想有一种局限性，可称之为"蛙井效应"，这也是宗教信念的反映。③ 这种"蛙井效应"既可以成为维护既有价值规范的堡垒，也有可能成为开拓新局面的窗口。具体在中国传统社会的语境中，任何价值规范背后都附着权力和利益，这也反映出中国民间信仰的功利性特征。因此，传教士在丁戊奇荒中正是以权力为突破口嵌入到中国的统治秩序和社会结构之中。由此，引出本书的三个最核心

---

① 马克斯·韦伯. 儒教与道教［M］. 王容芬，译. 北京：商务印书馆，1999：35—36.
② 马克斯·韦伯. 儒教与道教［M］. 王容芬，译. 北京：商务印书馆，1999：22.
③ 张荣明. 权力的谎言［M］. 杭州：浙江人民出版社，2000：3.

问题：其一，丁戊奇荒中的制度何以失灵；其二，灾荒中的各权力主体是如何互动的，为传教士的嵌入带来何种契机；其三，传教士作为一个权力主体是如何实现资本积累，从而嵌入中国传统社会网络的。

丁戊奇荒是特定场域中的一场权力竞争。我们如果将这场灾荒看作是一个特定的场域，各行为体所拥有和争夺的资本和权力就成为分析问题的关键，由此呈现他们之间的互动过程。

（1）资本与权力是构成场域的基本组成要素。布迪厄认为，一个浑然一体的大世界是由一个个相对独立的小世界组成，这些充满竞争的小世界与大世界的生成结构具有同质性，都遵从支配与被支配的等级结构的作用，每一个场域都拥有其中占主导地位的资本，我们也可以把场域理解为其中的主体都是为控制有价值的资源而进行斗争。因此，场域中各主体的关系是依靠权力来维持和运作的，各主体所具有的社会地位就是其所占有的资本力量决定的，资本实力的对比即是社会地位的对比，他们之间始终处在博弈①过程中，目的在于争夺更多的符号资源和物质资源。传教士在饥荒中是通过"条约+"的方式进入的，鸦片战争后条约签订和口岸开放使得传教士无形中成为利益集团，具有特殊的政治利益，这也成为他们成功进入的最大资本。在赈灾过程中，他们对于资本的掌控程度决定了他们与其他行为体，特别是各级官僚政府的互动方式，传教士的一些折中和妥协的做法，无非是资本竞争中的调和。

在整个事件中，传教士直接或间接地具备了政治、经济、军事、意识形态四种权力。军事权力和意识形态权力往往显得偶然而激烈，政治权力则是以制度化和领土为特征，而经济权力是最容易嵌入日常生活的。② 随着事件的发展，他们依靠其制度化优势取得了较为充足的经济资本，而经济权力的维持也强化着其组织能力，进而改变了他们在社会中的地位。而军事和意识形态权力则给清王朝和中国传统社会带来严重不适，但它们在不断调适中与其他权力方式相结合，最终使得新教传教士得以在"缝隙"中涌现出来。

（2）场域是争夺资本的场所，进而决定各主体的合法性地位。在文化生产场域相互斗争的生产者及其文化产品，更多反映的是他们在斗争中的统治

---

① 笔者不认为是完全的零和博弈，但是竞争是不可避免的。
② 参见迈克尔·曼. 社会权力的来源（第一卷）[M]. 刘北成、李少军，译. 上海：上海世纪出版集团，2015.

与被统治的相应位置。场域内各种力量的对抗势必使其中的不同力量的合法性处于动态变化之中。场是力量关系的场所，也是这些力量格局改变和斗争的场所。简而言之，各主体的资本存量与其合法性呈正相关关系。在明朝，基督教的进入本身是存在合法性劣势的，这不是因为基督教教义本身，而是由于当时他们所拥有的资本（包括政治、经济、文化）是不足以与统治者抗衡的，所以他们只能在器物层面得到统治者的重视。而1840年后，随着中西方实力对比发生变化，基督教开始拥有越来越多的资本和清王朝竞争，使其合法性开始上升，最终在丁戊奇荒中以教徒增加、传教范围扩大的形式显现出来，从而在一定范围内拥有了推动近代中国变革的话语权和参与权。

（3）资本的重要性次序根据其场域的不同而不同。"资本的不同种类的等级随着场域的不同而发生改变。这是因为在本质上，资本的价值附着于可施展的场域。"① 因此，不同类型的资本在不同场域中发挥的作用是不同的，它们既可以成为权力争夺的武器，也是权力争夺的股本。在一个特定场域内占据统治地位的人可以引导整个场内的个体朝着有利于他们的方向去，基督教宗教权威和教徒身份的建构中贯穿着资本与权力关系的运作。这里重点要说明的是，笔者认为不同类型资本的重要性在不同的场域中是有主次的，比如在丁戊奇荒之中，传教士尝试利用政治资本进入，但是效果并不好，还引发了多次冲突。但是，在灾荒中，传教士的"入场"依靠的是经济资本，政治资本次之，这与当时清政府的短板和民众的需求不谋而合，而且与中国民间信仰的功利性特征不相冲突，这才使得传教士的嵌入总体是比较顺利的。这是因为对于外来者（或外来文明）而言，政治资本和经济资本之于社会资本的转化速度和动能是不同的，特别是在灾荒这种非常态场域中，经济资本向社会资本的转化速度更快，资本载体也更为广泛，但其转化后的持续效果还要依赖于非常态恢复为常态社会后能否巩固抑或受到压制。

另外，值得注意的是，场域与场域之间的界限并非泾渭分明，比如在丁戊奇荒中，宗教场域、政治场域、经济场域、文化场域都是紧密关联的，这也导致资本可以实现在不同场域间的流动和转换，而拥有资本的主体最终能够实现全场域的嵌入。

传教士依靠其附着的权力在中国传统社会网络中实现渐进式嵌入。宗教

---

① 参见傅敬民. 《圣经》汉译的文化资本解读 [M]. 上海：复旦大学出版社，2009.

权力是以一种"权力的文化网络"①的形式散布在社会中的，它被赋予一种象征性权威，可以激发人们的归属感、责任感和荣誉感。中国乡村中的民间宗教虽然擅于运用文化符号的权力获取民间社会的给养，但是他们却没能创造出一整套精致的文化权力符号的能力。当大灾荒来临时，民间社会的给养出现危机，这就给教义、制度和资源上都较为完备的基督教带来了机遇。值得注意的是，传教士在行动中并没有急于推翻现存秩序，完全打破原有的文化权力符号体系，而是试图运用自身的资本优势将中国传统与基督教进行嫁接，首先满足民众的利益需求，将价值分歧放置次要地位，从而利用中国乡村社会网络的地缘和血缘关系塑造新的文化网络，最后循序渐进地取代传统的文化权力符号。这是因为使权力争夺正当化的首要步骤，就是以原来已经被正当化的社会制度为基础，通过既存和被大众所接受的正当化手段，尽可能地争取、获得和增加手中所掌握的资本。可以说这套"渐进式文化变革"的方法在丁戊奇荒中是十分成功的，并没有招致强烈的反感和抵制，反而实现了对于社会中各个场域的嵌入。

　　上述讨论的所有问题无一不是为了推动社会的秩序化，只是在秩序化的进程中社会需要经历打破平衡和建构再平衡的过程，灾荒作为一种特殊的社会失序状态也不例外，因此，我们有必要最后对宗教对于秩序建构的作用加以简单讨论。实现秩序化的方法有很多，包括制度、法律、习俗等等，宗教也是一种"用神圣的方法实现秩序化的活动"。②这种神圣的秩序既包括人又超越人，成为人类抵御混乱无序状态的终极保护层。从古至今，宗教是历史上最广泛而有效的论证社会秩序合理和维护社会稳定的手段。这种说法似乎在现实中逐步被打破，但是我们还是应该看到宗教对于无秩序现象的合理化解释价值。这是因为宗教具有异化的力量。马林诺夫斯基说过："在每一种文

---

① "权力的文化网络"（Cultural nexus of power）这个概念是由杜赞奇最早提出的，"权力的文化网络"是指"由乡村社会中多种组织体系以及塑造权力运作的各种规范所构成的体系"。其中，"文化"是指"各种关系与组织中的象征与规范，这些象征与规范包含宗教的信仰、相互感情、亲戚纽带以及参加组织的众人所承认并受其约束的是非标准"。参见杜赞奇. 文化、权力与国家——1900—1942 年的华北农村 [M]. 王福明，译. 南京：江苏人民出版社，2003：15.
② 彼得·贝格尔. 神圣的帷幕 [M]. 高师宁，译. 上海：上海人民出版社，1991：5.

明中，每一种习俗、器物、观念、信仰都完成着某种重要的功能。"① 宗教普遍而根本的主题仍在"施与受"。这一特性根深蒂固存在于不论何时、不论任何民族的日常与大众的宗教行为之中，不论其宗教为何。一般而言，所有"祈愿"的内容——即使是在最出世取向的宗教里——都不外乎要求避免"此世"之外在灾厄，以及祈求"此世"之外在利益。②

作为一种历史现象，"宗教"和全球宗教体系的存在都不能被视为理所当然。继另一位著名的宗教社会学家罗兰·罗伯逊（Roland Robertson）之后，拜尔（Peter Beyer）强调了全球范畴宗教的历史性。③ 对于拜尔和罗伯逊来说，"宗教"的发展与西方社会现代性的全球化密不可分。在欧洲帝国主义的文明使命的推动下，宗教全球化能够同时借鉴看似对立的基督教和世俗现代主义思想和制度，后者主张强调科学进步和国家的无所不包的作用。

然而，强调宗教全球化和帝国扩张之间的相互关系并不意味着将欧洲先前存在的宗教观念单向地强加给世界其他地区。相反，宗教为欧洲在全球的影响力向全球扩张提供了一个历史背景，在这个背景下，世界各地的宗教进行了自发的建构和制度化，这些都是为了应对西方对其文明带来的渗透和挑战，这一点在清末民初的中国体现得尤为明显。欧洲自 18 世纪后期以来所具有的地位优势，在世界其他地区并不一定转化为"绝对的话语权威"。在全球化语境下，欧洲人对宗教的理解为"既是全球化的产物，也是全球化的贡献者"。④ 因此，如果将本研究置于现代化乃至全球化的维度来看待，传教士与中国形成的一系列行为互动实则既是中国现代化进程中的一股外推力，也是全球化的众多表现形式之一。

---

① 郑也夫、李强. 西方社会学史［M］. 北京：能源出版社，1987：121.

② 马克斯·韦伯. 宗教社会学［M］. 康乐、简惠美，译. 桂林：广西师范大学出版社，2005：33.

③ See Robertson, Globalization：Social Theory and Global Culture, London：SAGE Publications Ltd, 1992, pp. 4 - 11; Peter Beyer, Religions in Global Society, London：Routledge, 2006, pp. 65-79.

④ Peter Beyer, Religions in Global Society, London：Routledge, 2006, p. 74.

参考文献

一、中文文献：

（一）中文著作

［1］安作璋、王志民．齐鲁文化通史·近代卷．北京：中华书局，2005.

［2］陈高佣．中国历代天灾人祸年表．上海：上海国立盟南大学出版社，1939.

［3］陈学恂．中国近代教育史教学参考资料．北京：人民教育出版社，1987.

［4］程世平．文明的选择：论政体选择和宗教的关系．北京：中国社会科学出版社，2001.

［5］陈旭麓．近代中国社会的新陈代谢．上海：生活·读书·新知三联书店，2018.

［6］戴逸主编．二十六史大辞典（事件卷）．长春：吉林人民出版社，1993.

［7］邓拓．中国救荒史．北京：商务印书馆，2011.

［8］范丽珠等．宗教社会学：宗教与中国．北京：时事出版社，2010.

［8］冯柳堂．中国历代民食政策史．上海：商务印书馆，1934.

［9］傅敬民．《圣经》汉译的文化资本解读．上海：复旦大学出版社，2009.

［10］顾长声．传教士与近代中国．上海：上海人民出版社，1981.

［11］顾长声．从马礼逊到司徒雷登—来华新教传教士评传．上海：上海

人民出版社，1985.

[12] 顾卫民．基督教与近代中国社会．上海：上海人民出版社，1996.

[13] 顾肃．宗教与政治．北京：译林出版社，2010.

[14] 顾廷龙、戴逸主编．李鸿章全集．合肥：安徽教育出版社，2007.

[15] 何汉威．光绪初年（1876—1879）华北的大旱灾．香港：香港中文大学出版社，1980.

[16] 郝平．丁戊奇荒：光绪初年山西灾荒与救济研究．北京：北京大学出版社，2012.

[17] 何晓夏、史静寰．教会教育与中国教育近代化．广州：广东教育出版社，1996.

[18] 赫治清主编．中国古代灾害史研究．北京：中国社会科学出版社，2007.

[19] 金观涛、刘青峰．中国现代思想的起源：超稳定结构与中国政治文化的演变．北京：法律出版社，2011.

[20] 康沛竹．灾荒与晚清政治．北京：北京大学出版社，2002.

[21] 赖德烈．基督教在华传教史．雷立柏，等译．香港：道风书社，2009.

[22] 李军．中国传统社会的救灾——供给、阻滞与演进．北京：中国农业出版社，2011.

[23] 李善邦．中国地震目录．北京：科学出版社，1960.

[24] 李尚英．清代政治与民间宗教．北京：中国工人出版社，2002.

[25] 李文海等．近代中国灾荒纪年．长沙：湖南教育出版社，1990.

[26] 李文海．近代中国十大灾荒．上海：上海人民出版社，1994.

[27] 李文海主编．天有凶年——清代灾荒与中国社会．上海：生活·读书·新知三联书店，2007.

[28] 李文海、周源．灾荒与饥馑：1840—1919．北京：高等教育出版社，1991.

[29] 李文治编．中国近代农业史资料（第一辑）．上海：生活·读书·新知三联书店，1957.

[30] 李向军. 清代荒政史研究. 北京：中国农业出版社，1995.

[31] 李向平. 信仰、革命与权力秩序——中国宗教社会学研究. 上海：上海人民出版社，2006.

[32] 李向平. 中国当代宗教的社会学诠释. 上海：上海人民出版社，2006.

[33] 刘戟锋等主编. 国外科学技术与军事著作导读·第一辑. 北京：中国人民解放军出版社，2010.

[34] 刘念业. 近代在华新教传教士早期的圣经汉译活动研究，1807-1862. 台北：花木兰文化事业有限公司，2019.

[35] 刘仰东、夏明方. 灾荒史话. 北京：社会科学文献出版社，2000.

[36] 刘泽华. 中国的王权主义 ——传统社会与思想特点考察. 上海：上海人民出版社，2000.

[37] 罗荣渠. 现代化新论. 北京：北京大学出版社，1995.

[38] 孟昭华、彭传荣编. 中国灾荒史. 北京：中国电力出版社，1989.

[39] 牟钟鉴、张践. 中国宗教通史. 北京：中国社会科学出版社，2007.

[40] 彭时代. 宗教信仰与民族信仰的政治价值研究. 北京：民族出版社，2007.

[41] 上海等地气象局和中央气象局合编. 近五百年来气候历史资料，1978.

[42] 宋正海主编. 中国古代重大自然灾害和异常年表总集. 广州：广东教育出版社，1992.

[43] 宋正海等著. 中国古代自然灾异群发期. 合肥：安徽教育出版社，2002.

[44] 宋正海等著. 中国古代自然灾异相关性年表总汇. 合肥：安徽教育出版社，2002.

[45] 王曾才. 中英外交史论集. 台北：联经出版事业有限公司，1991.

[46] 王立新. 美国传教士与晚清中国现代化. 天津：天津人民出版社，1997.

［47］王林．山东近代灾荒史．济南：齐鲁书社，2004．

［48］王龙章．中国历代灾况与赈济政策．重庆：重庆独立出版社，1942．

［49］夏东元．郑观应集（下）．上海：上海人民出版社，1988．

［50］夏明方、唐沛竹主编．20 世纪中国灾变图史．福州：福建教育出版社，2001．

［51］熊月之．西学东渐与晚清社会．上海：上海人民出版社，1994．

［52］张后铨主编．招商局史（近代部分）．北京：人民交通出版社，1988．

［53］张鸣．奉民与教民．北京：九洲图书出版社，1998．

［54］张鸣．乡土心路八十年：中国近代化过程中农民意识的变迁．西安：陕西人民出版社，2013．

［55］张荣明．权力的谎言：中国传统的政治宗教．杭州：浙江人民出版社，2000．

［56］张习孔编．中国历史大事编年（第五卷，清近代）．北京：北京出版社，1987．

［57］张艳丽．嘉道时期的灾荒与社会．北京：人民出版社，2008．

［58］张仲礼．中国绅士研究．上海：上海人民出版社，2008．

［59］郑也夫、李强．西方社会学史．北京：能源出版社，1987．

［60］中央气象局中央气象研究所编．华北、东北近五百年来旱涝史料，1975．

［61］中央气象局中央气象研究所编．中国近五百年来旱涝分布图集，1981．

［62］周秋光、曾桂林．中国慈善简史．北京：人民出版社，2005．

［63］周雪光．中国国家治理的制度逻辑——一个组织学研究．上海：生活·读书·新知三联书店，2017．

［64］朱浒．地方性及其超越：晚清义赈与近代中国的新陈代谢．北京：中国人民大学出版社，2006．

（二）中文译著

[1]［美］阿尔文·施密特.基督教对文明的影响.汪晓丹、赵巍，译.北京：北京大学出版社，2004.

[2]［印度］阿玛蒂亚·森.贫困与饥荒.王宇、王文玉，译.北京：商务印书馆，2004.

[3]［法］爱弥尔·涂尔干.宗教生活的基本形式.渠东、汲喆，译.北京：商务印书馆，2011.

[4]［英］爱尼斯·安德逊.英使访华录.费振东，译.北京：商务印书馆，1963.

[5]［以］艾森斯塔德.帝国的政治体系.阎步克，译.贵阳：贵州人民出版社，1992.

[6]［美］艾志端.铁泪图.曹曦，译.南京：江苏人民出版社，2011.

[7]［美］彼得·贝格尔.神圣的帷幕.高师宁，译.上海：上海人民出版社，1991.

[8]［澳］彼得·哈里森.圣经、新教与自然科学的兴起.张卜天，译.北京：商务印书馆，2019.

[9]［美］卜凯.中国土地的利用.上海：商务印书馆，1937.

[10]［英］戴维·赫尔德等.全球大变革：全球化时代的政治、经济与文化.杨雪冬，等译.北京：社会科学文献出版社，2001.

[11]［英］丹尼斯·史密斯.历史社会学的兴起.周辉荣，等译.上海：上海人民出版社，2000.

[12]［美］丹涅特.美国人在东亚.姚曾广，译.北京：商务印书馆，1959.

[13]［美］道格拉斯·诺斯.经济史中的结构与变迁.陈郁、罗华平，译.上海：上海人民出版社，1994.

[14]［美］道格拉斯·诺斯.制度、制度变迁与经济绩效.杭行，译.上海：格致出版社，2008.

[15]［美］邓恩.一代巨人：明末最后几十年耶稣会士在中国的故事.余三乐、石蓉，译.北京：社会科学文献出版社，2014.

［16］［美］杜赞奇. 文化、权力与国家——1900—1942 年的华北农村. 王福明，译. 南京：江苏人民出版社，2003.

［17］［法］费赖之. 在华耶稣会士列传及书目. 冯承钧，译. 北京：中华书局，1995.

［18］［美］费正清主编. 剑桥中国晚清史. 郭沂纹，译. 北京：中国社会科学出版社，1993.

［19］［美］弗朗西斯·亨利·尼克斯. 穿越神秘的陕西. 史红帅，译. 西安：三秦出版社，2009.

［20］［德］格奥尔格·西美尔. 宗教社会学. 曹卫东，译. 上海：上海人民出版社，2003.

［21］［美］黄宗智. 长江三角洲小农家庭与乡村发展. 北京：中华书局，1992.

［22］［美］黄宗智. 华北的小农经济与社会变迁. 北京：中华书局，2000.

［23］［美］吉尔伯特·罗兹曼. 中国的现代化. 国家社会科学基金"比较现代化"课题组，译，南京：江苏人民出版社，2003.

［24］［英］杰拉德·德兰迪、恩斯·伊辛. 历史社会学手册. 李霞，等译. 北京：中国人民大学出版社，2009.

［25］［美］杰西·格·芦茨. 中国教会大学史. 曾巨生，译. 杭州：浙江教育出版社，1987.

［26］［匈］卡尔·波兰尼. 大转型：我们时代的政治、经济起源. 冯钢，等译. 杭州：浙江人民出版社，2007.

［27］［美］柯文. 历史三调. 杜继东，译. 南京：江苏人民出版社，2000.

［28］［美］柯文. 在中国发现历史——中国中心观在美国的兴起. 林同奇，译. 北京：中华书局，2002.

［29］［美］孔飞力. 中华帝国晚期的叛乱及其敌人. 谢亮生，等译. 北京：中国社会科学出版社，1990.

［30］［加］李耿信. 世纪之殇：基督教、帝国主义、华北社会和义和

团．匹兹堡：美国学术出版社，2018.

[31]［意］利玛窦、金妮阁．利玛窦中国札记．何高寄、王遵仲、李申，译．北京：中华书局，1983.

[32]［意］利玛窦．利玛窦书信集．罗渔，译．台北：台湾光启出版社，1986.

[33]［美］李普塞特．政治人——政治的社会基础．张绍宗，译．上海：上海人民出版社，2011.

[34]［英］李提摩太．亲历晚清四十五年——李提摩太在华回忆录．侯林莉、李宪堂，译．天津：天津人民出版社，2005.

[35]［英］李提摩太．李提摩太在华回忆录．陈义海，译．南京：江苏凤凰文艺出版社，2018.

[36]［美］列文森．儒教中国及其现代命运．郑大华、任菁，译．桂林：广西师范大学出版社，2009.

[37]［美］刘广京、朱昌峻编．李鸿章评传：中国近代化的起始．陈绛，译校．上海：上海古籍出版社，1995.

[38]［美］罗德尼·斯塔克．基督教的兴起——一个社会学家对历史的再思．黄剑波、高民贵，译．上海：上海古籍出版社，2005.

[39]［美］罗威廉．救世：陈宏谋与18世纪中国的精英意识．陈乃宜、李兴华，等译．北京：中国人民大学出版社，2016.

[40]［德］马克思．中国革命和欧洲革命，见《马克思恩格斯选集》，中共中央马克思恩格斯列宁斯大林著作编译局编，第2版，第1卷，1994.

[41]［德］马克斯·韦伯．经济与社会．林荣远，译．北京：商务印书馆，1997.

[42]［德］马克斯·韦伯．儒教与道教．王容芬，译．北京：商务印书馆，1999.

[43]［德］马克斯·韦伯．中国的宗教：宗教与世界．康乐、简惠美，译．桂林：广西师范大学出版社，2005.

[44]［德］马克斯·韦伯．宗教社会学．康乐、简惠美，译．桂林：广西师范大学出版社，2005.

［45］［美］马士．中华帝国对外关系史．张汇文，等译．上海：上海世纪出版社，2006.

［46］［美］迈克尔·曼．社会权力的来源（第一卷、第二卷）．郭忠华，等译．上海：上海人民出版社，2007.

［47］［英］坎伯·摩根．新约·使徒行传．钟越娜，译．上海：上海三联书店，2012.

［48］［美］墨子刻．摆脱困境——新儒学与中国政治文化的演进．颜世安，等译．南京：江苏人民出版社，1995.

［49］［美］帕森斯．社会行动的结构．张明德，等译．北京：译林出版社，2003.

［50］　［美］彭慕兰．腹地的构建：华北内地的国家、社会和经济（1853-1937）．马俊亚，译．上海：上海人民出版社，2017.

［51］［法］皮埃乐·布迪厄．实践与反思：反思社会学导引．李猛、李康，译．北京：中央编译出版社，1998.

［52］［美］乔尔·查农．社会学与十个大问题．汪丽华，译．北京：北京大学出版社，2009.

［53］［印度］让·德雷兹、阿玛蒂亚·森．饥饿与公共行为．苏雷，译．北京：社会科学文献出版社，2006.

［54］［法］荣振华，等．16-20 世纪入华天主教传教士列传．耿昇，译．桂林：广西师范大学出版社，2010.

［55］［美］塞缪尔·亨廷顿．文明的冲突与世界秩序的重建．周琪，等译．北京：新华出版社，2010.

［56］［美］史景迁．改变中国．温洽溢，译．桂林：广西师范大学出版社，2019.

［57］　［美］史景迁．中国纵横．钟倩，译．成都：四川人民出版社，2019.

［58］［美］史景迁．追寻现代中国（1600-1949）．温洽溢，译．成都：四川人民出版社，2019.

［59］［英］苏慧廉．李提摩太传．梅益盛、周云路，译．上海广学会，

1924.

[60] [美] 托马斯·奥戴、珍妮特·奥戴·阿维德. 宗教社会学. 刘润忠，等译. 北京：中国社会科学出版社，1990.

[61] [美] 托马斯·赖利. 上帝与皇帝之争. 李勇，等译. 上海：上海人民出版社，2011.

[62] [德] 托马斯·卢曼. 宗教教义与社会演化. 刘锋、李秋零，译. 北京：中国人民大学出版社，2003.

[63] [法] 魏丕信. 18 世纪中国的官僚制度与荒政. 徐建青，译. 南京：江苏人民出版社，2003.

[64] [法] 西尔维·布吕内尔. 饥荒与政治. 王吉会，译. 北京：社会科学文献出版社，2010.

[65] [法] 谢和耐. 中国和基督教. 耿升，译. 上海：上海古籍出版社，2003.

[66] [日] 星野昭吉. 全球政治学：全球化进程中的变动、冲突、治理与和平. 刘小林、张胜军，译. 北京：新华出版社，2000.

[67] [美] 徐中约. 中国近代史. 计秋枫、朱庆葆，译. 北京：世界图书出版公司，2008.

[68] [美] 杨庆堃. 中国社会中的宗教. 范丽珠，译. 上海：上海人民出版社，2007.

[69] [比利时] 钟鸣旦. 1840 年前的中国基督教. 孙尚扬，译. 北京：学苑出版社，2004.

（三）中文史料

（1）碑文、地方志

[1]《定陶县志》，《方志·华北》，冯麟淯等修，曹垣撰，台北：成文出版社，1968 年。

[2]《辽州志》，（清）陈栋撰，1890 年。

[3]《平陆县续志》，（清）刘鸿逵纂，1880 年。

[4]《山西通志》，（清）曾国荃等修，王轩纂，1892 年。

[5]《信阳县志》，《方志·华北》，陈善同等撰，台北：成文出版社，

1968 年。

[6]《许昌县志》,《方志·华北》, 王秀文等修、张庭馥等撰, 台北: 成文出版社, 1968 年。

[7]《永宁州志》,(清)姚启瑞编撰, 1881 年。

[8]《永济县志》,(清)李荣和、刘钟麟修, 张元懋纂, 1886 年。

[9]《民国潍县志稿》, 常之英, 刘祖幹, 民国三十年铅印本。

[11]《铁泪图碑文》, 载《焦作文史资料(1943 年前后焦作地区大灾荒专辑)》第四辑, 1994 年 12 月。

[12]《西板桥村荒岁碑记》, 载《焦作文史资料(1943 年前后焦作地区大灾荒专辑)》第四辑, 1994 年 12 月。

[13]《凶岁记碑文》, 载《焦作文史资料(1943 年前后焦作地区大灾荒专辑)》第四辑, 1994 年 12 月。

(2)档案、日记、文集等

[14]《道咸同光四朝奏议》, 载《清代史料严书》, 台北: 台湾商务印书馆, 1970 年。

[15]《德宗实录》,(清)裴坦进撰, 1896 年。

[16]《东华录》, 北京: 中华书局, 2016 年。

[17]《光绪三年年景录》,(清)梁培才, 山西省人民委员会办公厅, 1961 年。

[18]《皇朝经世文续编》,(清)盛康编, 1897 年。

[19]《荒政摘要》,(清)李義文撰, 1834 年。

[20]《济荒记略》,(清)郁方董, 1851 年。

[21]《近代中国史料丛刊》, 沈云龙主编, 台北: 文海出版社, 1969 年。

[22]《晋游日记》,(清)李燧, 1833 年。

[23]《李文忠公全集·奏稿》,(清)李鸿章撰。

[24]《齐豫晋直赈捐征信录》, 苏州桃花坞协赈公所编, 1881 年。

[25]《清代灾赈档案专题史料》, 中国第一历史档案馆藏。

[26]《清光绪筹办各省荒政档案》, 国家图书馆藏清代内阁六部孤本档案, 2008 年。

[27]《清史稿》，赵尔巽撰，中华书局，1998 年。

[28]《清续文献通考》，（清）刘锦藻撰，1921 年。

[29]《怡青堂文集》，（清）王锡纶撰，1912 年。

[30]《郧襄赈济事宜》，（清）俞森撰。

[31]《条陈时务疏》，贺寿慈撰，载《四朝奏议》，1877 年。

[32]《文诚公集·函牍》，（清）袁保恒撰，1868 年。

[33]《文诚公集·奏议》，（清）袁保恒撰，1868 年。

[34]《熙朝纪政》，（清）王庆云撰，1898 年。

[35]《养知书屋文集》，（清）郭嵩焘撰，1868 年。

[36]《越缦堂日记》，李慈铭撰，邱数文、胡珍编，台北：文海出版社，1963 年。

[37]《运城灾异录》，运城市地方志办公室档案局，1986 年。

[38]《曾忠襄公全集·抚晋批牍》，萧荣爵编，台北：成文出版社，1969 年。

[39]《曾忠襄公（国荃）书札》，（清）曾国荃，1903 年。

[40]《曾忠襄公全集·奏议》，萧荣爵编，台北：成文出版社，1969 年版。

[41]《张文襄公全集·奏议》，台北：文海出版社，1970 年。

[42]《赈纪》，（清）方观承编，1868 年。

[43]《左文襄公咨札》，（清）左宗棠撰，1890 年。

[44]《左文襄公全集·书牍》，（清）左宗棠撰，1890 年。

（四）中文期刊

[1] 曹新宇. 清代山西的粮食贩运路线. 中国历史地理论丛, 1998 (2).

[2] 董大中. 光绪三年，那不堪回首的一页. 文史月刊, 2002 (10).

[3] 高鹏程、池子华. 李提摩太在丁戊奇荒时期的赈灾活动. 社会科学, 2006 (11).

[4] 顾长声. 传教士与近代中西文化交流. 历史研究, 1989 (3).

[5] 郝平. 山西"丁戊奇荒"的人口亡失情况. 山西大学学报（哲社

版），2001（6）．

　　［6］黄祐．晚清时期民间义赈活动探析．广西社会科学，2008（12）．

　　［7］何其敏．论宗教与政治的互动关系．世界宗教研究，2001（4）．

　　［8］李辅斌．清代中后期直隶山西传统农业区垦殖述论．中国历史地理论丛，1994（2）．

　　［9］李林、李纪增．宗教与政治权力的合法性．法制与社会，2009（3）．

　　［10］李楠．丁戊奇荒前后华北乡村社会网络的重塑——以美国公理会在鲁西北的活动为个案．清史研究，2019（4）．

　　［11］李文海．晚清义赈的兴起与发展．清史研究，1993（3）．

　　［12］李文海、夏明方．邓拓与《中国救荒史》．中国社会工作，1998（4）．

　　［13］李晓晨．近代直隶天主教传教对自然灾害的救济．河北学刊，2009（1）．

　　［14］梁庆椿．中国旱灾之分析．社会科学杂志，1935（6）．

　　［15］林敦奎．中国近代史上的"丁戊奇荒"．百科知识，1990（12）．

　　［16］满志敏．光绪三年北方大旱的气候背景．复旦学报（社会科学版），2000（6）．

　　［17］闵丽．正统宗教向民间秘密宗教衍变的原因和路径．华中科技大学学报（社科版），2002（4）．

　　［18］聂资鲁．百余年来美国的基督教在华传教史研究．近代史研究，2000（3）．

　　［19］阮荣平、郑风田、刘力．宗教信仰选择一个西方宗教经济学的文献梳理．社会，2013（4）．

　　［20］王德硕．山东丁戊奇荒中的博弈．齐鲁学刊，2012（6）．

　　［21］王金香．光绪初年北方奇灾．山西师范大学学报，1991（4）．

　　［22］王金香．近代北中国旱灾的特点．黄河科技大学学报，2000（1）．

　　［23］王金香．近代北中国旱灾成因探析．晋阳学刊，2000（6）．

　　［24］王李金，段彪瑞．李提摩太的教育主张及参与创建山西大学堂的实

践．高等教育研究，2011（3）．

[25] 王卫平、黄鸿山．江南绅商与光绪初年山东义赈．江海学刊，2006（5）．

[26] 夏明方．也谈"丁戊奇荒"．清史研究，1992（4）．

[27] 夏明方．清季"丁戊奇荒"的赈济及善后问题初探．近代史研究，1993（2）．

[28] 夏明方．论1876—1879年西方新教传教对华赈济事业．清史研究，1997（2）．

[29] 夏明方．从清末灾害群发期看中国早期现代化的历史条件：灾荒与洋务运动研究之一．清史研究，1998（1）．

[30] 夏明方．中国早期工业化阶段原始积累过程的灾害史分析．清史研究，1999（1）．

[31] 杨国强．"丁戊奇荒"：19世纪后期中国的天灾与赈济．社会科学，2010（3）．

[32] 杨剑利．晚清社会灾荒救治功能的演变——以"丁戊奇荒"的两种赈济方式为例．清史研究，2000（4）．

[33] 袁滢滢．丁戊奇荒中传教士在山东的赈灾活动考察．聊城大学学报（社会科学版），2006（11）．

[34] 袁滢滢．天人感应灾异观与近代灾荒救治——以"丁戊奇荒"为中心．聊城大学学报（社会科学版），2009（4）．

[35] 张大海．互动与博弈一李提摩太"丁戊奇荒"青州赈灾分析—以万国公报为中心的考察．宗教学研究，2010（1）．

[36] 张九洲．光绪初年的河南大旱及影响．史学月刊，1990（5）．

[37] 张艳丽．丁戊奇荒"之际晋南地方官员的善后措施——以解州知州马丕瑶为例．晋阳学刊，2005（6）．

[38] 赵矢元．丁戊奇荒述略，《学术月刊》，1981年第2期。

[39] 赵晓华．"丁戊奇荒"中的社会秩序——以地方志为中心的考查．华南师范大学学报（社会科学版），2008（2）．

[40] 赵英霞．丁戊奇荒与教会救灾—以山西为中心．历史档案，2005

（8）．

[41] 朱浒．20 世纪清代灾荒史研究述评．清史研究，2003（2）．

[42] 朱浒．江南人在华北——从晚清义赈的兴起看地方史路径的空间局限．近代史研究，2005（5）．

[43] 朱浒．"丁戊奇荒"对江南的冲击及地方社会之反应——兼论光绪二年江南士绅苏北赈灾行动的性质．社会科学研究，2008（1）．

[44] 朱浒．赈务对洋务的倾轧——"丁戊奇荒"与李鸿章之洋务事业的顿挫．近代史研究，2017（4）．

[45] 竺可桢．气象与农业之关系．科学，1922（7）．

[46] 竺可桢．中国历史上气候之变迁．东方杂志，1925（3）．

[47] 竺可桢．中国历史上之旱灾．史地学报，1925（6）．

[48] 邹明德．鸦片战争前基督教传教士在华文化活动．近代史研究，1986（5）．

（五）中文报刊

[1]《申报》

[2]《京报》

[3]《万国公报》

[4]《圣教杂志》

二、外文文献：

（一）外文著作

[1] Abeel, David, Journal of a Residence in China and the Neighboring Countries with a preliminary Essay on the Commencement and Progress of Missions in the World；New York，1836.

[2] Alexander Michie, China and Christianity, Boston：Knight and Millet, 1900.

[3] Andrew J. Nathan, A History of the China International Famine Relief Commission, Cambridge：East Asian Research Center, Harvard University；Harvard East Asian Monographs, 1965.

［4］Anonio Sisto Rosso，Apostolic Legations to China of the Eighteen Century，South Pasadena：P. D. and Ione Perkins，1948.

［5］Arnold Foster，Memoirs，Selected Writings，etc. London：London Missionary Society，1921.

［6］Arthur Brown，New forces in Old China，An Unwelcome but Inevitable Awakening，F. H. Revell. New York，1904.

［7］Arthur W. Hummel，Eminent Chinese of the Ch'ing Period，1644－1912，Washington D. C. ，United States Government Printing office，1943

［8］Ayers Williams. Chang Chih－tung and educational reform in China. Cambridge，MA：Harvard University Press，1971.

［9］Bascom W. Williams，The Joke of Christianizing China，N. Y. ：1927.

［10］Bertram Wolferstan，The Catholic Church in China from 1860－1907，St. Louis：Herder，1909.

［11］Bridgman，The Life and Labors of Elijah Coleman Bridgman；New York，1864.

［12］Broomhall，Robert Morrison：A Master－Builder；New York，1924（？）.

［13］Bryan S Turner，Max Weber：From History to Modernity，London：Routledge. 1993.

［14］Bryan S Turner，Religion and Social Theory，London：SAGE. 1994.

［15］Chang Hsin－pao，Commissioner Lin and the Opium War，Cambridge：Harvard University Press，1964.

［16］Chester Miao（ed. ），Christian Voices in China，N. Y. ：Friendship Press，1948.

［17］Christina Larner：Witchcraft and Religion. The Politics of Popular Belief，New York：Basil Blackwell，1984.

［18］Daniel W. Fisher，Forty－Five Years a Missionary in Shantung，China，The Westminster Press，Philadelphia，1911.

［19］David Smock，Religion in World Affairs：Its Role in Conflict and

Peace, Washington: United States Institute of Peace, 2002.

[20] Donald Macgillivray, A Century of Protestant Missions in China (1807 – 1907), Germany: Nabu Press, 2014.

[21] Earle H. Ballou, Dangerous Opportunity: The Christian Mission in China, N. Y. : Friendship Press, 1940.

[22] 6. Petito P. Hatzopoulos, Religion in international relations, New York: Palgrave Macmillan, 2003.

[23] George B. Cressey, Land of the 500 Million, A Geography of China, New York, Toronto&London: McGraw-Hill Book Company, 1955.

[24] Gilbert Reid, Der Kampf um Chinas Freiheit, Leipzig, K. F. Koehler, 1923.

[25] Helen S. Coan Nevius, The life of John Livingston Nevius, Fleming H. New York: Revell Company, 1895.

[26] Henrietta Harrison, The Man Awakened from Dreams: One Man's Life in a North China Village, 1857 – 1942, Stanford, California: Stanford University Press, 2005.

[27] 7. M. Morse, The International Relations of the Chinese Empire, vol. 2, London: Longmans, Green, and Co. , 1918

[28] Jack Snyder, ed., Religion and International Relations Theory, New York: Columbia University Press, 2011.

[29] Jacob Speicher, The Conquest of the Cross in China, N. Y. : 1907.

[30] James H. Maurer, The Far East, Reading, PA: Press of Sentinel Printing Co. , 1912.

[31] Jeffrey Snyder-Reinke, Dry Spells: State Rainmaking and Local Governance in Late Imperial China, Cambridge: Harvard University Asia Center, 2009.

[32] John K. Fairbank, Trade and diplomacy on the China Coast: The opening of the Treaty Ports (1842–1854), Stanford: Stanford University Press, 1953.

[33] Joseph McQuaide, With Christ in China, San Francisco: 1916.

［34］Josué de Castro. Géopolitique De La Faim. France: Editions Economie et Humanisme les Editions Ouvrières, 1952.

［35］Katherine F. Burner, John K. Fairbank and Richard J. Smith, Robert Hart and China's Early Modernization: his Journals (1863 – 1866), Cambridge: Harvard University Press, 1991.

［36］Kathryn Edgerton – Tarpley, Tears from Iron: Cultural Responses to Famine in Nineteenth – Century China, Berkeley: University of California Press, 2008.

［37］Kenneth S. Latourette, A History of Christian Mission in China, N. Y. : Macmillan, 1929.

［38］Lillian M. Li, Fighting Famine in North China: State, Market, and Environmental Decline (1690s–1990s), Stanford: Stanford University Press, 2007.

［39］Louis J. Gallagher, China in the Sixteenth Century: The Journals of Matthew Ricci, 1583–1610, New York, Random House, 1953.

［40］Mark Lilla, The stillborn God: religion, politics, and the modern West, NY: Knopf, 2007.

［41］Mary Rankin, Elite Activism and Political Transformation in China: Zhejiang Province (1865–1911), Stanford: Stanford University Press, 1986.

［42］Matheson Donald, Narrative of the Mission to China of the English Presbyterian Church, London, 1866.

［43］Medhurst, W. H. , China: Its State and Prospects. With especial reference to the Spread of the Gospel; London, 1842.

［44］Milne William, A Retrospect of the First Ten Years of the Protestant Mission to China, Malacca: The Anglo–Chinese Press, 1820.

［45］Mike Davis, Late Victorian Holocausts: El Nino Famines and the Making of the Third World, London: Verso, 2001.

［46］Morrison and Mrs. Eliza A. , Memoirs of the Life and Labors of Robert Morrison, Vol11, London, 1839.

［47］Mosher, Gouverneur Frank, Institutions Connected with the American

Church Mission in China, New York, 1914.

[48] Pao Chao Hsieh, The Government of China, 1644–1911, Baltimore: The Johns Hopkins Press, 1925.

[49] Pascoe, C. F. , Two Hundred Years of the S. P. G. : An Historical Account of the Society for the Propagation of the Gospel in Foreign Parts (1701 – 1900); 2 vols; London, 1901.

[50] Pasquale M. D' Elia, Fonti Ricciane – documenti originali concernenti Matteo Ricci e la storia delle prime relazioni tra l' Europa e la Cina (1579–1615), 3 volumes, Roma, Libreria dello Stato, 1942–1949.

[51] Paul Richard Bohr, Famine in China and the Missionary–Timothy Richard as Relief Administrator and Advocate of National Reform, 1876—1884, Cambridge, MA: Harvard University Press, 1972.

[52] PeterBeyer, Religions in Global Society, London: Routledge, 2006.

[53] Pierre Etienne Will, Bureaucracy and Famine in Eighteenth – Century China, Stanford: Stanford University Press, 1990.

[54] Pierre Etienne Will and R. Bin Wong, Nourish the People–The State Civilian Granary System in China, 1650–1850, Ann Arbor: Center for Chinese Studies, 1991.

[55] Ping–ti Ho, Studies on the Population of China (1368–1953), Cambridge, MA: Harvard University Press, 1959.

[56] Rev. B. Reeve, Timothy Richard, D. D. China Missionary, Statesman and Reformer, London: S. W. Partridge & Co. , [n. d.]

[57] Rev. W. T. A. Barber, M. A. , B. D. David Hill: Missionary and Saint, London: Charles H. Kelly, 1898.

[58] Richard Timothy, Forty–Five Years in China : Reminiscenses, Wentworth Press, New South Wales, 2016.

[59] R. J. FORREST, CHINA FAMINE RELIEF FUND, SHANGHAI, 1879.

[60] Robert Sciple and Dennis Hoover, eds. , Religion and Security: The

New Nexus in International Relations, Lanham：Rowman&Littlefield, 2004.

[61] Robertson, Globalization：Social Theory and Global Culture, London：SAGE Publications Ltd, 1992.

[62] Ross, John, Mission Methods in Manchuria；New York, 1903 [？].

[63] R. Scott Appleby, The Ambivalence of the Sacred-Religion, Violence, and Reconciliation, Lanham：Rowman&Littlefield, 2000.

[64] Steve Bruce, Politics and Religion, Oxford：Blackwell, 2003.

[65] Stevens, George B. The Life, Letters, and Journals of the Rev. and Hon. Peter Parker, M. D. , Missionary, Physician, and Diplomatist, the Father of Medical Missions and Founder of the Ophthalmic Hospital in Canton；Boston, 1896.

[66] S. Wells Williams, The Middle Kingdom-A Survey of the Geography, Government, Literature, Social Life, Arts, and History of the Chinese Empire, N. Y. ：1848.

[67] Thomas Ryan, China Through Catholic Eyes, Cincinnati, OH：Catholic Students Mission Crusade, 1942.

[68] Walter H. Mallory, China：Land of Famine, New York：American Geographical Society, 1928.

[69] 23. A. P. Martin, A Cycle of Cathay, or China, South and North, with Personal Reminiscences, N. Y. ：1896.

[70] William E. Soothill, Timothy Richard of China, Seeley, Service & Co. Ltd. , 1924.

（二）外文档案

[1] ABCFM（American Board of Commissioners for Foreign Missions）Archives, 1890.

[2] Agendum voor de Synode der Christelijke Gereformeerde Kerk. Te vergaderen te Englewood①, Chicago, Ill. A Juni en volgende dagen. 1926.

---

① 《归正基督教会 1926 年在芝加哥举行大会的会议录》

［3］ A Mission Press Sexagenary, American Presbyterian Mission Press, Shanghai, 1879.

［4］ Annuals of the Propagation of the Faith, Dublin: Central Committee of the Association for Ireland, 1848、1850.

［5］ Baptist Missionary Society Archives, Richard to the B. M. S. , London, 1877.

［6］ China Inland Mission Reports, 1913-1916, London, 1913-1916.

［7］ Committee of the China Famine Relief Fund, The Famine in China, London: C. Kegan Paul and Co. , 1878.

［8］ Correspondence of the American Board of Commissioner for Foreign Missions, China. 1878-1879.

［9］ London Missionary Society Records, London, 1878.

［10］ Records of the General Conference of the Protestant Missionaries of China Held at Shanghai, May 7-20, 1890.

［11］ Report of the Committee of the China Famine Relief Fund, Shanghai, 1879.

［12］ Spirit of Missions, Burlington, N. J. , & New York, 1836.

［13］ The China Mission Hand-book, Shanghai, 1896.

［14］ The History of the London Missionary Society Vol（2）, London, 1899.

（三）外文报刊

［1］ China's Million,《亿万华民》, 1878.

［2］ Chinese Repository,《中国丛报》, 1832.

［3］ China doctor association,《中国博医会报》, 1887.

［4］ Missionary Herald,《传教先驱报》, 1878、1880.

［5］ North-China Herald,《北华捷报》, 1877.

［6］ North-China Herald and Supreme Court and Consular Gazette,《北华捷报和最高法庭与领事公报》①, 1877、1878.

---

① 《北华捷报》和《最高法庭与领事公报》是《字林西报》的海外版增刊, 1870 年开始发行。《字林西报》的前身是《北华捷报》。

［7］Pall MallGazette,《蓓尔美公报》, 1877.

［8］Saturday Review,《星期六评论》, 1877.

［9］The Chinese Recorder and Missionary Journal,《教务杂志》, 1911.

（四）外文期刊、论文集、学位论文

［1］Andrea Janku, "Sowing Happiness: Spiritual Competition in Famine Re-lief Activities in Late Nineteenth−Century China." Minsu Quyi 143, March 2004.

［2］Andrea Janku, "The North−China Famine of 1876—1879: Performance and Impact of a Non−Event," 2001 online publication.

［3］Arthur Schlesinger, Jr. ," Missionary Enterprise and Theories of Imperi-alism", in John K. Fairbank ed. , The Missionary Enterprise in China and Ameri-ca, Cambridge, Mass. : Harvard University Press, 1974.

［4］Azzi C. Ehrenberg R," Household allocation of time and church attend-ance" . Journal of Political Economy, 1975, 83（1）.

［5］Baird, George Burleigh. "Famine Relief and Prevention in China." Chi-cago: M. A. thesis paper of Chicago University, 1915.

［6］Bethke Elshtain," Military Intervention and Justice as Equal Regard", in Robert Sciple and Dennis Hoover, eds. , Religion and Security: The New Nexus in International Relations, Lanham: Rowman&Littlefield, 2004.

［7］Chen D. L. ," Club goods and group identity: Evidence from Islamic re-surgence during the Indonesian financial crisis" . Journal of Political Economy, 2010, 118（2）.

［8］Co − ching Chu," The Aridity of North China," Pacific Affairs, Vol. VIII, No. 2, June 1935.

［9］Conn Hallinan, "Religion and Foreign Policy: Politics by Other Means," The Berkeley Daily Planet, November 9, 2007.

［10］Cormac Ó Gráda," Famine, Trauma and Memory", Bealoideas（69）, Jan 2001.

［11］Elizabeth Gooch," Estimating the long−tern impact of the Great Chinese Famine（1959−1961）on Modern China", World Development, 2017, 89.

[12] Elizabeth Shakman Hurd, "Theorizing Religious Resurgence," International Politics, Vol. 44, No. 6, 2007.

[13] Francis A. Rouleau," Maillard de Tournon Papal Legate at the Court of Peking". Archivum Historicum Societatis Iesu, 31, 1962.

[14] Granovetter, M. "Economic Action and Social Structure: The Problem of Embeddedness." American Journal of Sociology 91, 1985.

[15] Granovetter, M. "The Strength of Weak Ties." American Journal of Sociology 78, 1973.

[16] Henrietta Harrison, "Newspapers and Nationalism in Rural China, 1890-1929," Past and Present 166 (1999): 182.

[17] Jeff Haynes, "Transnational Religious Actors and International Politics," Third World Quarterly, Vol. 22, No. 2, 2001.

[18] Kathryn Edgerton-Tarpley, "Tough Choices: Grappling with Famine in Qing China, the British Empire, and Beyond." Journal of World History Vol. 24, No. 1, March 2013.

[19] Kenneth D. Wald and Clyde Wilcox." Getting Religion: Has Political Science Rediscovered the Faith Factor?" American Political Science Review, 2006 (100: 4).

[20] 12. Carrington Goodrich," A Decade of American Catholic Missions in China", International Review of Missions, Vol. 15, 1929.

[21] Paul A. Cohen," Missionary Approaches, Hudson Taylor and Timothy Richard", Harvard University: Papers on China, Vol. 11, 1957.

[22] Philip Jenkins," The Politics of Persecuted Religious Minorities", in Robert Sciple and Dennis Hoover, eds., Religion and Security: The New Nexus in International Relations, Lanham: Rowman&Littlefield, 2004.

[23] Richard Falk, "A Worldwide Religious Resurgence in an Era of Globalization and Apocalyptic Terrorism," in Pavlos Hatzopoulos and Fabio Petito, eds., Religion in International Relations: The Return from Exile, New York: Palgrave MacMillian, 2003.

［24］Richard Horowitz,” Central Power and State-Making: The Zongli Yamen and Self-Strengthening in China, 1860-1880,” Ph. D. diss. , Harvard University, 1998.

［25］RobertWuthnow. ” Understanding Religion and Politics,” Daedalus, 1991（120: 3）.

［26］Sabrina P. Ramet. ” Concerning the Subject of Religion and Politics” . in Sabrina P. Ramet and Donald W. Treadogold. Render Unto Caesar: The Religious Sphere in World Politics. Washington D. C. : American University Press, 1995.

［27］Scott M. Thomas, “Outwitting the Developed Countries? Existential Insecurity and Global Resurgence of Religion” Journal of International Affairs Vol. 61, No. 1, Religion & Statecraft（FALL/WINTER 2007）.

［28］Scott M. Thomas, “Religion and International Conflict” in Ken R. Dark, ed. Religion and International Relations, London: Palgrave Macmillan, 2000.

［29］SUSANCOTTS WATKINS AND JANE MENKEN, “FAMINES IN HISTORICAL PERSPECTIVE,” POPULATION AND DEVELOPMENT REVIEW 11, 1985.

［30］Ted GerardJelen and Clyde Wilcox, “Religion: The One, the Few, and the Many” in Ted Gerard Jelen and Clyde Wilcox, eds. , Religion and Politics in Comparative Perspective: The One, the Few, and the Many, New York: Cambridge University Press, 2002.

［31］Yao Shan-yu,” The Geographical Distribution of Floods and Droughts in Chinese History, 206 B. C. -A. D. 1911”, in Far Eastern Quarterly, The Far Eastern Association Inc. , Vol. II, No. 4, Aug. 1943.